资助项目：山东省一流学科马克思主义理论研究成果

泰德·本顿的生态学
马克思主义思想研究

The Research on Ted Benton's
Thought of Ecological Marxism

王 青/著

人民出版社

目　录

绪　论

　　全球性的生态危机和环境问题是 20 世纪后半期以来人类面临的最突出和最严重的社会问题之一。如何摆脱人类当前的生存困境，建设生态文明，走向人与自然、人与社会和谐相处的生态社会，不仅是世界文明发展进程的客观要求，而且是中国特色社会主义现代化建设面临的严峻挑战。建设生态文明是关乎人民福祉、关系民族未来的大计，是实现中华民族伟大复兴中国梦的重要内容。把生态文明建设融入经济建设、政治建设、文化建设、社会建设各方面和全过程，走向社会主义生态文明的新时代是我们不懈追求的目标。

　　为了寻求造成生态危机的原因、探索解决生态危机的途径，不同国家的理论家和思想家从不同的维度与视域对于生态问题进行了广泛研究与探讨，各种各样的方案层出不穷、异彩纷呈的思潮相互碰撞，逐步形成了一种要求保护生态环境、推进生态文明建设、建立一个符合生态规律的生态社会的绿色思潮。在形形色色的绿色理论中，生态学马克思主义成为一道亮丽的风景线。他们既反对资本主义制度，也不满现存的社会主义制度，希冀寻找新的社会发展理论，从而将马克思主义思想与当代生态学的思想结合起来，从社会制度、社会生产方式等方面深刻地揭示当代生态危机问题的根源，通过对当代资本主义和现实社会主义展开全新视角的批判，构建未来人与自然和谐共处的生态社会主义的理想蓝图，形成独具特色的理论体系。英国艾塞克大学的社会学教授泰德·本顿就是这一思潮的杰出代表。他于 1989 年发表的《马克思主义和自然的极限：一种生态批判与重建》揭开了英国生态中心主义马克思主义理论思潮的序幕，围绕着马克思历史唯物主义与生态学之间的关系、自然的极限以及如何构建未来的生态社会主义等重大理论与现实问题进行深入阐述，掀起了生态学马克思主义发展的新高潮。因此，研究生态学马克思主义理论思潮中的最新理论成果——泰德·本顿（以下简称本顿）的生态学马克思主义思想——无疑具有重大的理论意义和现实意义。

一、选题意义

（一）理论意义

1. 研究本顿的生态学马克思主义思想具有一定的理论前沿性，有助于把握生态学马克思主义的最新发展动态和趋向

自从 20 世纪 80 年代生态学马克思主义引入中国以来，学术界展开了热火朝天的研究，形成了一定规模的学术研究群体，取得了大量的研究成果。主要从四个方面得以体现：一是生态学马克思主义的全景综合式研究，从总体上对这一新兴流派的发展趋势、演变逻辑进行追踪；二是生态学马克思主义的专题研究，针对这一流派所涉及的基本理论问题进行分析，如资本主义生态危机的根源、对资本主义的生态批判、资本主义的消费主义价值观、生态政治战略等；三是生态学马克思主义的个案研究，集中研究生态学马克思主义代表人物的思想，根据地域进一步划分为北美生态学马克思主义和欧洲生态学马克思主义；四是生态学马克思主义的文本解读研究，针对代表人物的重要著作进行详细解读，借助第一手的经典文本深入挖掘其理论本质，这种研究形式与个案研究是相辅相成、相互促进的。本书的研究内容显然属于生态学马克思主义的个案研究，但是目前学术界的个案研究从时间上来说主要集中于早期的生态学马克思主义理论家，从地域上来说主要集中于北美的生态学马克思主义学者，如本·阿格尔、詹姆斯·奥康纳、威廉·莱易斯、约翰·贝拉米·福斯特、安德烈·高兹、戴维·佩珀等。目前还没有对泰德·本顿的生态学马克思主义思想进行全面研究的专著，相关学术科研论文数量极少，都是就其思想的某一问题或某几个问题进行或零散的或浅尝辄止的探讨，以介绍性为主，缺乏系统性、全面性和综合性研究，研究的深度和高度尚显不足。正如王雨辰教授所指出的："对生态学马克思主义的研究，既要回到对马克思恩格斯的生态哲学思想资源的挖掘，对生态学马克思主义的理论问题展开专题式系统研究，也要对生态学马克思主义的历史发展过程

和主要代表人物的理论展开系统研究"。① 因此，在国内学术界已经对阿格尔、莱易斯、奥康纳、福斯特、高兹、佩珀等人的相关理论做了较深入探讨的基础上，有必要对本顿的生态学马克思主义思想进行全面系统的梳理和阐述。本书参阅了他 20 世纪 80 年代以来关于生态学马克思主义思想的全部英文著作和论文，系统梳理了其主要思想，并对其主要思想进行了深入的分析和客观的评价，从中不仅可以发现本顿与其他生态学马克思主义者之间的学术谱系性关联，由此我们能够更加清晰地展示生态学马克思主义的完整图景；而且对于追踪、把握西方生态学马克思主义思想研究的学术前沿问题具有积极的意义。

2. 研究本顿的生态学马克思主义思想有助于丰富和发展马克思主义，拓展马克思历史唯物主义的生态学视阈

马克思主义不是一成不变的教条，而是随着社会发展不断创新的理论体系，与时俱进是马克思主义的深刻精神品质，把马克思主义的普遍原理与各国的具体实践相结合是马克思主义的内在要求。因此我们在坚持马克思主义的同时，必须要密切关注资本主义发生的新变化和社会主义实践出现的新情况与新问题，不断丰富和发展马克思主义。本顿以马克思主义的生态思想作为基本的原材料，深刻剖析了马克思历史唯物主义与生态学的相关性，对人与自然的关系进行深刻反思，对马克思历史唯物主义进行生态批判，以"适应自然"代替"支配自然"，以发展适应自然条件的"适应性技术"代替超越自然限制的"改造性技术"，无情批判了生态不友好的资本主义社会和现实社会主义社会，构建了未来生态自治主义绿色社会的理想图景。在全球面临生态和环境问题的背景下，他不仅以马克思主义的批判精神和方法论为指导，修正、补充和发展了马克思主义的基本概念，而且实现了马克思历史唯物主义的生态建构，这既为生态运动和生态文明建设指明了马克思主义的理论导向，摆脱了对历史唯物主义的教条化理解；又成为推动马克思主义理论创新的重要途径，在新的历史条件下丰富和发展了马克思主义，激活了历史唯物主义的当代生命力。

① 王雨辰：《生态批判与绿色乌托邦——生态学马克思主义理论研究》，人民出版社 2009 年版，第 298 页。

（二）现实意义

1. 研究本顿的生态学马克思主义思想为我们正确认识和解决生态危机提供了重要启示

生态危机的根源和解决途径是生态学马克思主义理论思潮争论的焦点。浅层生态学在人类中心主义价值观的基础上，将危机根源归于科学技术，把科学技术看作环境和生态问题的罪魁祸首，并在不改变社会根本制度的前提下、在不改变生产模式和消费模式的基础上，试图通过完善与发展科学技术和科学环境管理，克服科学技术的负面作用来解决生态危机；深层生态学在生态中心主义价值观的基础上，依据生态整体主义的原则将危机根源归之于根深蒂固的人类中心主义，试图通过构建生态平等与生态共生的价值理念来实现人与自然之间共生、共在、共容的和谐关系，以此来克服生态危机。本顿作为生态中心主义马克思主义的杰出代表，从其理论基础生态中心主义出发，把生态危机的根源归于非还原的自然主义。人是一种具有自私基因的生物，人性中表现出一种贪婪的占有欲望，从而对自然采取一种统治和控制的现代性态度，怀有人类中心主义的错误价值观念和工业主义的意识形态。因此必须承认自然的极限，抛弃人类中心主义的立场，以适应自然代替支配自然，以适应性技术代替改造性技术，通过生态示范区和人们行为方式与价值观念转变的形象预示法消除生态危机，这为我们正确认识和解决当前的生态困境和环境问题提供了新的路径选择。

2. 研究本顿的生态学马克思主义思想对于我们落实科学发展观、大力推进生态文明建设具有积极的借鉴作用

我国的社会主义建设在取得举世瞩目的成就的同时，也面临着生态环境问题的困扰和挑战。在坚定不移地沿着中国特色社会主义道路前进的征途中，如何处理好物质文明、精神文明、制度文明与生态文明的关系，如何处理好经济建设、政治建设、文化建设、社会建设和生态建设的关系，如何处理好人与自然、人与社会、人与人之间的关系，如何处理好科学技术与保护生态环境的关系，是我们必须思考和解决的重大问题。党的十六届三中全会提出了要"坚持以人为本、树立全面、协调、可持续的发展观，促进经济社会和人的全面发展"的科学发展观。党的十八大提出了以"优化国土空间开发格局，全面促进资源节约，加大自然生态系统和环境保护力度，加强生态文明制度建设"为主要内容的大力推进生态文明建设的战略目标。本顿主张破除"生产力主义"和"普罗米修斯主义"的神话，放弃生产力和最大化消费的标准，实现生产力的发展与自然生态系统协调发展，反对资本主义为发展生产而破坏环境的做法。他以生态优先、生态整体性和生物圈的平等主义为理论原则，用注重自然循环长期性的生态理性和社会生态的宏观理性构建一个超越现代民族国家的、人与自然和谐共生的绿色生态自治主义。这就为我们落实科学发展观、大力推进生态文明建设提供了有益的思想借鉴。

二、研究现状综述

（一）国内研究现状述评

从目前所能查到的资料看，国内还没有以"泰德·本顿的生态学马克思主义思想研究"为题的专著、学位论文和期刊论文。主要从四个方面得以体现：一是生态学马克思主义的全景综合式研究，从总体上对这一新兴流派的发展趋势、演变逻辑进行追踪；二是生态学马克思主义的专题研究，针对这一流派所涉及的基本理论问题进行分析，如资本主义生态危机的根源、对资本主义的生态批判、资本主义的消费主义价值观、生态政治战略等；三是生态学马克思主义的个案研究，集中研究生态学马克思主义代表人物的思想，根据地域进一步划分为北美生态学马克思主义和欧洲生态学马克思主义；四是生态学马克思主义的文本解读研究，针对代表人物的重要著作进行详细解读，借助于第一手的经典文本深入挖掘其理论本质，这种研究形式与个案研究是相辅相成、相互促进的。我国学术界对生态学马克思主义的研究主要体现在两个层面上：一是从整体层面上对理解和把握生态学马克思主义理论问题的研究；二是从具体层面上对生态学马克思主义代表人物学术思想的研究，这其中按照地域可以分为北美生态学马克思主义研究和英国生态学马克思主义研究。在总体层面上对生态学马克思主义理论问题的研究已经取得一定的成果，而从具体层面上对生态学马克思主义代表人物学术思想的研究尚处于起步阶段，主要偏重于研究北美生态学马克思主义代表人物的学术思想，英国生态学马克思主义代表人物学术思想的研究是一个薄弱环节，尤其是对本顿的生态学马克思主义研究更是少之又少。

本顿的主要著作有《自然的关系：生态学、动物权利和社会正义》(*Nature Relations*：*Ecology，Animal Rights and Social Justice*)、《马克思主义的

绿色化》（*The Greening of Marxism*）、《自然、社会关系和人类需要：本顿纪念论文集》（*Nature, Social Relations and Human Needs: Essays in Honor of Ted Benton*）、《结构的马克思主义的兴衰：阿尔都塞和他的影响》（*The Rise and Fall of Structural Marxism: Althusser and His Influence*）。反映生态学马克思主义思想的论文《马克思主义与自然的极限：一种生态批判和重建》（*Marxism and Natural Limits: An Ecological Critique and Reconstruction, New Left Review*, 1989）、《生态学、社会主义和支配自然：与格仑德曼商榷》（*Ecology, Socialism and The Mastery of Nature: A Reply to Reiner Grundmann, New Left Review*, 1992）、《一种生态历史唯物主义》（*An Ecological Historical Materialism*）、《马克思、马尔萨斯和绿党：与鲍尔·伯克特商榷》（*Marx Malthus and the Greens: A Reply to Paul Burkett*）。这些著作和论文都没有被翻译成中文，我国学界对本顿的研究处于刚刚起步阶段，这种起步体现在迄今为止国内尚未有以本顿的生态学马克思主义思想作为主题进行系统深入的专题性研究的著作，只有本顿主编的《马克思主义的绿化》2013 年被翻译成中文，其相关的学术科研论文寥寥几篇。新世纪以来生态学马克思主义整体研究的学术成果在王雨辰的《生态批判与绿色乌托邦——生态学马克思主义研究》、刘仁胜的《生态马克思主义概论》、曾文婷的《"生态学马克思主义"研究》、陈学明、俞吾金的《国外马克思主义哲学流派新编》、赵海月的《当代国外马克思主义研究》、张一兵的《当代国外马克思主义哲学思潮》、曾枝盛的《国外学者对马克思主义若干问题的最新研究》、周穗明的《20 世纪西方新马克思主义发展史》与《20 世纪末西方新马克思主义》中所介绍生态学马克思主义或者生态社会主义种种思潮都没有涉及本顿的思想。

中南财经政法大学倪瑞华教授的《英国生态学马克思主义研究》从整体层面通过英国生态学马克思主义内部两大对立阵营之间的争论、以比较研究的方法介绍了以本顿为代表的生态中心论阵营和以佩珀为代表的人类中心论阵营在一些共同主题上的分歧和差异，具体表现在以下四个方面。第一，历史唯物主义与生态学的相关性：本顿阵营认为，历史唯物主义存在生态学空场，需要从生态维度对历史唯物主义进行重建；佩珀阵营认为，历史唯物主义与生态学存在着相关性，在马克思历史唯物主义的理论框架之内足以阐释和解决生态和环境问题，既没有必要拯救马克思，也无需对历史唯物主义进行重建。第二，关于"支配自然"观念的分歧：本顿阵营认为，必须摒弃生态危机的深刻思想根源——根深蒂固的支配自然的观念，以适应自然来解决生态危机；佩珀阵营的格伦德曼对马克思的"支配自然"的观念予以新的解读，认为正确地理解"支配自然"的观念是解决生态危机的前提，并积极为马克思的人类中心主义立场辩护。第三，对"自然的极限"的争论：本顿阵营认为，马克思在批判马尔萨斯的人口原理时否认了自然的限制；佩珀阵营对于本顿的批判给予积极回应，认为马克思对自然极限的否认与其人类解放的战略是统一的。第四，生态政治学的战略：本顿阵营运用生态中心主义的理论范式构建一种生态社会主义与生态中心主义相结合的生态自治主义，以一种"温和的形象预示法"通向绿色社会；佩珀阵营运用人类中心主义范式构建一种生态社会主义，通过变革资本主义制度和生产方式的革命手段通向公正的生态社会主义。① 徐艳梅在其《生态学马克思主义研究》中提到，本顿最具影响力的主张是：马克思主义需要更有效地注意到人口的最后的自然界限或者人对自然变革力度的最后界限。② 张剑在《生态文明与社会主义》中以本顿为例分析了生态学马克思主义的缺陷，她从本顿思想的哲学基础——非还原的自然主义、本顿对唯物主义的理解、对阿尔都塞的批评以及本顿"生态历史唯物主义"评价与争论等几个方面进行了阐述。

中国学术文献总库只有 2 篇以"本顿"为题的学术论文——中国社科院张剑的《本顿的"生态历史唯物主义"是否可能?》和中南财经政法大学倪瑞华的《支配自然还是适应自然——格伦德曼与本顿围绕马克思"支配自然"思想之争》。张剑的《本顿的"生态历史唯物主义"是否可能?》主要对本顿绿色历史唯物主义方案的可能性进行了理论分析，并通过伯克特、格伦德曼的回应进行评价。她认为，本顿通过对马克思政治经济学中的基本概念——劳动过程的二分——来弥补其哲学历史理论与政治经济学基本概念之间的裂缝，特别强调马克思忽视的生态调节型劳动过程。但伯克特认为本顿对马克思经济理论基本概念的指责是不成立的，格伦德曼认为本顿的构建具有浓厚的浪漫主义色彩。张剑认为，由于本顿混淆了自然主义与唯物主义、其哲学基础缺乏历史性与辨证性，这使得其绿色唯物主义梦想不具有现

---

① 倪瑞华：《英国生态学马克思主义研究》，人民出版社 2011 年版，第 7—8 页。
② 徐艳梅：《生态学马克思主义研究》，社会科学文献出版社 2007 年版，第 278 页。

实性。① 倪瑞华的《支配自然还是适应自然——格伦德曼与本顿围绕马克思"支配自然"思想之争》主要依据比较研究的方法分析了本顿与格伦德曼对马克思"支配自然"思想的争论，并对这一争论进行了评析，深化了对马克思"支配自然"观念的理解。她着重分析了本顿对支配自然的批判、对马克思劳动过程的概念的改造和格伦德曼从生存论、理性对待自然、价值论与人类解放四个意义维度上对"支配自然"观念的积极解读。②

这些相关著作和论文只是零碎地或者浅尝辄止地论及本顿的一些思想，以介绍性分析为主，缺乏系统性和全面性的研究与评析，尤其是非常欠缺对于中国生态文明建设的启示研究，学界研究的深度和高度尚显不足。

（二）国外研究现状述评

从所掌握的资料看，国外没有关于此课题的专著，与生态学马克思主义相关的研究较多，但是涉及本顿的寥寥无几。在外文原版资料方面，与本课题直接相关的学术研究性文献不多，格伦德曼（Grundmann）的 *Marxism and Ecology*（《马克思主义和生态学》）与 *The Ecological Challenge to Marxism*（《生态学对马克思主义的挑战》）、乔纳森·休斯（Jonathan Hughes）的 *Ecology and Historical Materialism*（《生态与历史唯物主义》）、保尔·柏克特（Paul Burkett）的 *Marx and Nature：A Red and Green Perspective*（《马克思和自然：一种红绿视角》）涉及对本顿个别思想的回应。由本顿主编的 *The Greening of Marxism*（《马克思主义的绿色化》）、*Nature，Social Relations and Human Needs：Essays in Honor of Ted Benton*（《自然、社会关系和人类需要：本顿纪念论文集》）零散地涉及本顿与一些学者就相关主题的争论与回应。因此，国外关于本顿生态学马克思主义思想的关注主要是在其他生态学马克思主义者对本顿个别思想的激烈争论与回应之中展开的，这些争论与回应主要集中在马克思主义赞成还是反对生态学、"支配自然"与"适应自然"、自然的极限、历史唯物主义的构建和生态政治的方案五个方面。

本顿 1989 年在《新左派评论》上发表了《马克思主义与自然的极限：一种生态批判和重建》一文，认为马克思的历史唯物主义与生态学之间存

---

① 张剑：《本顿的"生态历史唯物主义"是否可能?》，《国外社会科学》2010 年第 9 期。

② 倪瑞华：《支配自然还是适应自然——格伦德曼与本顿围绕马克思支配自然思想之争》，《思想战线》2010 年第 2 期。

在断裂，他的哲学和历史理论与其政治经济学的基本概念之间存在缝隙，需要从生态学的维度来重建历史唯物主义。瑞尼尔·格伦德曼在 1991 年的《新左派评论》发表《生态学对马克思主义的挑战》，对本顿的思想进行积极的回应，并且出版了生态学马克思主义的专著《马克思主义与生态学》，他提出完全能够在马克思历史唯物主义的理论框架之内来分析和解决生态问题；从生存论、理性对待自然、价值论和人类解放意义上赋予"支配自然"以积极的意义；并对马克思自然观发展和运用的条件进行考察，确立了人类中心主义的自然观，对马克思主义的人类中心主义进行积极辩护；通过区分"生产力增长"双重含义，从马克思的伦理理论重新建构一种人道主义模式的历史唯物主义。本顿于 1992 年在《新左派评论》上发表《生态学、社会主义和支配自然：与格伦德曼商榷》，围绕着生态问题的界定、劳动过程的改造能力、技术革新的生态含义、浪漫主义与现代主义的生态价值、支配自然与适应自然、自然的审美价值等问题对格伦德曼回应给予再回应，并相继撰写《自然的关系：生态学、动物权利和社会正义》（*Nature Relations: Ecology, Animal Rights and Social Justice*, 1993 年），主编《马克思主义的绿色化》（*The Greening of Marxism*, 1996 年）。由此，阐发自己的生态学马克思主义观点。

本顿把支配自然的观念看作生态危机的深层次根源，他对"支配自然"进行了批判，反对激进生态学的浪漫化，并对自然进行多维度解读，坚持"适应自然"的基本立场。Peter Dickens 在 "Cognitive Capitalism and Species-being" 中分析了本顿对自然的分类及其他对马克思自然观的分析与批判。Sandra moog 在 "Ecological Politics for the Twenty-first Century: where does Nature Fit in?" 中分析了本顿关于自然的思想。Kate Soper 的 "Realism Naturalism and the Red-green Nexus: Benton's Critical Contribution to Ecological Theory" 从人的需要与自然的关系、对自然的概念化和新浪漫主义对自然的认可与后人本主义对自然的疏离三个方面分析了本顿对生态学理论的重大贡献。

本顿认为马克思的历史唯物主义存在着生态学的空场，需要从生态学的角度对其进行重建。他以马克思的经典文本中的基本思想和概念为构建前提，通过对生产理性至上的生产理论、"普罗米修斯主义"的历史观、自发的工业主义意识形态等历史唯物主义的生态学批判来构建以生产理性与环境理性并重的绿色生产理论和生态维度的技术革新为主要内容的绿色历史唯物主义。本顿的生态学马克思主义思想作为绿色运动的产物，他的哲学基础应该是自然主义的和实在论的，这与马克思的历史唯物主义在理论基质上有一种天然的亲和力。他构建生态唯物主义的前提是承认马克思和恩格斯哲学理论是自然主义的和唯物主义的，并多次声称自己唯物主义的立场，反对还原论的自然主义。Greger Mclennand 的 "'For Science in the Social Sciences': the End of the Road for Critical Realism?" 对本顿的实在论观点进行分析。Pat Devine 作为红绿研究组的成员非常赞成资本主义是社会公正和生态持续性的观点，并把本顿看作一个严肃的自然主义者、社会主义者和马克思主义者。他的 "The Continuing Relevance of Marxism" 介绍了马克思和马克思主义者对资本主义批判分析，其中就涉及本顿在《马克思主义与自然的限制》中对马克思劳动过程概念的分类。John O'Neill 在 "Labour, Nature and Dependence" 中从具体化、依赖性、社会关系的共同控制和独立性等方面对本顿在《马克思主义与自然的限制》中对马克思劳动过程概念的划分进行了评析。

　　与此同时，乔纳森·休斯在《生态与历史唯物主义》一书中通过对"自然极限"的多维度的考量对本顿"自然极限"的思想也予以积极回应。鲍尔·伯克特在《马克思与自然：一种红绿视角》《马克思和自然》中批评了本顿对马克思政治经济学基本概念的指责，论证了马克思在《资本论》中实现了唯物主义自然观和唯物主义历史观的完整结合。

　　2006 年，艾塞克大学社会学系为了纪念本顿退休举办了本顿思想的学术研讨会，会议论文成书《自然、社会关系和人类需要：本顿纪念论文集》于 2009 年出版。Hans Magnus Enzensberger 的 "A Critique of Political Ecology"、Jean-Guy Vaillancourt 的 "Marxism and Ecology: more Benedictine"、Michael Perelman 的 "Marx and Resource Scarcity"、Kate Soper 的 "Greening Prometheus: Marxism and Ecology" 围绕马克思主义是赞成还是反对生态学展开了激烈的探讨。本顿认为马克思的历史唯物主义理论虽然缺乏生态学的视域，但他还是赞成生态学的。Arran Gare 的 "Soviet Environmentalism: the Path not Taken"、Gunnar skirbekk 的 "Marxism and Ecology" 和 Enrique Leff 的 "Marxism and the Environmental Question: from the Critical Theory of Production to an Environmental Rationality for Sustainable Development" 针对如何通向一种生态学马克思主义进行了激烈的交锋。在 "Nature, Social Relations and Human Needs: Essays in Honor of Ted Benton" 的最后，本顿对 Greger Mclennand、Peter Dickens、John O'Neill、Pat Devine、Sandra moog 等人的观点进行了再回应，重申了他在自然极限、实在论与自然主义、人与自然关系以及对劳动过程概念改造的生态中心论马克思主义的基本立场。

纵观国外研究现状，比国内研究讨论的主题范围更广，但是同样的缺点是系统性、综合性和全面性研究与评析较少，只是涉及本顿生态学马克思主义思想的某一个或几个问题的介绍。

三、研究内容、研究方法与创新之处

（一）研究内容

本书以全球性的生态危机与环境问题和新社会运动为背景，以马克思关于人与自然的关系理论、法兰克福学派的生态危机理论、阿尔都塞的结构主义马克思主义思想和生态中心论为基础，运用历史与逻辑相统一的方法、文本解读分析法、批判分析的方法和理论联系实际的方法，通过对本顿英文论著的阅读，全面系统地提炼了其关于马克思历史唯物主义与生态学的关系、自然的极限、生态自治主义的理想蓝图等生态学马克思主义思想，揭示本顿对马克思历史唯物主义生态维度的批判与建构，客观地评析了其生态学马克思主义思想的理论价值和局限性，并为大力推进我国生态文明建设提供了积极的借鉴，从而弥补西方生态学马克思主义在个案研究领域的不足。

导论部分主要概括了该书的研究思路、研究内容、研究方法与意义。研究本顿的生态学马克思主义思想具有一定的理论前沿性，弥补生态学马克思主义代表人物学术思想个案研究的不足，丰富和发展了马克思主义，为马克思主义注入新鲜血液，对于我们正确认识和解决生态危机、落实科学发展观、大力推进生态文明建设具有积极的借鉴作用。从总体上说，目前关于本顿生态学马克思主义思想的研究尚处于起步阶段，本书以详实的文本材料为切入点，采取多种研究方法对其生态学马克思主义思想进行全面和系统的研究。

第一章介绍了本顿生态学马克思主义思想产生的社会背景和思想渊源。当代西方资本主义发展所造成的全球性生态危机、社会主义国家面临的生态环境问题以及绿色运动的蓬勃兴起是本顿生态学马克思主义思想产生的社会背景。马克思的生态思想、法兰克福学派的生态危机理论、阿尔都塞的结构主义马克思主义以及生态中心论（奈斯的深层生态学、罗尔斯顿的自然价

值论、奥博德的大地伦理以及鲁道夫·巴洛的生态中心主义思想）是其产生的思想渊源。

第二章至第四章是主体内容，主要分析阐述了本顿的生态学马克思主义思想。

第二章介绍了本顿对历史唯物主义的生态批判与绿色建构。他认为，马克思的历史唯物主义理论缺乏生态学的视域，这是我们对之进行建构的必要性，具体表现在：历史唯物主义的生产理论没有把生态过程整合到生产的一般条件和过程之中，只有生产理性而没有生态理性；推崇一种人类中心主义的、超越自然的极限而去支配自然的生产主义的和普罗米修斯主义的历史观；受到19世纪自发的工业主义意识形态的影响，提出发展生产力是资本主义的历史任务和资本存在的合法性条件，片面夸大了人在人与自然关系之中的改造潜能，追求人成为自然的支配者和自然真正有意识的主人的目标。因此必须从生态学的维度重建一种绿色的历史唯物主义。马克思和恩格斯著作中所体现的生态思想为这种建构提供了可能性。本顿以马克思、恩格斯著作中的一些生态观点（批判私有制度造成人和自然界的异化，人与自然条件、环境以及他们生命活动的对象之间的外在工具性的关系代替了自然是他们内在的美学、科学的和精神的实现的源泉，共产主义将恢复人类与非人环境之间失去的关系维度）为原材料对历史唯物主义进行生态维度的建构；主张重新评估"自然条件"概念，把它整合到生产理论中，成为生产力的一个组成部分，实现生产过程和生态过程的结合，建构生产理性与环境理性并重的绿色生产理论；倡导生态维度的技术革新，既要看到技术的经济效应，也要看到技术的生态效应；提出对自然进行多层次、多维度的理解，看到表层次的自然和深层次的自然，通过详细分析马克思的劳动过程的概念，根据意图结构区分了生产改造型的劳动过程和生态调节型的劳动过程，并坚持以"适应自然"代替"支配自然"的基本立场。

第三章介绍本顿对"自然的极限"的解读。马尔萨斯的人口原理和现代环境主义者的增长极限理论实际上是一种"自然的极限"的观点，马克思、恩格斯出于政治的原因，为了实现他们的解放战略而对马尔萨斯进行了猛烈的批判，强烈否定"自然极限"的存在。本顿从承认自然极限的立场出发，对马克思和恩格斯对马尔萨斯的批判进行了重新分析，主张人类解放战略具有乌托邦主义和现实主义两种视角，无论怎样理解科学技术的超越性，都必须包含着自然设定的地质的、地理的和气候的等不可操控的自然条件——"自然的极限"的不可超越性。因此，要多维度理解"解放"范畴的含义，人类的解放要依靠自然；社会的解放要转向保护生产条件的生产力发展，通过对马克思主义政治经济学基本概念的生态学的再概念化，凸显劳动过程的生态关怀和生态考量，从而实现人类解放与自然极限的统一。

第四章介绍本顿对构建未来绿色社会政治模式的构想。本顿从生态中心主义的立场出发深刻剖析生态危机的根源，认为非还原的自然主义、"支配自然"的观念和工业主义意识形态是造成资本主义生态危机的根源。而传统社会主义中存在的高度集权的政治体制、"生产第一主义"和增长型社会主义也使得它成为一个生态不友好的社会，因此必须把生态中心主义与生态社会主义相结合建构一个生态自治主义社会。它以生态优先、生态整体性和生物圈的平等主义为基本理论原则，反对理性、科学技术和支配自然的观念，主张以地方自治为基础的、超越现代民族国家和人与人和谐共处的后现代社会，通过建立生态社区、改变生活方式、转变价值观念的温和的形象预示法通达一个实现生态可持续性的自由、平等和民主的社会。

第五章介绍格伦德曼与本顿的论争。本顿基于生态中心论的价值观确立了自己的生态学马克思主义思想体系。他依据马克思历史唯物主义理论的"生态空场"，从生态学的维度对历史唯物主义进行了批判与重建，并在重新解读"自然极限"的基础上，试图实现自然极限与人类解放的统一。通过对当代资本主义社会和现实社会主义社会的生态反思，他构建了未来绿色社会的政治图景——生态自治主义。本顿的上述思想遭到格伦德曼的批判和质疑，格伦德曼1991年在《新左派评论》上发表《生态学对马克思主义的挑战》、出版生态学马克思主义的专著《马克思主义与生态学》，对本顿的思想进行积极的回应。他提出，马克思的生态思想能够为分析生态问题提供深刻的洞见，完全可以在马克思历史唯物主义的理论框架之内来分析和解决生态问题；从生存论、对待自然的理性态度、价值论和人类解放四个维度重新解读马克思的"支配自然"，赋予"支配自然"积极的意义；并深入考察了马克思自然观发展与运用的条件，重新恢复了马克思自然观的人类中心主义视角，这是格伦德曼对生态学马克思主义的重大贡献。本顿于1992年在《新左派评论》上发表《生态学、社会主义和支配自然：与格伦德曼商榷》，从生态问题的界定、劳动过程的改造能力、技术革新的生态意蕴、自然的审美价值等方面对格伦德曼的挑战进行有力的再回应。

第六章介绍本顿生态学马克思主义思想的理论评析。其生态学马克思主义思想具有重要的理论价值，它拓展了马克思历史唯物主义的生态视域，确证了马克思生态自然观的当代价值，提供了当代认识和解决生态问题的新视角，呈现了强烈的时代感和现实性。但他对科学技术认识上的片面性、生态社会主义理想的乌托邦色彩和过分强调生态中心主义也使得其思想具有一定的局限性。其思想为我国生态文明建设提供有益借鉴，我们通过确立正确的生态自然观，实现科学技术革新的生态化，树立和谐的生态文明价值观来大力推进我国的生态文明建设。

（二）研究创新之处

1. 生态学马克思主义是国外马克思主义的最新流派，代表了国外马克思主义的最新发展趋势

本书选取了英国生态学马克思主义的肇始者和重要代表人物之一泰德·本顿（以下简称本顿）作为研究对象，就其思想的新近性而言，则不失为本文的一个主要创新之处。本书根据本顿的"*the Greening of Marxism*" "Marxism and Natural Limits：An Ecological Critique and Reconstruction" "Ecology，Socialism and the Mastery of Nature：A Reply to Reiner Grundmann" "An Ecological Historical Materialism" "Marx Malthus and the Greens：A Reply to Paul Burkett" 等重要英文论著及其他第一手资料，遵循全面性、系统性和创新性的基本要求，在创新发展马克思主义的视域下对其生态学马克思主义思想产生、发展与演进的内在逻辑规律予以全面揭示、系统解读和客观评析。不仅从纵向审视与本顿前后相继的生态学马克思主义者对其思想的深刻影响，而且将本顿与格伦德曼等其他生态学马克思主义者加以横向比较，从而较清晰地展示本顿与其他生态学马克思主义学者之间的学术谱系性关联和生态学马克思主义理论逻辑发展的完整图景，深化本顿生态学马克思主义思想的研究层次和深度，进而凸显了生态学马克思主义研究的理论前沿问题。

2. 本书在分析批判本顿具有生态中心主义特质的生态马克思主义理论的基础上，尝试提出一种以马克思主义理论为指导的"人类生态共同利益"中心主义的有机整体视角

依据对人与自然关系的不同理论定位，生态学马克思主义分为生态中心主义的马克思主义和人类中心主义的马克思主义两种。本顿以生态中心主义

价值观为基础，对人与自然的关系做出了独特解读，从而在生态学马克思主义阵营中独树一帜。本书从考察本顿所关注的马克思《资本论》中的核心概念——"劳动过程"入手，围绕着历史唯物主义与生态学的相关性、生产改造型劳动过程与生态调节型劳动过程的二分、自然的极限与马克思人类解放战略的统一，以及生态中心主义与社会主义的融合四个方面系统展现本顿生态学马克思主义思想的全貌；通过分析他对生态调节型劳动过程的强调、对不可操控的自然条件对劳动过程的制约作用的认可、对相对性自然极限的肯定，以展现其生态中心主义立场，试图弥补马克思"人类中心主义"视角的不足。在此基础上，本书提出一种有机整体视角——以马克思主义理论为指导的"人类生态共同利益"的中心主义视角。这种视角有助于克服或者主张人类中心主义、或者主张生态中心主义的片面性，进而为我们深刻认识和解决当代的生态问题提供新的思路。

3. 基于对本顿生态马克思主义理论的客观评析，本书着力阐明一种对待马克思主义文本的科学态度

历史唯物主义与生态学的相关性是生态学马克思主义的一个重要问题域，本书按照本顿关于历史唯物主义与生态学之间"裂缝"的产生、表现和解决的逻辑思路，全面呈现其对历史唯物主义的生态"批判"与绿色"建构"，并立足于马克思主义的基本立场观点，对其以否定的形式出现的、建设性"批判"与"建构"的理论缺陷做出恰当地评说：缺乏理论的辩证性与历史性，出现了混同使用自然主义与唯物主义的倾向，是 20 世纪后期生态浪漫主义和工业主义的自发意识形态的产物，偏离了马克思历史唯物主义的本意。本书认为，为进一步拓展历史唯物主义的生态学视域，进而激活当代生命力，对待马克思主义文本需要的不是一再地重建，而应采取在全面理解文本的基础上进行科学性的构建与创造性阐释的科学态度。

第一章　本顿生态学马克思主义思想的缘起

　　泰德·本顿（Ted Benton，1942—）是英国埃塞克斯大学社会学教授、"激进哲学运动"的重要代表人物之一，积极投身红绿政治联盟，致力于为马克思主义和生态学的结合提供理论基础。他的主要研究方向为环境问题、动物权利和生态社会学。有的学者曾经将其学术生涯归结为三个阶段：批判的实在论与社会科学的哲学、生态学与马克思主义的关联、自然的社会学与环境问题。① 他的主要学术作品有：《三种社会学的哲学基础》（1979年）、《结构主义马克思主义的兴起与衰落：阿尔都塞及其影响》（1984年）、《自然的关系：生态学、动物权利和社会正义》（1993年）、《马克思主义的绿化》（2006年）、《野蜂》（2006年）。在《新左派评论》和《历史唯物主义》等刊物发表了《马克思主义与自然的极限：一种生态批判和重建》（1989年）、《生态学、社会主义和支配自然：与格仑德曼商榷》（1992年）、《一种生态历史唯物主义》（2000年）、《马克思、马尔萨斯和绿党：与鲍尔·伯克特商榷》（2001年）等学术论文。2006年本顿退休，他所在的埃塞克斯大学社会学系举办了本顿思想的学术研讨会，会议论文成书《自然、社会关系和人类需要：本顿纪念论文集》（2009年）。本顿的学术思想包罗万象，广泛涉及生态社会学、动物权利、生态社会主义、非还原的自然主义，自然科学与社会科学的融合等各个方面，对生态学问题进行了哲学、社会学、经济学等跨学科、多领域的探索和研究，取得了卓有成效的理论成果。

----

　　① Sandra Moog & Rob Stones, *Nature, Social Relations and Human Needs: Essays in Honor of Ted Benton*, Palgrave Macmillan, 2009, pp. 1-3.

第一节　相关概念的界定

概念是进行判断和推理的基本单位，相关概念之间的厘清与界定是我们从事理论研究的前提与基础，是形成正确的判断和实现理论创新的先决条件。因此，在对本顿的生态马克思主义思想进行系统阐述和客观评析之前，有必要首先对与之相关的概念进行梳理与界定。

一、生态主义

生态主义是 20 世纪 60 年代生态运动发展的直接产物，它表现为生态运动在政治维度的激进主张，是对以生态环境的保护为主旨、以生态问题的解决为目标的一系列思想观点与行动纲领的总称，并伴随着生态运动由环境保护思想的具体提出到观念制度层面的全面反思而不断丰富与发展。1973 年挪威生态哲学家阿伦·奈斯的《浅层生态运动和深层、长远的生态运动：一个概要》一文发表，提出了一种激进的环境主义主张，尤其是浅层生态学和深层生态学的概念，标志着生态主义的理论升华。他认为，在基本立场和主张方面与浅层生态学直接对立的深层生态学秉承生态中心主义的价值理念，以生态自我、生态平等与生态共生的原则拒斥人类中心主义，尤其是在人与自然的关系方面，强调生态整体主义，把人与自然、人与社会、人与世界看作一个整体，把整个宇宙看成一个生态系统。

国内不同学者根据自己的解读侧重于不同的理论维度。复旦大学的俞吾金、陈学明教授认为，"在生态运动的旗帜下涌现出了形形色色的思潮和流派，这些思潮和流派可以分为绿绿派和红绿派两大阵营。其中绿绿派包括生态原教旨主义、生态无政府主义和主流绿党等，他们倡导生态主义。由于生态主义以无政府主义作为理论基础，其文化价值取向具有浓厚的后现代主义色彩，批判启蒙理性，否定工业社会及其发展观，主张反增长、反技术、反生产，持生态中心主义的立场，因此，在分析生态危机的根源、探索解决生态危机的路径和规划未来社会目标上形成了独具特色的理论观点。在生态危机根源的分析上，生态主义对环境退化的批判基本不涉及私有制和资本主义制度，而是采取回避资本主义制度的态度，转而用非历史的等级概念来取代阶级剥削的概念，将适用于一切生产方式的等级制度的权力关系看作生态危机的罪魁祸首。在解决生态危机的路径探索上，生态主义充分夸大资本主义消除全球生态危机的能力，主张在不改变资本主义基本制度的前提下通过实施自由市场、分散化的经济、基层民主等具体措施来消除经济危机，即在不动摇资本主义私有制的基础上就能够顺利解决生态危机。在未来社会目标规划上，生态主义特别重视新社会运动的作用，将其视为社会发展变化的主角，反对把消除生态危机与社会制度的变革联系在一起，尤其是与消灭资本主义制度、建立社会主义的宏伟目标联系在一起，反而倡导回归到一种充满浪漫主义色彩原生态生活之中，并以绿色生态乌托邦的建立作为自己的社会政治理想。"① 南京大学的张一兵教授从思想方法、政治主张和价值取向三个方面界定了思想上激进、政治上保守的生态主义。他认为，"在思想方法上，生态主义在生态学、欧美自然主义与浪漫主义的影响下，追求一种接近自然的返朴归真的生活方式，表现出一种生态中心主义的倾向。在政治主张上，生态主义在生态中心主义原则的基础上一般都带有无政府主义的色彩，反对中央集权的政治体制，主张减弱或者削减国家和政府的作用，并通过个人就是政治的原则和个人生活方式的改造来消除生态危机。在价值取向上，生态主义批判启蒙主义和理性主义，否定工业社会的发展观和价值观，主张前现代的生产方式和生活方式，过分强调生态理性，忽视经济理性，从而表现出一种非理性主义的倾向。"②

二、生态学马克思主义与生态马克思主义

从英文翻译的角度来说，生态马克思主义和生态学马克思主义的翻译是一样的，都译为"the Ecological Marxism"。这个概念由加拿大学者本·阿格尔于1979年在其代表作《西方马克思主义概论》中首次提出。国内学者对这一概念有两种译法：一种翻译成"生态学马克思主义"，一种翻译成"生态马克思主义"。王谨教授1986年在《教学与研究》上发表《"生态学马克思主义"与"生态社会主义"》一文时率先采用了第一种译法——生态学马克思主义，这也是他第一次将这种思潮介绍到国内。慎之教授1989年在翻

---

① 陈学明，俞吾金：《国外马克思主义哲学流派新编·西方马克思主义卷》（下卷），复旦大学出版社2002年版，第573—574页。

② 张一兵：《当代国外马克思主义思潮》（下卷），江苏人民出版社2012年版，第504—505页。

译本·阿格尔的《西方马克思主义概论》时率先采用了第二种译法——生态马克思主义。因此，就从"the Ecological Marxism"的出处而言，中文翻译过来的两个概念的内涵应该是一致的。国内学者对这两种译法各有偏爱，自 20 世纪 90 年代以来，伴随着"the Ecological Marxism"思潮的不断发展，以许觉哉、陈学明、俞吾金等为代表的学者普遍认同并采用了"生态学马克思主义"的译法。进入新世纪以来，以段忠桥、刘仁胜为代表的学者普遍认同并采用了"生态马克思主义"的译法。两种译法相比较而言，第一种译法更加普遍一些。中国知网中涉及"the Ecological Marxism"重要理论问题的论文有多篇，其中以生态学马克思主义为题目的论文数量（300 余篇）大约是以生态马克思主义为题目的论文数量（100 余篇）的 3 倍，这一数量对比也可以显示出国内学术界对"the Ecological Marxism"的主导译法是生态学马克思主义。

随着国内研究"the Ecological Marxism"学术群体的壮大，学者对由同一英文词组翻译过来的"生态学马克思主义"与"生态马克思主义"进行了学理界定，丰富了"the Ecological Marxism"的内涵。其中最有代表性的是张一兵教授，他在由其主编的《当代国外马克思主义哲学思潮》下卷下篇后现代马克思主义中指出，"生态学马克思主义是当代西方新社会运动与马克思主义相结合的产物，它既借鉴马克思主义的相关思想，又对马克思主义进行新的解读和重新建构，是西方马克思主义在理论和实践逻辑终结之后的一种新的理论形态，从理论形态和历史逻辑上来看，它是一种兼具马克思主义和后马克思主义的理论思潮，表现为三种理论形态：生态马克思主义、生态社会主义和马克思的生态学。"[①] 按照张一兵的理解，生态马克思主义只是生态学马克思主义这一思潮发展过程的第一种理论形态，生态学马克思主义的外延与内涵要远远大于生态马克思主义。

本书在对题目中的"the Ecological Marxism"进行界定的时候，也遵循了国内学术界占多数的译法——生态学马克思主义。原因有二：第一，遵循"the Ecological Marxism"概念提出时的本义。根据理论研究要遵循科学、客观、准确的原则，要树立文本意识，借助第一手的经典文本对概念和思想进行阐述和评析。本·阿格尔在《西方马克思主义概论》中首次提出这一概

---

① 张一兵：《当代国外马克思主义思潮（下卷）》，江苏人民出版社 2012 年版，第 483 页。

念时使用的是"the Ecological Marxism"，并没有出现别的不同提法。因此，从英文版本第一文本而言，并不存在两个概念之间的分歧。分歧之所以出现，是因为国内学术界对"Ecological"翻译。在世界比较权威的英文词典《韦氏英语词典》《朗文英语词典》中，"Ecological"的最基本翻译是"生态的""生态学的"。国内主编的《21世纪大英汉词典》中，"Ecological"的最基本翻译也是"生态的""生态学的"，除此之外延伸出"主张生态保护的""有利于生态环境平衡的""对生态环境的危害降到最低限度的"等含义。根据国内外的权威英文辞典，自然就有"生态马克思主义"和"生态学的马克思主义"两种译法，但是两个概念的界定和范围应该是一致的。本书只是选取了两种翻译中为学术界所普遍接受和认同的一种。第二，符合西方马克思主义各个流派命名的一般规律。在实际的理论研究领域，学术界对生态学马克思主义概念本身的界定是多种多样的：或者看作西方马克思主义发展的新思潮与新阶段（以陈学明、俞吾金为代表），或者看作一种兼具马克思主义和后马克思主义的理论思潮（以张一兵为代表），或者看作马克思主义哲学的新型态（以何萍、郭剑仁为代表），或者看作西方马克思主义发展的新派别、新型态（以王雨辰、任暟为代表），这些界定反映了一个共同的特点，就是它都与马克思主义密切关联。而从马克思主义的世界发展格局来看，历经了第一国际、第二国际、第三国际、西方马克思主义和第四国际托洛斯基主义的发展演变，无疑西方马克思主义代表了马克思主义发展的新阶段。它主要依据近现代西方哲学、社会学的理论成果和逻辑框架，对马克思主义进行分析、解构、修正、补充、重构，有的流派甚至还存在歪曲、替代马克思主义的倾向。作为一种特殊的解读方式和研究方式，西方马克思主义众多流派的命名基本上采取了西方哲学、社会学学科与马克思主义的直接组合。按照这一命名原则"生态学"与"马克思主义"直接嫁接的结果就是"生态学马克思主义"。而"生态马克思主义"是"生态"与"马克思主义"的直接嫁接，其中的"生态"并不能代表一个学科名称，显然不符合西方马克思主义各流派的命名原则。所以，"生态学马克思主义"的译法更加合理，更加符合本·阿格尔提出这一概念的本意。

准确全面的界定生态学马克思主义的定义域是进行生态学马克思主义整体研究与个案研究的前提和基础，国内学术界普遍认为生态学马克思主义是20世纪中期西方社会绿色生态运动与生态价值观、世界观转型的产物，它在理论上试图把马克思主义与生态学相结合，以生态学的维度对马克思主义进行修正、补充、发展和重建，从而在实践上为人类解放的共同理想找到一条消除生态危机，通向生态和谐的绿色社会的新出路。①

三、生态社会主义

生态社会主义是与生态学马克思主义关联最密切的概念。国内学术界在开展生态学马克思主义理论研究时，往往会把生态社会主义与生态学马克思主义联系在一起进行阐述与分析，界定这两个概念之间的区别与联系，涌现出了各种各样存在分歧的观点。

第一，生态学马克思主义与生态社会主义是由西方绿色运动引发的两种不存在交叉重叠关系的理论思潮，这种观点以王瑾教授为代表。他在《生态学马克思主义与生态社会主义——评介绿色运动引发的两种思潮》一文中指出，生态学马克思主义是绿色运动所引发的第一种思潮，它是由北美的西方马克思主义者提出，其基本出发点是用生态学理论去"补充"马克思主义，企图为发达资本主义国家的人民找到一条既能消除生态危机又能走向社会主义的道路。生态社会主义是绿色运动所引发的第二种思潮，是以联邦德国绿党为代表的欧洲绿色运动直接提出来的欧洲绿党的行动纲领。② 包庆德在《"生态学马克思主义"研究述评》一文中指出，生态学马克思主义与生态社会主义是紧密相连的两种思潮，二者既具有共同点又不能等同。生态学马克思主义有着更强的理论性，但是它却停留在理论层面上，实践操作不够；生态社会主义与政治紧密结合，已成为影响一些绿党各种决策活动的行动纲领，并通过自己的政治组织去实现自己的理论目标。从未来的发展趋势看，生态学马克思主义为生态社会主义提供更加有力的理论基础，生态社会主义把理论同实践相结合，逐渐成为西方一股不可忽视的理论思潮和政治力量。③

第二，生态学马克思主义与生态社会主义是包含关系，谁包含谁的问题，关键在于对生态社会主义和生态学马克思主义的界定，是从广义的角度

① 倪瑞华：《英国生态学马克思主义研究》，人民出版社 2011 年版，第 194 页。

② 王瑾：《生态学马克思主义与生态社会主义——评介绿色运动引发的两种思潮》，《教学与研究》1986 年第 6 期。

③ 包庆德：《"生态学马克思主义"研究述评》，《南京林业大学学报》2004 年第 3 期。

界定还是从狭义的角度界定，表现为两种不同的包含关系。

首先，广义的生态社会主义包含生态学马克思主义，以郇庆治、陈学明、俞吾金、王雨辰、倪瑞华为代表。郇庆治在《国内生态学社会主义研究论评》一文中指出，生态社会主义从环境政治学的视角说是一种与生态自治主义相对应的生态政治理论流派与运动，指的是主要来源于马克思恩格斯思想的当代马克思主义者、社会主义理论家与活动分子依据生态环境问题政治意义日渐突出的事实逐渐形成的、在社会主义视角下对生态环境问题的政治理论分析与实践应对。据此，广义的生态社会主义研究可以划分为生态马克思主义理论、生态社会主义（狭义）理论和"红绿"政治运动理论三个紧密相连的组成部分。其中生态学马克思主义构成了广义的生态社会主义研究的主要理论基础；狭义的生态社会主义是指对现代生态环境难题的社会主义政治理论分析和一种未来绿色社会的制度设计及其实现，其核心性问题是论证现代生态环境问题的资本主义制度根源和未来社会主义社会与生态可持续性原则的内在相融性，它构成广义的生态社会主义研究的主体部分。生态学马克思主义和狭义的生态社会主义是对同一个绿色左翼政治理论或实践流派的不同表述，生态学马克思主义侧重马克思及其他经典学者相关著述的理论来源及其方法论意义；生态社会主义强调一种未来绿色社会制度的设计及其战略。① 王雨辰在《生态批判与绿色乌托邦》中指出，生态社会主义包含生态学马克思主义，生态社会主义是比生态学马克思主义在外延上更为宽泛的概念，它既包括以生态中心论为理论基础、反对集权政治和主张社区生态自治的生态社会主义，也包括主张实现资本主义制度和价值观双重变革的生态学马克思主义的生态社会主义。这显然也是从广义的角度界定生态社会主义。② 倪瑞华在《英国生态学马克思主义研究》一书中指出，生态学马克思主义既包含在生态社会主义之中，在实践上又要走向生态学社会主义；生态学马克思主义是生态社会主义的理论基础，生态社会主义是生态学马克思主义逻辑发展的必然结果和实践形式。③

其次，广义的生态学马克思主义包含生态学社会主义，以张一兵、郭剑

---

① 郇庆治：《国内生态学社会主义研究论评》，《江汉论坛》2006 年第 4 期。
② 王雨辰：《生态批判与绿色乌托邦》，人民出版社 2009 年版，第 270—271 页。
③ 倪瑞华：《英国生态学马克思主义研究》，人民出版社 2011 年版，第 199 页。

仁、汤建龙为代表。张一兵在《当代国外马克思主义哲学思潮》中指出，生态学马克思主义是西方马克思主义在理论和实践逻辑终结之后的一种新的理论形态，从理论形态和历史逻辑上来看，它是一种兼具马克思主义和后马克思主义的理论思潮，表现为三种理论形态：生态马克思主义、生态社会主义和马克思的生态学。生态马克思主义是基于法兰克福学派对技术理性的批判以及其他一些学者对资本主义经济、政治和生态的现实关注和研究。生态社会主义是西方资本主义国家绿色运动和社会主义运动相互影响而交互发展的产物，也是生态学马克思主义从哲学批判向社会批判和政治批判转向的产物。两者既有区别又有联系。二者产生的背景一致，都是由西方国家的环境问题所引发的绿色运动在思想界的反应，都注重生态问题，主张用符合生态规律的方式来进行生产，主张以非暴力的方式变革资本主义。差别在于生态社会主义一般更具有政治色彩，它要求建立社会主义，改变人与人、人与自然之间的不平等关系，主张基层民主。而生态马克思主义理论化色彩比较浓，可操作性比较弱。生态马克思主义为生态社会主义提供了更强有力的理论支持，生态社会主义把理论与实践进一步结合。就目前来看，二者合流的趋势比较明显。① 郭剑仁在《生态地批判》一书中指出，生态学马克思主义与生态社会主义属于广义的生态学马克思主义，但是二者的理论侧重点不同。以奥康纳的生态学马克思主义思想为例，他用生态学马克思主义强调观点的理论性质，他用生态社会主义强调理论的实践性质。② 汤建龙在《生态学马克思主义的历史逻辑、理论问题域和总体趋势》一文中指出，从理论逻辑上来看，生态学马克思主义主要包括生态马克思主义、生态社会主义和马克思的生态学三种主要形态。③

　　第三，生态学马克思主义是生态社会主义的一个发展阶段，以周穗明和刘仁胜为代表。周穗明在《20 世纪西方新马克思主义发展史》《20 世纪末西方新马克思主义》中指出，生态社会主义是西方社会主义、马克思主义思想与当代生态运动相结合的产物，它经历了从红到绿的崛起阶段、红绿交

---

　　① 张一兵：《当代国外马克思主义哲学思潮》下卷，江苏人民出版社 2012 年版，第 483 页。
　　② 郭剑仁：《生态地批判：福斯特的生态学马克思主义思想研究》，人民出版社 2008 年版，第 181 页。
　　③ 汤建龙：《生态学马克思主义的历史逻辑、理论问题域和总体趋势》，《江苏社会科学》2010 年第 5 期。

融的高潮阶段和绿色红化的发展阶段。鲁道夫巴赫罗和亚当沙夫是第一代，他们是人道主义的马克思主义者和民主社会主义者，从他们加入生态运动和绿党开始，标志着红色的绿化。莱斯、阿格尔和高兹等生态马克思主义者则是第二代。拉比卡、格伦德曼、佩珀是第三代。① 刘仁胜在《生态学马克思主义概论》一书中指出，生态社会主义是西方资本主义国家绿色运动与社会主义运动相互影响而交互发展的产物，经历了 20 世纪 70 年代的萌芽时期、80 年代的发展时期、90 年代的成熟时期和 90 年代之后的转型时期，其中 90 年代之前的生态社会主义具有明显的社会民主主义的特征，90 年代之后的生态社会主义具有明显的生态马克思主义特征，生态社会主义属于绿色运动中的左翼，生态学马克思主义属于左翼中的左翼。②

综合学术界的各种观点，既强调二者之间的密切联系，他们同西方马克思主义之间有一定的渊源关系，是西方马克思主义在新的时代条件下对马克思主义的新的理论表达；又强调二者之间的严格区别。这些观点为我们深入理解生态社会主义这一概念提供了详实的材料。

第二节　本顿生态学马克思主义思想的社会背景

任何一种思想理论绝对不是凭空产生的，它是处于一定社会背景下各种各样的因素共同作用的结果，是一定历史条件下各种重大社会现实问题的反映。本顿的生态学马克思主义思想也是各种社会现实问题理论升华的结果。它深深地根植于资本主义社会的反生态性本质和社会主义国家所面临的严重环境问题，是在西方社会蓬勃兴起的绿色运动中产生的。

一、资本主义国家遭遇的生态危机

生态危机是生态问题的一种基本表现形式，是与生态平衡相对立的一个概念。一般而言，生态平衡是生态系统内部生物个体、生物群体、生物群落与其环境之间的相互适应，生物生产与分解之间的相互协调，能量物质的新陈代谢保持基本均衡的一种动态平衡系统。按照人类中心主义的视角，当生

---

① 周穗明：《20 世纪西方新马克思主义发展史》，学习出版社 2005 年版，第 453—461 页。
② 刘仁胜：《生态学马克思主义概论》，中央编译出版社 2007 年版，第 5 页。

态系统出现严重的失衡、生态环境遭受严重的破坏并危及到人类的生存和发展时，就会产生生态危机。这一界定符合学者帕斯摩尔关于生态问题的宽泛定义：由人类对待自然的现实后果引起的问题就是生态问题。

资本主义社会的生态危机是伴随着资本主义商品经济的发展而出现的，是资本主义经济危机发展的必然逻辑。以自由竞争为基本特征的资本主义是资本主义社会发展的第一个阶段。在这一阶段，由于垄断组织还没有出现，也不存在国家对资本主义经济的干预，主要由资本家独立经营资本主义企业，企业之间的竞争形式也比较自由。同一部门内部的资本家为了攫取高额利润，不断地改进技术，提高劳动生产率，以便在竞争中始终处于有利的地位。不同部门的资本家为了获得有利的投资而进行竞争，使得资本在不同的部门之间进行转换，形成了平均利润率，平均利润率的降低又加剧了资本家之间的恶性竞争。由此可见，在自由竞争资本主义阶段，资本家忙于赚取高额利润，忙于提高平均利润率，注重科学技术的改进、生产规模的扩大和劳动生产率的提高。而科学技术的改进、生产规模的扩大和劳动生产率的提高这些因素所带来的社会后果还没有对社会生活产生直接的影响，资本主义社会的生态危机还没有凸显出来。

19世纪末20世纪初，资本主义由自由竞争阶段过渡到垄断阶段。资本主义社会在生产和资本高度集中的基础上出现新的统治形式——垄断统治，瓜分世界的国际垄断同盟也已形成，资本输出对于资本家而言具有更加重要的意义。尤其是20世纪60年代以后，人类在传统生存方式上的工业生产水平和经济增长率达到了最高点，资源开发利用的数量和人口增长率达到了最高点，发达国家过度消费达到空前高水平。"福兮祸所依，祸兮福所依"，当人类在为科学技术迅猛发展带来的巨大物质文明高唱凯歌的时候，环境污染、资源枯竭、生态失衡等一系列现实问题如幽灵般从天而降，严重影响了人们的日常生活，甚至对人类的生存造成了致命的威胁。1930年比利时的马斯河谷烟雾事件、1943年美国洛杉矶光化学烟雾事件、1948年美国多诺拉烟雾事件、1952年英国伦敦烟雾事件、1953年日本九州岛水俣事件、1955年日本富山骨痛病事件、1966年日本四日市哮喘病事件、1968年日本九州岛爱糠事件，这震惊世界的"八大公害"事件给人们敲响了警钟。

资本主义国家在人口迅猛增长、消费日益增加的社会条件下仍然服从于经济利益第一位的要求，为了保证经济利润的不断增长，在国内不断通过使用先进的生产技术无限制地扩大生产规模，攫取更多的利润；同时，加大对自然资源的掠夺，以降低生产成本实现利润最大化。在国外利用不平等的国际政治经济秩序，通过资本输出把高污染的企业转移到第三世界的发展中国家，从而降低本国处理环境问题的成本，把生态问题转嫁到发展中国家。由此，生态危机成为资本主义社会面临的最难解决的问题。

（一） 生态危机成为资本主义危机的主要形式

加拿大学者本·阿格尔最早以马克思的资本主义危机理论对资本主义生态危机进行理论定位，并运用这一理论分析资本主义社会的危机。在他看来，马克思原有的资本主义危机理论已经失去时效。按照马克思原来的预想，由于利润率的下降和资本积累的扩大，工人阶级处于水深火热之中：工人工资降低、工人失业率提高、工人贫困化加强……他们必定会依靠自身的力量对资本主义进行顽强的回击，因此，资本主义必然会陷于不可避免的崩溃和灭亡之中。但是，事实并非如此。由于借助于发达的科学技术，资本主义在垄断阶段表现出强大的自我调节能力，生产能力的空前发展，生产规模的无限扩大，产品种类和数量的增加，使得工人阶级生产条件得到一定的改善，可以消费更多种类和数量的产品，更多的蓝领工人实现白领化，工人和资本家之间的矛盾得到一定程度的缓和。工人阶级在这种社会条件下逐渐丧失了革命的动力，丧失了自身在社会历史发展进程中统一的主体与客体的地位，丧失了自身的阶级意识，从而大大减缓了资本主义崩溃的历史进程。马克思过高地估计了19世纪末20世纪初资本主义危机趋势的严重性，过低地估计了资本主义生产方式的再生产能力和资本主义的继续生存能力。

按照这一逻辑，马克思的危机理论必须进行修正。阿格尔指出："历史的变化已经使马克思原先关于只发生在工业资本主义生产领域的危机理论失效了，当今资本主义社会危机的趋势已经转移到消费领域，即生态危机取代了经济危机，资本主义由于不能为了向人们提供缓解其异化所需要的无穷无尽的商品而维持现存工业增长速度，因而将触发这一危机。"① 这一论断表明，第二国际和第三国际对资本主义危机的解释失去时效，即把对资本主义经济危机的考察仅仅限于生产领域、无视资本主义内部生产与消费歪曲关系

---

① ［加］本·阿格尔：《西方马克思主义导论》，中国人民大学出版社1991年版，第316页。

的经济决定主义论调。法兰克福学派的社会批判理论对资本主义危机的解释失去时效，即他们仅仅局限于对现存制度的否定，把人的活动看作是受到了资本主义生产占主导地位的力量支配，从而不能对推翻支配力量的新的结构和危机理论做出正确的考察。但是危机理论的解释失去时效并不等于资本主义危机已经不复存在；相反，"今天的资本主义并不是一个比较稳定的制度，而是一个难以驾驭、随时可能爆发危机的制度，现在的危机比 60 年代的要更严重。今天的危机理论既强调资本主义的内在结构矛盾（导致马克思称之为利润率趋于下降的矛盾），又强调发达资本主义加深异化、分裂人的存在、污染环境以及掠夺自然资源的趋势。"[①]

以阿格尔为代表的西方马克思主义理论家对资本主义的危机进行了新的探索，指出了资本主义的危机领域由生产领域转移到消费领域，生产领域的主要危机形式是经济危机，消费领域的主要危机形式是生态危机。因此，资本主义的危机形式由经济危机转变为生态危机，生态危机成为资本主义社会的基本危机形式，并且成为资本主义危机的主要表现形式。这种危机理论实际上是从更深层次上来理解资本主义社会，它是从资本主义生产与整个生态系统之间的基本矛盾这一视角来认识资本主义的危机理论。

（二）技术的资本主义非理性使用

技术是与资本主义生态危机紧密关联的一个因素。科学技术被看作人们认识自然、改造自然的强大工具，科学技术的高度发达赋予了人类征服自然、改造自然的强大能力，由此实现了人类自身生存条件的改善。科学技术在资本主义社会发挥着重要的经济作用和政治功能。资本主义追求利润的生产目的决定了其必然不断扩大生产规模，实行高度集中的生产，加强资本积累的力度，技术在其中具有决定性的意义。技术的进步和革新能够提高劳动生产率，减少生产成本，降低社会必要劳动时间，增加资本主义积累，缩短资本周转时间，获得更大的利润。随着晚期资本主义出现的国家对经济的干预和调节，科学技术的意识形态化倾向越来越明显，它充当着统治阶级维持社会秩序、控制民众的政治工具。科学技术加剧了人的异化，使人与人之间、人与物之间对立增强，人完全沦为资本主义机器大生产系统的附属物，

---

① ［加］本·阿格尔：《西方马克思主义导论》，中国人民大学出版社 1991 年版，第 268 页。

丧失了自身的独立性、批判性和否定性，成为一个顺从性的傀儡。技术的革新使得资本对人的控制和压抑全面升级，深入到人的内心，使人的需求服从于资本追求利润的方向。

资本主义的生产目的决定了技术运用是一种非理性的运用。按照马克思的劳动价值理论，具体劳动创造商品的使用价值，抽象劳动创造商品的价值。资本主义生产目的是工人最大程度地通过抽象劳动创造更多的价值，通过实现商品的交换价值，以满足其追求利润的需求。为了创造更多价值，获得更多利润，资本主义生产的组织者会在机器大生产过程中使用更多先进的技术，以最大限度地延长工人的劳动时间、缩短社会必要劳动时间、提高劳动生产效率。技术的使用与否以及不同技术的选择不是根据资本主义生产组织形式的适用限度，更不会根据工人自身对劳动强度的承受极限，而仅仅是以商品价值量和利润量的最大化为最高原则，这决定了技术的使用不是一种理性的使用，而是一种非理性的使用。

资本主义的技术使用是一种违背生态原则的使用。一个完整的资本主义生产过程包括诸多生产环节，而生产得以正常进行必须以由自然提供的基本物质条件作为前提和基础。这些基本的物质条件有些是原生态的，如空气、水、能源、资源等，有些是在之前生产过程中保留下来的，如道路、厂房等，虽然资本家在计算生产成本的时候会把这些自然天然给予的物质条件纳入计算之中，但这只是为了掩盖他们对自然疯狂掠夺的罪行。在资本主义的商品生产体系中融入自然资本并非是为了解决市场交换中存在的生态失灵问题，而是将自然牢牢地归属于整个资本主义的商品交换过程，在生产目的的非生态原则下，技术的资本主义使用也是违背生态要求的。通过使用先进的科学技术，不仅可以提高自然资源的使用效率，而且可以增加资源使用数量，这种使用效率的提高和使用数量的增加并不是以保护自然作为最终目的，而是为了满足资本主义生产的无限扩张和资本的加速积累。因此，技术不仅是资本主义生产的基础，也成为服务于资本主义生产关系的一种具有工具价值的手段，资本主义的所用生产和交换都要通过它们所使用的技术来加以呈现。从经济层面上，技术的使用是服务于生产目的的；从政治的层面看，技术的使用是为了加强对人和自然的控制，使工人和自然更大限度地为资本主义生产服务。经济与政治的双重压制使得人与人、人与自然的关系恶化，人的自由性与创造性让位于在技术原则指挥下的机器大生产，人成为服从于资本主义生产体系和管理体系的一个符号化的存在物。人与自然之间的矛盾在资本主义生产的无限扩大与自然生态系统的有限承受力之间越来越明显，最终会导致生态危机的爆发。

（三）资本主义的异化消费

由于资本主义危机的主要形式由生产领域的经济危机转向消费领域的生态危机，这使得消费领域中出现了异化消费，以此为特征形成日益盛行的消费主义价值观。"生产直接是消费，消费直接是生产，每一方直接是它的对方。生产制约着消费，它创造出消费的材料，没有生产，消费就没有对象；另一方面，消费也制约着生产，产品在消费中才能最终完成。"① 整个资本主义社会必须以扩大生产和追求利润来维持其正常运转，而消费与生产密切相关，仅仅关注生产、无视人们的消费活动，资本家也无法获得利润。一个正常社会形态的生产最终目的是为了满足人们对产品使用价值的基本需求，在消费领域中，人们的消费也是一种常态的消费。而资本主义社会本质上是一个病态的社会，其生产并非为了满足人们的基本生活需要，而是为了实现商品的交换价值，获得高额利润，其消费必然是一种病态的消费——异化消费。

资本主义生产过程中的异化劳动使得工人无法在劳动过程中实现自己自由性和创造性的本质，不仅体会不到劳动带来的自由、乐趣和幸福，反而在劳动中感到痛苦，对劳动产生厌恶之感，希望尽快从这种和自己对立的异化劳动中摆脱出来，在劳动过程之外寻找对异化劳动的一种补偿，即从劳动之外的闲暇和生产之外的消费中获得满足感。这种以获得幸福感和满足感为目的的消费并不是一种真正的消费，而是"人们为了补偿自己那种单调乏味的、非创造性的且常常是报酬不足的劳动而致力于获得商品的一种现象。"② 异化消费的存在使得人们始终保持一种习惯性的期待，这种期待指向经济水平的提高和物质产品的极大丰富，它表现在人们对琳琅满目的商品的需求和消费上，人们的幸福感和满足感不是表现在对满足自身日常生活必需品的消费上，不是为了维持自身的生存和发展，而是为了消费的商品的种类和数量最大值为总目标。消费的商品种类越多、数量越多，人们的幸福感和满足感

① 《马克思恩格斯选集》（第2卷），人民出版社2012年版，第9页。
② ［加］本·阿格尔：《西方马克思主义导论》，中国人民大学出版社1991年版，第494页。

就会越高。显然，这种对商品的需求是一种异化的需求，这种对商品的消费也是一种异化的消费。

为了满足对种类繁多的商品的异化需求，资本主义社会就会无限地扩大生产规模，来延续这种异化的存在方式。异化消费既刺激了资本主义生产体系的不断扩张，又在政治上加强了资产阶级对人们的控制。从需求什么到消费什么，从需求多少到消费多少，表面上是由大众掌控着，资本主义的生产体系服从于这一"需求—消费"的指向，但实际上这是一种异化的指标。在这种情况下，人们消费的不是商品的使用价值，对商品的消费成为衡量幸福感与满足感的一种符号，不是依据真实的需要去生产和消费，而是依据虚假的需要去生产和消费。消费越多越好导致生产越多越好，生产越多越好又催生消费更多更好，生产和消费之间形成一种连锁反应式的恶性循环，这是一种决定日常生活的变态心理，更是一种追求幸福的变态思想。从物到人，从生产到消费，整个资本主义社会处于一种深深的异化之中。

这种异化需求与异化消费形成的消费主义价值观使得人们不能正确地处理商品与需求、消费之间的关系，生产的扩张极大地增加了商品的种类和数量，它满足了人们对持续消费的欲望，但是人们并不能依据自身的需要在商品和消费之间建立起理性的选择，即人们对商品的选择和消费与自身的需要之间并没有必然的联系，人们选择消费的商品并不是他们真正需要的东西。商品的消费是他们补偿异化劳动的一种选择，而不是满足真实需要的选择。异化消费是对异化劳动的一种补偿形式，这种形式和需要之间没有本质的联系。消费主义价值观还造成了严重的生态后果。异化消费引发了过度的生产，而过度的生产无疑导致了自然资源使用数量的增加，强化了人对自然的控制和支配，忽视了自然生态系统的承受限度。随着恶性循环周期缩短，资源短缺加剧，资本主义生产的无限扩大与自然的极限之间的矛盾会不断恶化，不可避免地产生生态问题。"我们消费者生活方式供应的像汽车、一次性物品和保障、高脂饮食以及空调等东西，只有付出巨大的环境代价才能被供给，我们的生活方式所依赖的是源源不断的商品的输入，这些商品——能源、化学制品、金属和纸的生产对地球将造成严重损害。"①

----

① ［美］艾伦·杜宁：《多少算够：消费社会和地球未来》，吉林出版社 2000 年版，第 30 页。

（四）资本主义制度的反生态本性

社会制度的性质与生态问题的产生与解决是密切相关的。具有生态维度的社会制度在追求社会不断进步、人民全面发展的社会目标时，会自觉地从自然、人、社会三重维度把人与自然、人与人、人与社会之间的和谐共处纳入社会发展规划之中，把自然的解放作为人的解放和社会的解放的前提。不具有生态维度的社会制度在追求生产发展、社会进步的目标时，不仅会深化人与自然、人与人、人与社会之间的矛盾，还会导致严重的环境问题和生态问题，极大限制了社会生产的进一步发展。

在资本主义社会中，资本扩张的逻辑从本质上决定了资本主义制度的反生态本性，资本主义的生产目的是为了聚敛财富、获得高额利润，这一目的是以资本的不断扩张来实现的，并且资本的扩张是没有任何极限的。扩大投资、增加利润、加速流通等依赖于自然提供的基本物质条件，资本扩张的无限性必然要求自然供给的无限性，这就导致了二者之间的矛盾，即资本无限扩张的趋势与地球生态系统的有限承受能力之间的矛盾。经济的发展、人类社会的进步与自然的发展应该是协调一致的，必须在自然所能承受的限度之内实现最大化的发展。但是资本主义的生产是以获取利润和经济增长为首要目的，这势必会增加对自然资源的开采和挖掘，导致自然资源枯竭和能源浪费，给环境造成严重的污染和破坏。正如福斯特所指出的，"这种把经济增长和利润放在首要关注位置的目光短浅的行为，其后果当然是严重的，一个无法避免的事实是，人类与环境关系的根本变化是人类历史到了重大转折点。"①

资本主义生产系统是一个复杂的综合系统，它包括劳动力、生产资料、生产工具等因素，其中在生产资料中有自然提供的各种资源和能源。在资本主义条件下，如何把这些生产要素有序地组织起来，生产出最大利润，是资本家最关注的问题。为了获取更多利润，他们会最大限度地攫取自然提供的各种资源和能源，最大限度地加速资本的扩张，使自己在世界市场立于不败之地。因此，对资本家而言，他并不关注自然的极限，也不关注生产与自然的协调、与人们日常生活的融洽，他关注的是如何用最先进的技术、最少的

---

① ［美］福斯特：《生态危机与资本主义》，上海译文出版社2006年版，第60页。

成本生产出最多的商品，实现最大的利润。资本主义生产过程一定伴随着对自然环境的破坏，资本主义生产对自然资源具有浪费性，对生态环境具有破坏性。这种追求利润的动机和资本扩张的逻辑必然导致生态危机，生态危机又进一步引发资本主义的经济危机、合法化危机、政治危机等一系列危机。

由于资本主义社会技术的资本主义使用方式、资本主义制度本身的反生态性、消费主义价值观的盛行，使得生态危机成为资本主义的主要危机，生产力与生产关系、生产力与生产关系和生产条件的之间的矛盾是他们同时面临的双重矛盾。对利润的追求、对资本的扩张、对自然的无视已经严重削弱了资本家经济利益的获得，影响了资本主义经济的高速平稳发展，危及到资本主义制度的稳定性与连续性。生态危机成为他们必须要正视的问题，生态危机成为制约资本主义进一步发展的瓶颈，生态危机的解决直接决定着资本主义的未来发展。

二、社会主义国家面临的环境问题

不仅西方资本主义国家高度发达的工业文明遭遇全球性生态危机，现实社会主义国家也面临着严重的环境问题，生态问题产生与社会制度没有必然的联系。实行生产资料私有制的资本主义国家追求利润的生产目的、资本扩张的逻辑使得生态危机的产生具有必然性。实行生产资料公有制的社会主义国家从理论上有避免生态问题产生的可能性，但是具体的国情和政治战略的差别，也面临着日益严重的环境问题。本书以中国为例来分析社会主义国家的环境问题。

中国作为一个正处于发展中的社会主义国家，面临着深化改革和加快发展的艰巨历史任务。在改革初始阶段，为了提高人民的生活水平、不断缩小与发达资本主义国家的差距，中国实施经济高速增长的发展战略，以经济建设为中心，依靠能源和原材料的加大投入、扩大产出，实行粗放型的生产模式。在改革的进程中，片面追求经济的增长，以经济的增长代替社会的全面发展，中国的国民经济获得了长时期的高速和超速增长，取得了辉煌的成就，成为世界上第二大经济实体。但与此同时，经济和社会各方面都出现了一系列问题，这些问题给经济的持续发展带来了一系列困难。这些问题中被

誉为"中国一号问题"的就是生态问题，中国主要存在以下生态问题：[1]

（一）污染问题

污染问题既包括固体废弃物对环境的污染，也包括非固体废弃物对环境的污染。人类与自然进行物质交换和能量代谢的过程中会产生很多固体的废弃物。这些固体废弃物性质不同，有无机物和有机物、有毒性和非毒性、放射性和非放射性之分；其来源也多种多样，有来自工业、农业和矿业的，也有来自日常生活的。这些固体废弃物会造成土壤污染、化学物品污染、重金属污染、垃圾污染等一系列问题。由于这些固体废弃的处理率比较低，日积月累，它们就会进入环境导致大气污染、水污染、噪音污染、环境污染等一系列问题。

1. 土壤污染

土壤污染是比较严重的污染问题。进入到土壤中的有害物质长期残留在土壤中，导致土壤的各种性质发生突变，进而影响土壤产出作物的数量和质量。土壤污染已经严重影响到我国耕地的质量，并进一步影响到食品安全，危及人类健康。有害物质在土壤中长期存留超过了土壤自身的净化能力，导致了土壤的生物种群发生变化，土壤生态系统的结构和功能发生根本改变，严重影响了土壤自身的生产能力，丧失生产能力的土壤成为毒土。根据中科院的研究资料，中国受到污染的耕地面积达到2000万公顷，占耕地总面积的五分之一，其中工业三废污染耕地1000万公顷，污水灌溉的农田面积达到330万公顷。中国土壤污染的发展由工业污染向农业污染转移，由城市污染向农村污染转移，由地上污染向地下污染转移，由上游污染向下游污染转移。因为土壤污染的产生周期比较长，具有隐蔽性和缓慢性的特点，是一种看不见的污染，所以，治理成本高，治理周期长。

2. 化学物品污染

化学物品的污染对人类健康和自然环境危害比较大，已经成为一个新的全球性环境问题。很多化学物品毒性高、挥发性大、残留时间长、降解难，伴随着各种环境中介被摄入人体之后，不容易分解，危害性极大，会造成癌症、畸形、基因突变。其中以农药类的六六六、滴滴涕，工业化学品中的三

---

① 贾卫列：《生态文明建设概论》，中央编译出版社2013年版，第199页。

卤甲烷、四氯化碳、三氯乙烯、四氯乙烯等最为突出。2001 年 5 月，来自世界各国的政府高级官员在瑞典斯德哥尔摩签署了《关于持久性有机污染物的斯德哥尔摩公约》，标志着人类开始对化学物品的污染正式发出挑战。在科技部、中国社科院环境研究所等部门的支持与参与下，中国投入了大量的人力物力财力，寻求合理有效的治理方法，并取得一定的进展。

3. 重金属污染

重金属污染是中国比较突出的污染问题，它主要来源于工业污染和交通污染，由采矿、废气排放、污水灌溉等因素造成。食物中的超标重金属进入人体累积起来导致慢性中毒。对人体危害最大的五种重金属是铅、汞、砷、铬和镉，它们能引发人类健忘、失眠、神经错乱等各种疾病。据统计，36%的膳食含铅量超标，尤其是松花蛋的含铅量最高，还有一些女性的美白祛斑产品中含铅量超标。还有镉的污染也比较严重，存在于甲壳类动物身上。2009 年，重金属污染事件导致 4035 人血铅超标，182 人镉超标。2011 年，全国发生 11 起重金属污染事件，其中 9 起为血铅事件。根据国家疾病控制中心的检测结果，0—6 岁的儿童中，大约有 24%的血铅水平超标。土壤中的重金属通过食物链进入生态系统造成危害。罗锡文院士指出，中国三亿亩耕地正在受到重金属的威胁，占全国农田总数的六分之一，而广东省未受重金属污染的耕地，仅有 11%左右。

4. 大气污染

大气污染危害人体的健康，影响动植物的生长，抑制经济的快速增长。毒害性物质进入大气层，破坏了生态环境和人们的日常生活条件，尤其是东部沿海城镇密集区，普遍存在着城市群大气复合性污染。大气污染能够引发多种疾病，空气中的可吸入颗粒通过呼吸系统进入人体，长期沉淀积蓄，对人的上呼吸道、肺叶造成功能性的损害。近年来中国出现的雾霾现象就是非常明显的例子。国际通行的衡量空气污染的标准是测量每立方米空气中的悬浮微细粒子，世界卫生组织的标准是 20 微克。中国只有 1%的城市居民生活在 40 微克以下，有 58%的城市居民生活在 100 微克以上的空气中。[①] 我国主要的大气污染已经由二氧化硫和总悬浮颗粒物的污染转变为可吸入颗粒

---

① 姚义江等：《城市灰霾天年夺命三十万：专辑呼吁严防雾都劫难重演》，《南方周末》2008 年 4 月 3 日。

物和细颗粒物的污染，污染程度十分严重的区域有东北、西北、整个华北以及长江以南和四川盆地的部分地区，其中以华北地区的大气污染最为严重和突出。

5. 水污染

我国的水污染是一种水质恶化的现象，主要是由于外部物质的介入而导致的水质特性的突变，影响水资源的有效利用。我国的水污染从局部河段到区域和流域拓展，从单一污染到复合型污染扩散，从地上水污染转向地下水污染，尤其是淮河、海河、辽河、松花江、珠江、长江、黄河等大河的水质都在恶化，而太湖、鄱阳湖、洞庭湖、洪泽湖、滇池、巢湖等大湖的水质在恶化的同时，还伴随着严重的富营养化现象。根据有关部门的调查，我国90%的城市地下水都不同程度地遭受毒害物质的污染，呈现由点到面的扩展趋势。2010年，我国污水的排放总量约670吨，其中，工业废水排放量约238吨，城镇生活污水排放量约380吨，江河水系有70%受到污染，流经城市90%以上的河段污染严重。在我国118个大中城市中，较重污染的城市占64%，较轻污染的城市占33%。淮河以北20多个省份约有3000万人饮用高硝酸盐水，淮河流域受污染的地下水总量占总地下水资源总量的62%，农村约有3.6亿人饮用不符合标准的水质。[①]

（二）能源和资源问题

中国的能源消费量不断攀高，已经达到世界第一的水平。由于工业结构层次不高，特别是低端产品的世界工厂模式，造成能源的大量浪费。能源生产、能源安全已经成为制约中国经济和社会发展的主要因素之一，能源的枯竭与短缺成为中国面临的重大生态问题。资源是人类进行生产和生活活动所必须的基本物质条件，它是自然界天然供给的、未经加工的资源，但是人类在认识自然、改造自然和利用自然的过程中，忽视了自然资源的有限性，疯狂地掠夺开发自然资源，造成自然资源的浪费和短缺，破坏了人与自然之间的和谐统一关系，酿成一系列生态灾难。水资源短缺、水土流失、土地沙漠化、草地退化、森林和湿地减少是中国面临的严重能源与资源问题。

水资源短缺成为中国面临的一大难题。问题最为严重的是北方地区，其

---

① 贾卫列：《生态文明建设概论》，中央编译出版社2013年版，第225页。

15个省、区、市国土面积约占全国国土总面积的60%，2011年人口分布和GDP分别约占全国的42%和43%。北方地区多年平均水资源总量为5259亿立方米，只占全国的19%，2011年用水总量为2434亿立方米，约占当年全国用水总量的40%。经过半个多世纪大规模的水资源开发，北方地区依赖的开源解决缺水问题正面临着极限的挑战。

中国的水土流失现象非常严重，水土流失的现象遍及各省，不仅在农村，城镇和矿区也比比皆是。据统计，中国水土流失总面积356万平方千米，约占总面积的37%。其中东部地区水土流失面积约9万平方千米，西部地区水土流失面积约297万平方千米，中部地区水土流失面积约51万平方千米。水土流失区域分布不均衡，东西部差异比较大，西部水土流失现象最严重，约占总面积的94%。中国水土流失面积大，土壤侵蚀程度比较严重。年平均土壤侵蚀总量约45亿吨，约占全球土壤侵蚀总量的20%，主要流域年平均土壤侵蚀量约为每平方千米3400多吨，黄土高原部分地区最为严重。根据水土流失面积的比例以及流失强度的指标进行综合判定，中国现有严重水土流失县646个，其中长江流域265个，黄河流域225个，海河流域75个，松辽河流域44个。[①]

土地沙漠化现象被称为"地球的癌症"。在某些特定的地理区域，由于气候、人类活动等各种因素的影响，使得原有土地的性质发生改变而导致土地退化，从而使土地丧失了原有的生产能力，给动植物的生长、人类的生存和经济的发展带来巨大威胁。中国是世界上土地沙漠化最严重的国家之一，土地沙漠化具有面积大、分布广的特点，是中国面临的最严重的生态环境问题。据统计，中国土地沙漠化的面积约264平方千米，约占全国土地总面积的25%，并且以每年3000平方千米的速度发展。截止到2011年，中国土地沙漠化的面积约增加了65万亩，平均每年增长9万亩，其中丧失耕地条件的土地面积约为43万亩，中国每年因土地沙漠化造成的直接经济损失达到1200亿元。土地的沙漠化不仅仅是生态问题，也是经济问题，必须引起高度重视。

中国现有草地面积约3.9亿公顷，位居世界第二，但是由于中国人口众多，人均占有的草地面积仅为0.33公顷。中国的草地质量不高，低产草地

---

① 贾卫列：《生态文明建设概论》，中央编译出版社2013年版，第215页。

居多，约占 62%，高产草地较少，这就导致了草地的整体生产能力较低，平均每公顷仅约为 7 个畜产品单位，远远低于世界发达国家水平。近年来，由于一些人为与自然的因素——过度放牧、过度开发、气候干旱、水源污染等——导致草地出现严重的退化现象。据统计，90% 的土地正在退化，约1.3 公顷的草地达到中等程度的退化，并以每年 200 万公顷的速度扩展。较为严重的北部和西部牧区已有约 7000 多万公顷的土地退化，占牧区草地总面积的 30%。内蒙古大草原尤为突出，其草地面积仅为 7490 万公顷，数量减少了约 1000 公顷。草地的退化不仅带来生态系统严重的连锁反应，而且直接威胁到牧民的基本生活。

在前工业文明时代，中国曾经是一个森林资源丰富的国家，森林覆盖率达到 60%。但是随着人口的激增和人们无限度的开荒与放牧，森林覆盖率急剧下降到 18%。中国森林总面积约为 17490 万公顷，森林面积位居世界第五位，但人均森林面积仅为 0.12 公顷，位居世界第 119 位，两者形成了鲜明的对比，中国成为世界上人均占有森林资源最低的国家之一。不仅如此，中国的森林蓄积量约为 10 亿立方米，相当于世界人均水平的 13%，位居世界第 104 位，是世界上森林资源贫乏的国家之一，并且原始森林以每年4000 平方千米的速度减少，如果按照这种速度发展下去，形势十分严峻，未来会出现森林毁灭殆尽的情形。①

湿地是水域和陆地之间的过渡地带，包括沼泽、滩涂、湿草等，它被誉为"地球之肾"，是全球价值最高的生态系统，它和森林、海洋并称为全球三大生态系统，对于维护生态安全、保护人类生存环境和促进可持续发展具有重要意义。湿地通过调节洪涝与干旱发挥蓄洪抗旱的功能，通过抵御海浪、台风和风暴的冲击保护沿海工农业生产，通过对污染物质的代谢与分解降解环境污染物。湿地是生物活动的重要场所，对保持生物多样性发挥着不可替代的作用。但是在人口激增和经济发展的双重压力下，20 世纪 50 年代以来，中国湿地被开垦面积达 1000 万公顷，其中全国沿海滩涂面积已削减过半，56% 以上的红树林消失。全国各类大小湖泊消失上千，被誉为"千湖之省"的湖北省湖泊锐减了三分之二。众多湿地水质逐年恶化，不少湿地生物濒临灭绝，约三分之一的天然湿地面临着被改变和消失的危险。根据

①　贾卫列：《生态文明建设概论》，中央编译出版社 2013 年版，第 209 页。

相关数据,中国现存自然或半自然湿地约占国土面积的 3.77%,远低于世界 6% 的平均水平,且面积下降的趋势仍未得到有效遏制。

(三) 环境问题

由于各种污染问题的滋生,能源的枯竭和对自然资源的破坏,使得中国的环境问题日益突出。人类的不合理活动引起了环境质量的变化,这种变化反过来对人类自身的生存和发展造成了潜在的威胁。这是一场没有硝烟和枪炮的战争,却没有任何一场战争可以和它所产生的残酷后果相比拟,人类只有一个地球,地球的毁灭就是人类自身的灭亡。物种的多样性迅速减少并加速灭绝,气候变暖,臭氧层遭到破坏,这都是中国面临的严峻环境问题,这些问题是人类活动的伴生物,也是社会经济发展的伴生物。

物种的多样性是衡量生态系统平衡的重要标志,它不仅能为自然界提供丰富的自然资源,满足人类多种多样的需求;而且有助于生态系统功能的保持,为人类的社会活动奠定自然基础。中国不仅拥有陆地生态系统、海洋生态系统,还有近 35000 种高等植物和 6500 种脊椎动物,物种丰富。但人口的急剧增长和经济的高速发展造成生态环境严重恶化,物种的多样性逐年减少,许多物种加速灭绝,中国成为世界上生物多样性丧失最严重的国家之一。约有 5000 种植物处于濒危状态,约占中国高等植物总数的 20%,约有 400 种脊椎动物处于濒危状态,约占中国脊椎动物总数的 8%,这两项指标均远远高于世界人均水平。为了子孙后代的健康和生存,树立生物多样性的保护意识,实施生物多样性的保护运动已经刻不容缓。

臭氧层是位于大气层的平流层,其臭氧含量比较高,通过吸收短波紫外线来保持臭氧与氧气之间的动态转换平衡。它通过减少短波紫外线的伤害来保护生活在地球上的生物,通过吸收紫外线转化为热能加热大气层来维持大气层的温度结构和正常循环,通过吸收地球表面长波红外辐射保持地球的温度,被誉为"地球的保护伞"。人类近年来大量排放矿物燃料(主要是氯氟烃类化学物质和氮氧化物等),导致平流层的臭氧浓度减少,臭氧层损耗。青藏高原的臭氧层正在以每十年 2.7% 的速度递减。臭氧层遭到破坏,不能发挥正常的保护、加热和温室气体的作用,阳光中的紫外线辐射量会大大增强,对人类的生存环境产生严重的影响。据预测,臭氧层的臭氧浓度递减 10%,地球表面受到紫外线辐射的面积将增加 20%,皮肤癌、白内障和呼吸道疾病的发病率呈直线上升趋势。与此同时,臭氧层的损耗会危及到农业生产，导致农作物产量的下降，引起粮食危机；会因环境气候的骤变加速生物物种的灭绝，打乱生态系统中的平衡食物链。最为严重的是，臭氧层的破坏会直接引起气温上升，导致气候变暖。

气候变暖具有全球化的趋势，不仅是中国面临的问题，而且已经成为一个全球性问题，是人类社会共同面对的挑战。由于自然环境的改变，以及人类频繁使用矿物燃料，大量排放温室气体（二氧化碳），导致大气温室气体浓度急速增加，温室效应增强，气候变暖。气候变暖不仅影响自然环境和生物种群的生长，而且对整个生态系统、人类生活、社会生产都会产生直接的威胁。中国近年来的平均气温上升了 0.5—0.8 摄氏度，尤其是近五十年的变暖趋势最为明显，如西藏冻土减薄了 4—5 米，西北冰川面积减少了 12%。根据预测，如果这种升温趋势持续下去，在未来半个世纪中国的平均气温估计会上升 2—3 摄氏度，它带来的直接后果是海平面的继续上升、草地退化面积的扩大、土地沙漠化速度的加快、干旱范围的扩大、植被退化和生物灭绝的加速，人类可能会面临更加恶劣和严峻的天气与气候条件。

中国面临的污染问题、能源与自然问题、环境问题已经对中国的现代化进程产生一定影响，党的十八大报告明确将生态文明建设与经济建设、政治建设、文化建设、社会建设并列而提出"五位一体"的发展战略，习近平总书记指出，决不以牺牲环境为代价去换取一时的经济增长，要牢固树立生态红线的观念。党的十九大报告进一步强调建设生态文明是中华民族永续发展的千年大计。必须树立和践行绿水青山就是金山银山的理念，坚持节约资源和保护环境的基本国策，像对待生命一样对待生态环境，统筹山水林田湖草系统治理，实行最严格的生态环境保护制度，形成绿色发展方式和生活方式，坚定走生产发展、生活富裕、生态良好的文明发展道路，建设美丽中国，为人民创造良好生产生活环境，为全球生态安全作出贡献。这些都清楚地表明，生态环境问题、生态文明建设，不再是经济社会发展之后才考虑的问题，而是必须把它放在与发展社会主义市场经济、民主政治、先进文化、和谐社会同等重要的顶层位置：经济建设是根本，政治建设是保障，文化建设是灵魂，社会建设是条件，生态文明建设则是基础。因此，对以中国为代表的社会主义国家而言，正视生态问题，分析解决环境问题已经成为一项重要而紧迫的任务。

三、西方社会生态运动的蓬勃发展

生态运动是 20 世纪 60 年代末 70 年代初兴起的社会思潮，它是西方新社会运动的重要组成部分。新社会运动相对于传统社会运动的构成元素——怨恨、意识形态、行动和组织，表现出新型怨恨、新型意识形态（生态伦理是其中一种新型意识形态）、新型行动和新型组织形式，并呈现出后现代主义、后物质主义的价值取向和非常规化、非正统化的特点。生态运动作为新社会运动的组成部分在其自身的发展中也展现出上述特点。它根源于 20 世纪 70 年代的能源危机和生态危机，发展于 80 年代的环境保护主义运动和生态保护主义运动，并同时引发了生态社会主义和生态马克思主义的两种社会思潮。

（一）生态运动的奠基阶段

早在 19 世纪初，英国的经济学家马尔萨斯就表现出了一种未雨绸缪的生态忧患意识，在其大名鼎鼎的《人口论》中抛出了永恒的人口学原理——食物的增长速度远远不能满足人口的增长速度，因为食物以算术级数增长（直线型增长，如 1、2、3、4、5……），而人口以几何级数增长（指数型增长，如 2、4、6、8、10……），人口的超速增长必将超越食物的极限。尽管马尔萨斯的这一"诅咒"并没有应验，但这种超前的忧患意识为人们正确认识人与自然之间的关系敲响了警钟。到 19 世纪中期，美国的环保先锋马什在《人与自然》中对人类活动造成自然环境恶化这一客观事实给予严重的控诉，并预言人类的行为迟早会引物种的灭绝和地球的毁灭性灾难。[①]

生态运动是以资源保护运动（政府发起）和自然保护运动（民间倡导）为奠基的。19 世纪中后期，西方产生了一系列保护自然和资源的民间组织和俱乐部，如英国的公共人行道和开放空间保护协会、美国的塞拉俱乐部和奥杜邦协会。并颁布了一系列与资源和环境保护相关的法律文件，如法国的《格拉蒙法案》、英国的《禁止残酷对待动物法》。人们围绕对待自然资源的态度和如何保护、管理、使用自然资源进行了争论，开启了一种自然保护运

---

① 程伟礼：《中国一号问题：当代中国生态文明问题研究》，学林出版社 2012 年版，第 87 页。

动和资源保护运动。有的学者秉承人类中心主义的价值观，以保护论的视角，主张在承认自然资源有限性的基础上，对自然资源进行合理的保护、科学的管理和有效的使用，坚决杜绝资源浪费现象。有的学者秉承生态中心主义的价值观，以保存论的视角，主张放弃对自然的支配和控制，坚决舍弃从经济利益出发利用自然资源的做法，而是从自然的审美价值、道德价值等内在价值各方面保护自然资源。如美国的环境保护运动区分了自然资源保护者运动和荒野保存者运动两种倾向。①

这种自然保护运动和资源保护运动在当时产生了积极的影响。它不仅实现了政府部门和民间组织的积极合作参与，双方通过相关环境立法的颁布、自然生态保护区的设立等具体措施，对当时破坏自然、滥用资源的行为予以及时制止，而且唤醒了沉睡在人们心中的潜在生态意识，改变了人们对人与自然关系的传统认识，从而致力于在平等与和谐的原则下建构人与自然的新型关系。更为重要的是，它为整个西方社会生态运动的产生奠定了思想基础和物质基础。

（二）生态运动的产生

自 20 世纪 60 年代以来，伴随着一系列环境公害事件的接踵而至，人们的生存危机油然而生，如何处理好人与环境之间的关系成为人们普遍关注的共同问题。1954 年，布朗在《人类未来的挑战》中率先表达出这种对环境的忧患意识。他指出，无度的开采、工业的发展和人口的激增会超越自然所能承受的极限，人类未来的生存面临严重威胁，只有通过国家对个体行为的合理规划和严格限制才能继续延续人类的工业文明时代。1962 年，美国海洋生物学家卡逊的《寂静的春天》成为首部人类真正有意识地关注环境问题的著作，它犹如空中惊雷催醒了人们处于沉睡中的环境意识。卡逊在书中阐发了人类文明的发展史也是人类文明的毁灭史的观点，全面展示了滴滴涕等农药的滥用情况，直言不讳地指出了农药等化学物质的污染给人类带来的环境灾难。这本著作的问世被视为 20 世纪生态运动的标志性起点，并由此引发了大规模的群众性环境保护运动。

1972 年，以麻省理工学院多米斯为首的研究小组向罗马俱乐部提交了

---

① 岳世平：《当代西方环境运动述评》，《河南大学学报》2006 年第 11 期。

《增长的极限》研究报告。报告认为，由于人口、粮食生产、工业发展、资源损耗和环境污染呈指数型增长，增长的结果必将冲破地球承受力的极限，导致整个世界的崩溃，环境的有限性成为影响经济发展的制约因素之一。因此，必须正视地球自身的极限和人类社会发展的极限，把增长的极限与经济学、生态学综合起来加以研究。同年6月，在世界环境非政府组织的努力下，在瑞典的斯德戈尔摩召开了第一次全球性环境会议——人类环境大会，对生态运动的产生起到推波助澜的作用。会议出版的《只有一个地球——对一个小小行星的关怀和维护》强调了保护环境的重要性和迫切性，承认了发展经济的必要性，但是也清醒地认识到在人类继承的生物圈与他所创造的技术圈之间存在着巨大的矛盾和冲突，必须在经济的发展工程中正视这一矛盾。同时将每年的6月5日定为"世界环境日"，这表明关于环境问题，世界各国已达成基本的共识。此后在欧洲涌现出各种民间生态组织，如"自然之友""地球之友""世界卫士""第三条道路行动"等。

这一时期的生态运动突破了早期自然保护运动和资源保护运动的狭窄视域，不仅仅局限于自然资源的有效保护、管理和利用，而是将关注的范围扩大到环境保护，并且将环境保护与人类的生存危机紧密地联系起来，试图真正从理论的高度分析环境问题产生的根源，正视环境危机造成的毁灭性后果，追寻解决环境危机的切实可行的路径。与此同时，生态运动与民主运动、和平运动、女权运动等其他形式的新社会运动交融汇合、共同发展，逐渐成为一种带有浓郁的政治色彩的社会运动——生态政治运动。

（三）生态运动的发展

伴随着新西兰第一个绿党新价值党的成立，欧美国家相继都成立了绿党组织。1973年，兰迪·托勒创立美国绿党，以《绿页》作为官方刊物，它倡导社会正义，致力于环境保护和城市绿化，在经济全球化、能源问题等方面发挥了积极的作用。美国绿党对环境问题给予高度重视，它以草根民主、社会正义和平等机会、生态智慧、去中心化、非暴力、社区经济、女权主义与性别平等、尊重多样性、个人与世界责任、关注未来和可持续性作为十大主要价值观。德国绿党理论家鲁道夫·巴赫罗被誉为"西方社会主义生态运动的代言人"，他大力倡导社会生态运动。1980年，德国成立了世界上第一个具有明确政治组织和政治纲领的绿党，它由激进的环境保护主义组织演化而来，德国绿党关注生态、民主、社会正义和公民自由等多项议题，成为当今最为成功的绿党政治组织。1991 年，澳洲成立左翼激进环境保护主义政党——澳洲绿党，它秉承社会公正、可持续发展、草根民主和非暴力四大政治理念，在倡导可再生资源、水资源管理的可持续方法、反对商品服务税、合法管制医用大麻等活动中发挥了积极作用。

欧美各国的绿色政治组织是在生态运动的基础上形成的，它给生态运动的发展注入了生机与活力。自 20 世纪 80 年代以来，在生态运动的绿色旗帜下聚集了形形色色的绿党组织，既有共产主义者、社会主义者、和平主义者和环境主义者，也有无政府主义者、种族主义者、性别主义者和后现代主义者，他们对内要求保护环境，谋求社会公正，实现基层民主制度，建立一个人、自然、社会和谐和可持续发展的新型社会制度；对外反对霸权主义和强权政治，反对对第三世界国家的剥削和掠夺，谋求世界的和平与发展。具体说来，他们之中既有要求积极参政议政，通过谋求政治权利来推行政治纲领的参政派，也有拒绝生态运动政治化，通过利用绿党组织的影响力和号召力发动群众开展行之有效的环境保护运动的激进派。1987 年国际绿党大会的召开，标志着在生态运动基础上形成的绿党已经成为国际政治舞台上新的生力军。

生态运动的发展与绿党政治的壮大相互映照，它们共同催生了多种多样的思潮和流派，"绿绿派"和"红绿派"是两大主要阵营。绿绿派主要包括生态基要主义、生态无政府主义和主流绿党，它们的理论被称为生态主义；红绿派包括社会民主主义、生态社会主义和生态学马克思主义，它们的理论被称为生态社会主义或者生态学马克思主义。① 这是生态运动的两种理论形态，他们在生态危机的根源、解决生态危机的路径、未来的生态政治战略、理论基础和文化机制趋向等方面存在着尖锐的对立。一般而言，生态主义持生态中心主义的立场，以无政府主义为理论基础，强调非历史的等级概念是导致生态危机的根源，主张通过在资本主义制度的范围内通过建立稳态经济模式、实施自由市场等途径消除生态危机，建立生态乌托邦的政治理想。而生态社会主义则持人类中心主义的立场，以社会主义为理论基础，强调资本主义制度是导致生态危机的根源，主张消灭资本主义制度，建立绿色的生态

---

① 生态社会主义与生态学马克思主义的关系在第一章中有详细论述。

社会主义。①

本顿持续关注环境问题和生态社会学问题，积极为红绿政治联盟提供理论支持，自觉地将生态学纳入马克思主义的研究视野，认真地分析生态学与马克思历史唯物主义的关系问题——这是生态学马克思主义的核心问题，成为 20 世纪 90 年代之后生态学马克思主义思潮的第三代代表人物之一。

第二节　本顿生态学马克思主义思想的理论渊源

本顿生态学马克思主义思想的产生既是解决全球性生态危机的必然结果，也是西方社会绿色生态运动发展壮大的必然逻辑。从其思想渊源上看，他对于资本主义社会生态现状的定位、对于资本主义生产过程的分析来自马克思的理论，尤其是马克思关于人与自然关系的理论；他对于资本主义生态危机根源的追寻来自以马尔库塞、哈贝马斯、施密特为代表的法兰克福学派的生态危机理论；他对马克思历史唯物主义"生态裂缝"的分析受到了阿尔都塞结构主义马克思主义的影响；他对未来社会提出的绿色生态政治战略来自于奈斯的深层生态学、罗尔斯顿的自然价值论、奥博德的大地伦理等生态中心主义思想。

一、马克思恩格斯的人与自然关系理论

人与自然的辩证关系是马克思哲学的核心问题，也是马克思生态哲学思想的重要内涵。马克思在其博士论文及《1844 年经济学哲学手稿》《德意志意识形态》《资本论》《哥达纲领批判》《政治经济学批判大纲》中对人与自然的辩证关系进行了深入的阐述。本顿对生产改造型劳动过程与生态调节型劳动过程的区分、对不可操控的自然条件对生产过程施加影响的强调、对自然极限的解读、对自然内在价值的肯定、对自然解放的关注等思想观点，实质上是对自然的能动性和优先性的强调，这些都来自于马克思关于人与自然辩证关系的论述。

---

① 俞吾金、陈学明：《国外马克思主义哲学流派新编·西方马克思主义卷》，复旦大学出版社 2002 年版，第 574 页。

（一）自然的优先性与人的依赖性

从历史发展的进程来看，自然史的进程在时间上要先于人类史的进程，自然的存在对于人类的存在具有优先性。自然界是客观存在的，是不以人的意识为转移的。它是人类产生的外部条件，如果没有外部自然环境，人类的产生是无法想象的。人类的产生是自然界发展到一定历史阶段的产物，是地球环境不断演化的结果。"人本身是自然界的产物，是在自己的所处的环境中并且和自然环境一起发展起来的"。① 人的肉体是完全属于自然界的，人类是整个自然界物质循环系统的一个有机组成部分。"没有自然界，没有感性的外部世界，工人就什么也不能创造。它是工人用来实现自己的劳动、在其中展开劳动活动、由其中产生出和借以生产出自己的产品的材料。"②

人的生存与发展对自然具有依赖性。自然为人的生存提供了基本物质资料和生活资料，为人的发展提供了丰富的精神食粮。"人是自然界的一部分，人作为有生命的自然存在物，人作为自然的、肉体的、感性的、对象性的存在物，和动植物一样，是受动的、受制约的和受限制的存在物。"③ 也就是说，人作为自然的产物，要受到自然界客观规律的约束，必须在自然规则的制约下获得自身的生存与发展，离开自然的供给，人类是无法生存的。"人靠无机自然生活，而人比动物越有普遍性，人赖以生活的无机界的范围就越广阔。人在肉体上只有依靠这些自然产品才能生活，不管这些产品是以实物、燃料、衣着的形式，还是以住房的形式出现。"④ 人类的生产能力、创造能力和实践能力必须在自然界优先存在的条件下才能发展，自然所赋予的各种地理条件、气候条件、地质条件都给人的活动设置了一定的界限，人必须在这些条件许可的范围内进行各项活动，人类是依赖于自然界的。人对自然的这种依赖性体现为人与自然之间需要不断进行物质代谢与能量转换。马克思在《资本论》中提出了"物质变换"的概念，通过人与自然之间的物质变换和人与土地之间的物质变换来实现人类自身的生存与发展。"人靠自然界生活，这就是说，自然界是人为了不致死亡而必须之与不断交换的人

---

① 《马克思恩格斯选集》（第3卷），人民出版社2012年版，第374页。
② 《马克思恩格斯选集》（第2卷），人民出版社2012年版，第92页。
③ 《马克思恩格斯全集》（第42卷），人民出版社1979年版，第167—168页。
④ 《马克思恩格斯全集》（第42卷），人民出版社1979年版，第128页。

的身体。人的肉体生活与精神生活与自然界相联系，也就等于说自然界同自身相联系，因为人是自然界的一部分。"① 可见，人对自然的依赖性与自然对人的制约性是紧密地联系在一起的。

（二）自然的被动性与人的能动性

自然的存在对于人类来说是不可或缺的，但它并不能孤立地存在着，完全脱离人类存在的自然是没有任何意义的。在人与自然进行物质交换的过程中，自然界作为一个客观存在物是引起人们需要的对象，是确证和表现的人的本质力量的对象。自然作为一个客体具有被动性，它是人们认识、利用、改造甚至是掠夺的对象，自然的存在必须和人的存在不可分割地联系在一起，自然的价值只有通过人类的作用才得以体现。"被抽象的孤立理解的、被固定为与人分离的自然界，对人来说是无。"② 自然对象性意义的存在决定了它首先要以人的活动来确立它的工具价值，并在人的活动中进一步实现自己的内在价值和工具价值。

人不仅是自然存在物，更是社会存在物，人与动物的最大区别就是人具有理性。在理性力量支配下，人在自然面前并非是无能为力的，而是积极能动的。为了维持基本的生存，人类要同自然界进行竞争，以便获得更多的生产资料和生活资料。为了获得更好的发展，人类并不满足受制于自然界的客观规律，而要充分发挥自身的主观能动性，认识自然、改造自然实现自己的利益，利用自然为自身谋求更多的幸福。人类的能动性体现在两个方面：首先，人类要占有自然；其次，人类要改造和利用自然。占有自然是改造和利用自然的前提，只有把自然纳入人类社会生产活动之中，才能实现对它的改造和利用。改造和利用自然是占有自然的最终目的，人类对自然的占有是以它的有用性为前提，通过对自然的占有来实现对自然的利用和改造，真正地支配自然，确证和增强人的本质力量。在马克思看来，"人不仅能通过自己的劳动占有外部自然，感性自然界，也能通过自己的劳动使自然接受自己支配。"③ 他甚至提出了"再生产整个自然界"的口号。人的生产是一种不同于动物片面生产的全面生产，它并非在肉体需求的支配下进行生产，而是按

---

① 《马克思恩格斯全集》（第42卷），人民出版社1979年版，第95页。
② 《马克思恩格斯全集》（第42卷），人民出版社1979年版，第178页。
③ 《马克思恩格斯全集》（第42卷），人民出版社1979年版，第98页。

照一定的规则和尺度来对自然界进行再生产，并在再生产的过程中把这种规则和尺度运用到自然中。这一规则和尺度不仅包括自然的内在要求，还包括人的目的和意图，再生产过程的实现既是自然内在价值的实现，也是人意图结构的实现。马克思认为，人的能动性的充分发挥是以尊重自然的客观规律为前提的，人类的能动性所体现的改造自然的能力并非是不受限制的，必须在尊重自然客观规律的基础上实现对自然的改造和利用。"我们不要过分陶醉于我们人类对自然界的胜利。我们统治自然界，绝不像征服者统治异民族那样，决不是像站在自然界以外的人似的，——相反地，……我们对自然界的全部统治力量，就在于我们比其他一切生物强，能够认识和正确运用自然规律。"①

（三）　在劳动实践的基础上实现人与自然的辩证统一

一方面，自然对于人类具有优先性，人类对于自然具有依赖性；另一方面，自然对于人类具有被动性，人类对于自然具有能动性，人与自然处于相互作用、相互联系的辩证统一关系中，人与自然是被动性与能动性的统一。以劳动作为基本表现形式的实践是实现人与自然辩证统一关系的中介和基础。马克思以劳动为维度分析人与自然的关系，提出在劳动实践的基础上实现人与自然的辩证统一。他指出，"劳动作为使用价值的创造者，作为有用的劳动，是不以一切社会形式为转移的人类生存条件，是人和自然之间进行物质变换即人类生活得以实现的永恒的自然必然性。"②

人与自然之间的关系不是直接的，只有通过劳动实践，作为自然存在物的人才能与自然发生关联。劳动过程是人与自然之间相互作用的过程。一方面，人在劳动过程中通过有目的、有意识的活动作用于自然界，引起自然条件的一系列变化，以实现对自然的利用、改造和支配。这是人的劳动不同于动物的最大区别，动物的劳动实践仅仅是通过自身的存在来引起自然的变化，而人的劳动实践却要通过自身的活动实现自己的利益。在马克思看来，最为重要的是在人通过劳动实践实现了自然的变身，即从自在自然向自为自然的变身。自在的自然又称第一自然，它是独立于人存在的对象，是由各种自然要素构成的一个有层次、有结构的生态系统，为人类的生存和发展提供

---

① 《马克思恩格斯选集》（第4卷），人民出版社2012年版，第383—384页。
② 《马克思恩格斯选集》（第3卷），人民出版社2012年版，第56页。

生存空间和物质基础。自在的自然对于人类具有优先性、客观性和被动性，它独立于人的活动领域之外，存在于人类尚未认知的自然领域，是自在的、发展着的自然。自为的自然又称第二自然，它是人类劳动实践的产物，是带有人类认识活动和实践活动烙印的自然，它由于人的活动而获得新的意义。马克思在《德意志意识形态》中对二重自然做出了详细的区分。他指出，"整个所谓世界历史不外是人通过人的劳动而诞生的过程，是自然界对人类说来的生产过程，因为人和自然界的实在性，即人对人说来作为自然界的存在以及自然界对人说来作为人的存在，已经变成实践的、可以通过感觉直观的。"① 也就是说，人类通过自身的活动对人与自然之间的物质代谢实施调控，在这一过程中，既实现了自身的能动性存在，又实现了自然的对象性存在，达到了人与自然的辩证统一。另一方面，自然以自身的内在规律制约人的劳动实践。人在劳动实践中，必须尊重自然，遵循客观规律。伴随着实践的深入，人类必定会不断地探索自然，认识到自然的客观规律，不断反思自身的活动，逐步实现人与自然的和谐统一。

二、法兰克福学派的生态批判理论

法兰克福学派作为西方马克思主义流派中持续时间最长、影响最大的一个流派，以具有强烈的否定性、革命性和批判性的社会批判理论闻名于世，它不仅对资本主义社会的意识形态、大众文化、技术理性、心理机制和性格结构展开全面、彻底和激进地批判，而且以其深邃的洞察力捕捉到资本主义社会蕴含的生态问题，对其展开了生态批判，成为最早进行国外马克思主义生态批判的流派。以霍克海默尔、阿多诺和马尔库塞为代表的理论家分别从人与自然关系的异化、人的解放与自然的解放之间的关系等方面展开论述。

（一）人与自然关系的异化

法兰克福学派社会研究所的第二任所长霍克海默尔和阿多诺率先开启西方马克思主义的生态学批判，在他们合著的《启蒙辩证法》中，描述了启蒙由于自身的内在逻辑走向其反面而成为自我毁灭的启蒙。

---

① 《马克思恩格斯全集》（第42卷），人民出版社1979年版，第131页。

在他们看来，启蒙精神是一种积极进步的力量，它使人类摆脱愚昧，远离迷信，确立自身的主权，赋予人类历史发展以积极进步意义。它反对神话，试图消除世界的魔力，用知识来代替想象，给予人类巨大的理性力量，并通过理性的原则实现对世界的正确认识，知识和理性成为指导人们行为的准则，渗透到个人和社会生活的方方面面，成为评判一切的最高标准。社会的理性化进程不仅实现了个人生活方式的变革，也实现了社会组织方式和运行方式的改变。在这种理性法则的支配下，人们的生存态度也发生了根本变化，人们面对自然不再心甘情愿地屈从于一种自然的存在物，而是展现自身的理性力量，试图实现对自然的支配。尤其是在工具理性的泛滥之下，人们抓住了实现支配与统治的强大工具——科学技术，不仅仅要理性地对待自然，更重要的是对自然实现从外到内的全面征服与控制。人与自然的关系发生了深刻的改变，人不再是依赖自然生存和谋求发展的自然存在物，而是借助于启蒙精神的理性与技术实现对自然界的绝对无限统治。人取代神话中的神，以理性与技术为跳板一跃成为启蒙精神的核心，人运用理性的力量统治世界、征服自然是人的自我确定权的实现，是实现人的本质的表征，是增强人的力量的体现。理性的精神使人前所未有的成为一个独立自主的个体，一个自由自觉的主体。正如霍克海默尔指出的："在启蒙精神的信念中，理性法则在社会运行机制中和在人征服自然的活动中普遍运用的结果，将增强人的本质力量，实现人的普遍的自由，实现人的自我确定权。"①

然而，在启蒙自我实现的历程中，在社会的理性化进程中，启蒙并没有发挥出自身的积极力量，反而走向了自我毁灭。启蒙成为神话之后的新的神话——科学和理性的神话，它推翻了神对世界的统治，却重新确立了知识对世界的统治，狂热追捧理性思维和科学知识，成为一种缺少否定性与主体性的新的迷信。启蒙精神推崇技术理性使得人们秉承一种人类中心主义的立场，把自然看作被动消极的对象，无视自然资源的有限性，对自然进行疯狂的掠夺和攫取，使自然完全臣服于人类无限的欲望，确立人对自然的绝对统治权。这种征服非但没实现人的本质、增强人类的力量，更没有使人成为自然的主人，使自然成为属人的存在，反而导致自然对人类无以复加的毁灭性

---

① ［德］霍克海默尔、阿多诺：《启蒙辩证法：哲学断片》，上海世纪出版社集团 2006 年版，第 74 页。

报复，使人与自然的关系全面恶化。人与人之间变得隔阂疏离，人与人的关系走向全面异化，技术理性充斥着整个世界，成为扼杀人的创造性和自由性的力量。在启蒙精神全面回归的社会，在理性普遍统治的社会，人类并没获得真正的自由和全面的发展，而是重新堕落到一种新的野蛮的状态之中。启蒙的世界不是一个理性回归、人性发展的社会，而是一个重新堕落、全面异化的社会。

启蒙辩证法自身崩溃的逻辑以人与自然的关系作为主线，生动地描述了人类文明的历史由启蒙的进步史走向启蒙的毁灭史，深刻地揭示了在自然关系掩盖之下的人与人的异化关系。科学技术的进步带来了物质财富的极大丰富，却没有带来人类对自然的真正控制，工具理性的流行实现了生产力的不断发展，却没有实现人类的自由与解放。这使我们应该认真反思人类对待自然的态度和人类对自然的占有与掠夺，启蒙精神的梦魇也是人与自然关系走向异化的梦魇。

（二）人的解放与自然的解放的关系

法兰克福学派的主将、社会批判理论的主要制定者马尔库塞揭示了在技术理性统治下人与自然之间关系的恶化，从自然的解放与人的解放的关联角度展开对资本主义的生态批判。

在《单向度的人》中，马尔库塞深入分析了在资本主义社会中技术理性的统治使得人与自然之间关系的异化不断深化。他指出，"通过对自然的统治而逐步为愈加有效的人对人的统治提供了概念和工具"，[①] 技术理性成为新的统治形式。技术理性的目的是借助于技术的使用，使人类由必然王国走向自由王国，确立人的自主权。但是事与愿违，它却与政治结合在一起成为一种作为社会控制和统治形式的技术。在技术理性的统治下，人丧失了自身否定性和批判性，沉醉于现代的消费主义价值观，心甘情愿地融入到现存的社会体系之中。

在《反革命与造反》中，马尔库塞剖析了人对自然统治的加剧不仅导致人与人之间的关系不断走向恶化，而且还产生了严重的环境问题。他指出，"越来越有效地被控制的自然已经成了扩大对人的控制的一个因素……

---

① ［德］马尔库塞：《单向度的人——发达工业社会意识形态批判》，上海译文出版社 1989 年版，第 142 页。

商业化、受污染的、军事化的自然不仅从生态意义上，而且从生存意义上缩小了人的生活世界。这样的自然界，使人不能从环境中得到本能的净化，使人不能在自然界中发现自己。"① 只有把自然的解放与人的解放联系起来，才能扬弃人与自然、人与人的异化，有效地解决环境问题。在他看来，把自然的解放作为人的解放的手段是马克思在《1844 年经济学哲学手稿》中的核心论点，因为马克思在手稿中提出的"感觉的解放"不仅包括建构人与人的新型关系，也包括建构人与自然的新型关系。② 自然的解放是推进社会变革的原动力，有助于建立一种新型的人与自然的关系，培养人的新的感受力。马尔库塞要解放的自然包括作为人类生存环境的外部自然和带有人类劳动实践印记的人化自然。无论是外部自然还是人化自然都是异化的自然，它处于技术理性的支配之下，并以实现资本主义的利益为目的。只有首先解放自然，才能彻底解放人类。

如何实现自然的解放?③ 马尔库塞借鉴马克思提出的"人道的占有自然"，即按照符合人的本质的原则去占有自然，它和"资本主义对自然界的剥削形成鲜明的对比，这种对自然的人道的占有不再具有损害性和破坏性，它将顺应自然所固有的积极向上的、感性的和美的特性。"④ 在此基础上，人在与自然界进行物质代谢的过程中不要仅仅以实现人的利益为出发点，为了人而与自然发生关系，同时更要为了自然而与自然发生关系。因为自然"不仅仅是作为有机物或者无机物而出现，而是一个具有独立生命力的主体——客体，自然与人一样，都有追逐生命的诉求"。⑤ 解放自然还要按照审美的原则来塑造自然，恢复和还原自然的内在价值。"对自然美的还原表现为对其实施技术改造，成功地把控制与解放结合在一起，由控制走向解放。在这种情况下，人对自然的征服会减少盲目性、残暴性和掠夺性。"⑥

法兰克福学派主要思想家从人与自然关系的异化、自然的解放与人的解

---

① ［德］马尔库塞:《反革命与造反》，商务印书馆 1982 年版，第 128 页。
② ［德］马尔库塞:《反革命与造反》，商务印书馆 1982 年版，第 126 页。
③ 陈学明:《西方马克思主义教程》，高等教育出版社 2002 年版，第 175—178 页。
④ ［德］马尔库塞:《反革命与造反》，商务印书馆 1982 年版，第 137 页。
⑤ ［德］马尔库塞:《反革命与造反》，商务印书馆 1982 年版，第 131 页。
⑥ ［德］马尔库塞:《单向度的人——发达工业社会意识形态批判》，上海译文出版社 1989 年版，第 242 页。

放的关系等方面展开的生态批判理论为本顿多层次的自然理论和多维度的解放理论以及将自然的解放和马克思的人类解放战略联系起来提供了重要的思想基础。

三、阿尔都塞的结构主义马克思主义理论

结构主义马克思主义是 20 世纪 60 年代中期兴起的用结构主义的方法对马克思主义经典进行阅读的西方马克思主义流派，它以阿尔都塞和其学生普兰查斯为代表。他们对马克思主义做出了一种科学主义的解读，尤其重视马克思晚期的政治经济学著作《资本论》，对其进行一种共识性——结构性分析，重新理解马克思，实现马克思学说的结构性转换，创造出一系列阅读方法，如症候阅读法、无罪阅读法、有罪阅读法、哲学阅读法、科学阅读法、批判阅读法、表现阅读法等，其中阿尔都塞最推崇的是症候阅读法。他要求不采用直接阅读的方法对待马克思的文本，而是根据对文本中的"缺失""空白""严格性上的疏忽"等症候的洞察来揭示文本的问题框架，把握作者思想的特定结构和特定方式，把躲在思想深处的不可见的问题框架转化为可见的，实现问题框架的转换。

在其代表作《保卫马克思》中，阿尔都塞对意识形态和科学进行了严格的区分：具有普遍性和强制性的意识形态以神话的方式体现着世界，并且在实践方面展示其主要功能；反经验主义的科学是在抛弃意识形态的问题框架的前提下形成的，并且只有通过与意识形态进行持续的斗争才能获得自身的生存和发展。显然在阿尔都塞看来，科学与意识形态之间存在着巨大的鸿沟，只有经过质的突变才能实现从意识形态到科学的完美蜕变。为了说明马克思思想由意识形态到科学的质变，他借用巴谢拉尔的概念引入了"认识论的断裂"。在他看来，1845 年之前是意识形态阶段，1845 年之后是科学阶段，断裂发生的标志是《德意志意识形态》和《关于费尔巴哈的提纲》两部著作，这一断裂的双重成果是作为历史科学的历史唯物主义和作为新哲学的辩证唯物主义。

阿尔都塞结构主义分析方法和认识论断裂的思想对本顿产生了重要影响。本顿深入研究了阿尔都塞的著作和思想，1984 年，他将其研究成果凝结在《结构主义马克思主义的兴衰：阿尔都塞和他的影响》一书中。本顿在书中详细分析了阿尔都塞的重要哲学概念——意识形态、科学、认识论的

断裂，深入考察了历史唯物主义的基本概念——生产方式、社会结构、资本主义的相对自主性和历史转换，对阿尔都塞的理论进行批判与反思。阿尔都塞的理论成为本顿生态学马克思主义必不可少的思想渊源。

首先，本顿根据阿尔都塞结构主义的分析方法对马克思的劳动过程进行解读，发现了蕴含在劳动过程中的意向性结构。他继而以劳动过程中是否存在意图性结构为依据区分了生产改造型劳动过程和生态调节性劳动过程，即生产改造型劳动过程中存在意图性结构，而生态调节性劳动过程不存在意图性结构。意向性结构蕴含在生产改造型的劳动过程之中，是人类在改造自然之前心中想要实现的行为目标和预期达到的行为结果。它体现为劳动者利用劳动对象、使用劳动工具对劳动资料进行加工和改造，以劳动产品的形式再现劳动者的目的和意图，实现产品的使用价值。人类改造和利用自然的活动必须以这种意向性结构的存在为前提，人类对待自然是一种工具主义的态度，这种工具主义的态度与人的意向性结构是一致的。马克思的劳动过程更多的是一种过分强调和夸大人的改造能力的生产改造型劳动过程，其根本特征就是通过劳动实现人的改造能力，形成改造的成果——劳动产品，劳动产品是全部劳动过程的最终结晶，它既包含人的改造能力的实现，也包含着人的意向性结构的实现。也就是说，人类在发挥自己改造自然能力的同时，也实现了自己的意图性结构，二者之间具有内在的统一性，这种统一性体现在劳动产品上。它依次经由生产资料、人类改造能力的使用、生产材料的变形、人类意图性结构的实现、劳动产品的完成。在这一过程中，从生产资料到人类改造能力的使用、生产资料的变形，再到劳动产品的完成都是可见的，而人类意向性结构却是不可见的。本顿正是根据阿尔都塞的结构分析方法，在可见的劳动过程之中，挖掘出隐藏在其中的目的结构。这一目的结构正是隐藏在劳动过程之中的问题框架。意向性结构作为一种观念形态反映了人类对原材料的改造和利用，它是劳动过程得以发生的灵魂，规定着劳动过程的实施方向，并贯穿于劳动的全过程。意向性结构是整体性的，它不是着眼于劳动过程中的某一个具体环节，而是着眼于整个劳动过程，着眼于劳动过程中各个环节之间的密切联系。劳动过程中总的意向性结构可能会涉及很多具体劳动环节的目的，总的意图性结构对各种具体的目的具有统摄作用，制约着它们的实现。

其次，本顿依据阿尔都塞"认识论的断裂"理论，发现了马克思哲学和历史唯物主义理论与其经济学理论之间存在的"断裂"，通过对"裂缝"的"修补"来实现马克思历史唯物主义的绿化。阿尔都塞对正统马克思主义的经济决定论进行批判，倡导一种多元决定论，肯定在具有复杂结构的总体中主导性的矛盾与非主导性的矛盾等各种矛盾并存及相互作用。本顿在阿尔都塞理论的启发下，试图将生态学纳入马克思主义的研究范围，"将历史唯物主义重新建构成为一种开放的和创造性的研究计划。"① 本顿生态思想的哲学基础是非还原论的自然主义。自然主义试图通过消除科学与哲学之间的鸿沟来建立哲学与科学之间的关联。他试图通过自然主义与马克思历史唯物主义的"亲密接触"来建构一种适合社会发展需要的、能够分析和解决社会现实问题的、有效地协调人类与其他存在物之间的关系的历史唯物主义。在对马克思历史唯物主义基础进行分析时，本顿发现了其中存在的"裂缝"，这一裂缝使得历史唯物主义丧失了分析解决社会现实问题的有效性。这一裂缝并非阿尔都塞所界定的马克思早期著作与晚期著作之间的裂缝，并非从意识形态到科学的断裂，而是在马克思晚期著作中始终存在的"裂缝"。只有修补"裂缝"才能恢复马克思历史唯物主义有效性，而"修补"的具体方法就是对历史唯物主义绿色重建。这种重建不同于阿尔都塞对马克思主义的科学主义解读。在本顿看来，阿尔都塞的解读过分科学化，忽视了历史唯物主义的思辨特色，使马克思的思想过于狭隘化。马克思主义最伟大的力量在于其深刻的洞察力和深邃的解释力，这是由马克思主义哲学的唯物主义性质决定的，这一理论始终致力于实现自然科学与社会历史科学的联合与统一。② 马克思主义作为一种具有自足性和自主性的理论，它会对各种自然科学和社会科学寻求一种更具包容性的解决方案。为此，本顿提出，必须重新挖掘出马克思思想中的自然主义，填补它缺失的"生态空场"，实现生态学和马克思历史唯物主义的真正结合。

四、西方生态中心主义理论

西方社会存在两种类型的生态伦理思潮——人类中心主义和非人类中心

---

① Sandra Moog & Rob Stones, *Nature*, *Social Relations and Human Needs*: *Essays in Honor of Ted Benton*, Palgrave Macmillan, 2009, p. 16.

② Sandra Moog & Rob Stones, *Nature*, *Social Relations and Human Needs*: *Essays in Honor of Ted Benton*, Palgrave Macmillan, 2009, p. 228.

主义。人类中心主义以人作为价值判断的主体，以人的利益作为价值判断和道德评价的基本尺度。非人类中心主义是对人类中心主义的否定，它倡导尊重自然，珍视一切生命的生存权利理念。从其产生、发展、演变来看，依次经历了动物解放和动物权利论、生物中心论、生态中心论三个阶段。因此，生态中心主义实际上是非人类中心主义生态伦理思潮的第三个发展阶段，其代表人物主要有美国学者奥尔多·利奥波德、霍尔姆斯·罗尔斯顿以及挪威学者阿伦·奈斯等人。

（一）利奥波德的大地伦理思想

利奥波德是美国知名的生态学家和环境保护主义者，被誉为"美国新环境理论的创始者"和"新保护活动的先知"。他的代表作《沙乡年鉴》被称为自然文学的典范，享有"绿色圣经"的美誉，是土地伦理学的开山之作。他在书中阐述了人与自然、人与土地之间的关系，提出其土地伦理观念，认为人类不应该凌驾于自然万物之上，应该对每一个伦理范畴内的成员保持卑微之心，平等地对待他们，从内心深处喊出对土地的爱。

利奥波德追溯了伦理规范的演变次序。他指出，最早的伦理规范适用于人与人之间关系的处理，在伦理道德发展的驱动下，它适用于人与社会关系的处理。但是这一改变仍然没有突破人类的范围，并没有涉及与人类共生共存的自然的关系，如人与土地之间的关系、人与土地上的动物和植物的之间的关系，在这些方面依然缺乏一些伦理规范。也就是说，利奥波德要拓展伦理学的研究对象，要从人与人的关系、人与社会的关系拓展到人与自然的关系或者人与大地的关系——大地伦理。伦理道德规范的扩张是生态进化的一个过程，"从生态学的视角看，伦理规范是对为了生存而奋斗的行为的制约；从哲学的视角看，伦理规范是社会行为和反社会行为之间的界限"[1]，这种相互依赖的合作模式被利奥波德界定为"土地共同体"。大地伦理扩大了共同体的界限，把土壤、水、植物和动物纳入其中，这样一来，人类就由土地的征服者变成和土地平等的一员。共同体中每一个成员在地位上一律平等，既肩负着对共同体的道德责任，又肩负着对共同体成员的道德义务，即"人类要尊重这个集体的内部成员，也要尊重这个集体。"[2]

---

[1]　［美］利奥波德：《沙乡年鉴》，北方妇女儿童出版社 2011 年版，第 194 页。
[2]　［美］利奥波德：《沙乡年鉴》，北方妇女儿童出版社 2011 年版，第 196 页。

自然是否具有内在价值是环境伦理学的首要问题，也是人类中心主义与生态中心主义的根本分歧。利奥波德充分肯定了自然的内在价值，反对以经济指标来衡量自然的内在价值，倡导对自然界进行保护的理念，提出只有改变人们的体制观念、信仰程度、个人爱好等，使人们具备生态良知，才能推动伦理规范的改变，实现整个大地共同体的共同繁荣。在此基础上，利奥波德提出了大地伦理学的基本道德原则——生态整体主义原则。生态系统是一个整体，生态系统内部的生物与生物、生物与生存环境之间处于相互作用和密切联系之中，无数的生物个体构成了大地共同体，不能忽视生物个体的利益，应该以共同体的整体利益和长远利益为出发点，来维持整个生态系统的和谐。他指出，"当一个事物有助于保护生物共同体的和谐、稳定和美丽的时候，它就是正确的，当它走向反面时，就是错误的。"① 和谐是生态系统的物种多样性与生态系统完整性的融洽；稳定是持续发挥生态系统的调节与更新作用；美丽是自然生态系统一种内在的深刻美感。和谐、稳定、美丽三者不可分割地形成大地伦理学的整体，"大地共同体的和谐、稳定、美丽是判断人类行为的基本价值准则，有着至高无上的价值。"②

（二）罗尔斯顿的自然价值论

罗尔斯顿是美国著名的环境伦理学家，自然价值论不仅是西方环境伦理思想的研究主题，也是罗尔斯顿生态哲学理论的精髓。他在《生态伦理是否存在?》《哲学走向荒野》《环境伦理学》等著作中深入分析了自然价值的主观性与客观性、自然的工具价值与内在价值的关系等问题。

罗尔斯顿从环境伦理的视角，突破了以往从主体与客体的实践关系来理解价值的做法，批判了西方流行的以个人的主观偏好作为价值标准的主观主义工具价值论，不同意把价值看成是主体对客体属性的一种需要，而是从客观的角度论证自然的价值。在他看来，价值是自然本身固有的属性，创造性是其最显著的特性。"自然系统的创造性是价值的直接来源，只有具备了自然创造性的实现意义，大自然的所有创造物才是有价值的。"③ 在此基础上，他总结了大自然承载的十四种价值——生命支撑价值、经济价值、消遣价

---

① ［美］利奥波德：《沙乡年鉴》，北方妇女儿童出版社2011年版，第207页。
② ［美］利奥波德：《沙乡年鉴》，北方妇女儿童出版社2011年版，第210页。
③ Holmes Rolston, *Value in Nature and the Nature of Value*, Cambridge University Press, 1994, p. 21.

值、科学价值、审美价值、历史价值、文化象征价值、基因多样化的价值、生命价值、宗教价值、稳定性与自发性价值、多样性与统一性价值、辩证价值，[1] 充分肯定了自然价值的客观性，确立了与人本主义自然价值观针锋相对的自然主义的自然价值观。自然价值的客观性不以人的意志为转移，是由自然事物的性质、结构和功能决定的，人的评价与体验并不能改变它的客观实在性，自然价值是"被储藏的成就"。[2]

罗尔斯顿把生态系统视为价值存在的基本单元，在生态系统中，自然具有工具价值、内在价值和系统价值三种价值规定性。自然的工具价值是学术界的普遍共识，即它是通过人的实践活动追求利用自然的最大有效性，凭借自身的客观属性来满足人们的需求，它的确立必须使人的利益得到满足。自然的内在价值是与人的需求和利益无关的价值，它是自然自身决定的价值，是一种非工具性的、非主观性的价值。但是需要在自然情境中确定自然的内在价值，即要在生物与其生存环境之间关联中来确定。"自然的内在价值是只在一些自然情景中所体现出来的价值，不需要以人类作为参照物。因为任何一个主体都不是单独存在的，任何一个客体也不是独立存在的。"[3] 罗尔斯顿进一步指出，在一个生态系统中，我们更多面对的不是自然的工具价值和内在价值，而是自然的系统价值（Systemic value），因为系统价值散布在整个系统之中，任何生物不是生活在孤立的生存环境中，它们要适应更大的外部生存环境，在这一适应过程中，"内在价值实现向共同价值的转变"。从宇宙自然系统到有机自然系统，再到人类自然系统，自然的工具价值和内在价值不断发生变化，分布在整个生态系统之中。为了更好地利用自然的价值，罗尔斯顿依据价值的个人维度与社会维度、人类维度与非人类维度、个体维度与系统维度的区分，构建了包含个人偏好价值、市场价格价值、个人利益价值、社会偏好价值、社会利益价值、有机体价值、生态系统价值七个价值层次的自然价值评估模型。[4]

---

① Holmes Rolston, *Environmental ethics: Duties to and values in the natural world*, Temple University Press, 1987, pp. 4 – 25.

② Holmes Rolston, *Philosophy Gone Wild*, NY: Prometheus Books, 1986, p. 133.

③ Holmes Rolston, *Philosophy Gone Wild*, NY: Prometheus Books, 1986, pp. 110 – 111.

④ Holmes Rolston, "Valuing Wildlands", *Environmental Ethics*, 1985, No. 1.

（三）阿伦·奈斯的深层生态学

阿伦·奈斯是挪威环境哲学的肇始者，是深层生态学理论的创立者，其环境伦理思想不仅是深层生态学的思想根基，而且也成为深层绿色运动的政治纲领。他在《深层生态运动》《生态学、共同体和生活方式》《自我实现：通向世界存在的生态方式》《自由、情感和自我生存》等文章中，系统表述了"以生态智慧T"为核心内涵、以自我实现和生态中心主义平等为最高原则，包含八条行动纲领、规范性结论和具体行动规则的深层生态学理论。

阿伦·奈斯将希腊文的智慧"Sophia"和英文的生态学"Ecology"进行组合构成生态智慧"Ecosophy"，并将其深层生态学理论冠名为"生态智慧T"这是一种比较广泛和宽容的生态思想，主要致力于对生态和谐与生态平衡的研究。在奈斯看来，生态智慧是一种包含标准、规则以及宇宙万物状态假设的规范性和规定性的哲学，不同社会背景和文化习俗的人都可以建构属于自己的生态智慧，都可以运用自己的生态智慧为解决环境问题和拯救地球提供理论借鉴。他综合运用直觉、深层追问、逻辑演绎的方法构建了一套条理清晰、逻辑缜密、形式完美的思想体系，开启了一种与众不同的的新环境哲学。

奈斯的"生态智慧T"是一种塔式四个层次理论体系（围裙图）。第一个层次是深层生态学的理论根基，即以西方哲学理论、基督教理论和东方佛教理论为渊源凝练出深层生态学的最高原则——自我实现和生态中心主义平等。他认为，自我实现的过程经由本我、社会自我和生态自我三个阶段，通过自我实现，人的全部潜能转化为现实，成为真正意义上的人；通过自我实现，人在与自然互动的过程中不断扩大自我认同范围，不断缩小与其他物种之间的差异，最终走向和谐共生的生态自我。生态中心主义平等是整个生物圈内的所有存在物密切关联，平等地繁衍、生存和发展，平等地实现自己的内在价值。他指出，"在深层生态运动中，我们实行的是生物中心主义或生态中心主义，因为整个星球、生物圈是一个统一的整体，其中的每个生命存在都具有平等的内在价值。"[①] 第二个层次是深层生态学理论的核心——八条行动纲领：①地球上人类和非人类生命的健康和繁荣有自身的、与非人类

---

① Arne Naess, *The Selected Works of Arne Naess*, Vol. 10, 2005, p. 18.

世界对人类的有用性无关的一些内在固有价值。②自身具有价值的生命形式的丰富性和多样性有助于这些价值的实现。③除非为了满足基本的生存需要，否则人类没有权利擅自减少生命形式的丰富性和多样性。④人类生命和文化繁荣与人口的减少并不矛盾，非人类生命的繁荣要求人口减少。⑤现代人对非人类世界进行过分干涉的情况正在急速恶化。⑥我们必须改变的政策会对经济、技术和意识形态的基本结构产生与目前结果不同的一些影响。⑦意识形态的改变主要是在评价生命平等方面，而不是坚持日益提高的生活标准方面，应当深刻认识到对财富数量与生活质量之间的巨大差别。⑧赞同上述观点的人都有直接或间接的义务来实现上述必要改变。① 第三个层次是由前两个层次演绎推理得到的一般性规范结论和事实性假说，最后一个层次是根据第三个层次得到的具体情况和以具体情况为基础制定实际规则或行动决策。纵观这四个层次，前两个层次是奈斯深层生态学的理论设定，后两个层次是深层生态学的实践归宿。

　　本顿的生态学马克思主义思想以生态中心主义为价值导向，倡导以尊重自然、适应自然的理念取代支配自然、统治自然的理念，以实现人与自然的和谐相处，强调自然固有的极限对人类生产实践的制约和限制，主张通过自然的解放实现自然的内在价值，以生态优先、生态整体性和生物圈的平等主义为基本理论原则，通过建立生态社区、改变生活方式、转变价值观念的温和的形象预示法可以通达一个实现生态可持续性的自由、平等和民主的社会。这些思想都直接源于生态中心主义的核心论点。

---

① Arne Naess, *The Selected Works of Arne Naess*, Vol. 10, 2005, pp. 13 – 20.

第二章　本顿对历史唯物主义的
"批判"与"建构"

　　生态学与历史唯物主义的相关性问题是生态学马克思主义的核心议题之一，对这一问题的解决直接关系着对马克思的身份界定——作为哲学家的马克思还是作为生态学家的马克思，直接决定着用马克思历史唯物主义理论分析解决生态危机的有效性。马克思是否具有生态学的思想、马克思的生态思想是否具有连续性是两个密切相关的问题，直接影响着对历史唯物主义与生态学关系问题的解决。学术界在这一问题上存在很大分歧：以吉登斯、帕斯莫尔、维克托·费科斯、迈克尔·劳伊为代表的思想家否定马克思具有生态学的思想，甚至认为马克思的思想是反生态的；以奥康纳、福斯特、佩珀、格伦德曼和帕森斯为代表的思想家则高度肯定作为生态学家的马克思，在马克思历史唯物主义的框架内对生态问题进行分析和解决，为马克思的人类中心主义做积极辩护；还有的学者认为马克思的生态思想存在着早期与晚期的断裂。在上述三种倾向中，本顿属于第一种，他认为马克思的历史唯物主义存在着生态学的理论空场，要通过对历史唯物主义的生态学批判，建构一种具有生态维度的历史唯物主义，以便充分发挥其分析和解决生态问题的有效性。集中反映本顿生态学马克思主义思想的作品是1989年他在《新左派评论》上发表的《马克思主义和自然的极限：一种生态的批判与重建》，本书主要依据此文分析本顿对马克思历史唯物主义的批判与建构。

第一节　对马克思历史唯物主义的生态"批判"

在生态危机和环境问题日益突出的背景下，如何充分发挥马克思主义理论解决社会现实问题的效力，是每一个生态学马克思主义者首先要面对的问题。本顿认为，马克思的历史唯物主义理论缺乏生态学的视域，具体表现在：历史唯物主义的生产理论没有把生态过程整合到生产的一般条件和过程之中，只有生产理性而没有生态理性；推崇一种人类中心主义的、超越自然的极限而去支配自然的生产主义的和普罗米修斯主义的历史观；受 19 世纪自发的工业主义意识形态的影响，提出发展生产力是资本主义的历史任务和资本存在的合法性的条件，片面夸大人在人与自然关系之中的改造潜能，追求人成为自然的支配者和自然真正有意识的主人。为了实现哲学家的马克思向生态学家的马克思的转变，充分发挥马克思主义理论分析问题解决问题的社会功能，必须要正视其在生态问题上的不足和失误。只有澄清问题，才能解决问题，因此，必须首先从马克思历史唯物主义进行生态的批判。

一、历史唯物主义与生态学间的"裂缝"（hiatus）

（一）马克思历史唯物主义与绿色生态运动的理论基础——自然主义

在绿色运动蓬勃发展的背景下，本顿充分肯定了马克思主义的理论价值，认为马克思主义或者社会主义是红绿政治联盟前景中的希望之源，它能够给人们提供很多独一无二的内容。他指出，马克思恩格斯认为他们的哲学理论是唯物主义的和自然主义的，自然科学有助于实现人类的解放，他们所从事的社会科学研究工作也符合科学发展的基本规律。对此，本顿给予充分认可。他详细列举了马克思恩格斯在《政治经济学批判导言》、《哥达纲领批判》、《德意志意识形态》、《资本论》（第 1 卷）、《1844 年经济学哲学手稿》等一系列著作中的相关论述，以确证他们关于唯物史观的大量陈述是自然主义和唯物主义的。[①] 如：

在人类存在的社会生产中，人们不可避免地会进入确定的社会关系之

---

① Ted Benton, "Marxism and Natural Limits: An Ecological Critique and Reconstruction", *New Left Review*, No. 178, 1989, p. 52.

中，这些关系对他们的意志来说是必不可少的和独立的，即生产关系在其物质生产力发展过程中与一个给定的阶段是相称的……物质生活条件的生产模式也是社会的、政治的和智力的生活生产的一般进程。（《政治经济学批判导言》）

劳动进程是人类生产使用价值的行为，是人类的需要与自然物质相适应的进程。它是影响人类与自然物质变换的必要条件，它是强加于自然的人类存在的持久条件，因此确切的说，人类存在的每一个社会阶段与每一个这种阶段是共同的。（《资本论》第一卷）

自然是人类的无机身体——也就是说，自然不是人类身体自身。人类依靠自然而生活——意即自然是他的身体，如果他不死去的话，他必须与自然保持持续的物质交换。人的物质生活与精神生活与自然联系在一起，这仅仅意味着自然与其自身相联系，因为人是自然的一部分。（《1844 年经济学哲学手稿》）①

在本顿看来，马克思恩格斯的上述论述充分表明，人类依赖于自然生产和再生产他们维持生存所必须的物质资料和生产资料，这种生产方式不能仅仅被看作个体的物质存在的生产。更确切地讲，它是展示人类个体活动的确定形式。

在此基础上，本顿进一步将马克思主义与生态学联系起来。从生态学的角度而言，生态学是一种系统研究动植物种群和它们的有机与无机环境之间相互作用现代生命科学，而历史唯物主义是一种人类社会发展进程的历史理论和社会方法。因此，从理论上，可以将生态学研究拓展到人类种群与其生存环境之间的关系，衍生出一种人类物种的生态学，从而使历史唯物主义成为生态学的一个科学分支。他指出，与其他的物种相比，人类特别适应他们生存的环境条件，并且拥有使他们的变革力量一代代积累扩大的能力。这些特征决定了人类生态学的独特性，也决定了人类环境的大量因果重要性对其他物种生态学施加的影响，更为重要的是，它能够在自己的视野范围之内有效利用一般概念分析每一物种与环境相互作用的特征。② 也就是说，历史唯

---

① Ted Benton, "Marxism and Natural Limits: An Ecological Critique and Reconstruction", *New Left Review*, No. 178, 1989, pp. 53 – 54.

② Ted Benton, "Marxism and Natural Limits: An Ecological Critique and Reconstruction", *New Left Review*, No. 178, 1989, p. 55.

物主义的基本观念应该能够被看作一种关于理解人类本质和历史的生态方法。

20世纪下半叶勃兴的绿色运动的理论基础是自然主义的和实在论的，因此，鉴于共同的自然主义理论基础，马克思历史唯物主义与生态运动之间应该有一种天然的亲和力，但是事实并非如此，绿党政治与文化内部一些重要的倾向对马克思主义或者社会主义是敌视的，社会主义左翼对生态政治不断高涨的反应也是非常模棱两可的。本顿对红绿政治联盟出现的危机进行了深刻的反思。为什么马克思主义者和生态主义者之间怀有如此多的仇恨和不信任？为什么在马克思主义阵营中对环境政治兴起（尤其是对绿党的挑战）有这么多的敌对和模棱两可的反映？马克思主义者为什么不在关于资本主义发展必要性与环境危机战略的相关分析中处于领导地位？对马克思主义怀着特殊情感的他要为红绿联盟提供一种有效的理论解释。由于马克思主义的主流思想是错误的或者有限的，不能充分发挥对生态运动应有的作用，鉴于此，有必要对它进行建设性地批判分析，为打造马克思主义与生态之间的关联奠定基础。他给自己制定了两项工作：第一，试图证明这种紧张和敌对的局势深深根植于对左派最有影响的理性传统之中；第二，提供一些新的概念上的标志，希望这些标志能够在促进红绿对话的进展上发挥积极作用。① 通过这两项工作，他希望能够克服两者在对待人类社会与可持续的物质环境相互作用这一问题上的政治文化传统差异，以便对马克思主义概念的形成和发展中的主要差异根源达成理解与共识，实现马克思主义与生态运动的真正联合。

（二）马克思主义对生态政治学挑战的回应

伴随着20世纪后半期新社会运动的如火如荼地开展，马克思主义经历了新的复兴，它开始积极回应生态政治学的挑战。本顿认为，在马克思主义阵营的内部对生态政治学挑战出现了三种不同的回应。第一种回应对生态政治学采取怀疑和敌视的态度。它认为，生态政治学仍然是统治阶级利益的代言人，它无视平民大众对幸福生活的强烈渴求，反而把统治阶级的利益包装成带有普遍性的大众利益，掩盖了占统治地位的意识形态的本质，实际上是

---

① Ted Benton, "Marxism and Natural Limits: An Ecological Critique and Reconstruction", *New Left Review*, No. 178, 1989, p. 51.

用生态问题的"新瓶"来盛装政治上居于统治地位的最高利益的"旧酒"，本质上不具备革命性，甚至是反革命的。很多第三世界国家的马克思主义者积极认同这种回应，但是只要深入分析就会认清本质，因此这一回应比较短暂，具有相对性。第二种回应深入挖掘马克思和恩格斯的经典著作，将二人定位为生态政治学的鼻祖，指出当今的生态政治理论根源于马克思和恩格斯，并不是一种理论创新，只是在重复他们的思想而已。第三种回应不愿意承认马克思和恩格斯是生态政治家，但是却认可他们提出的问题具有重要的理论意义和现实意义。它认为，生态危机的深刻根源在于资本主义经济生活组织形式，而并不是非制度性的人口增长、工业发展等外在因素，资本主义的灭亡既然无法通过工人阶级实现，只能通过自然自身的反抗来实现。在本顿看来，这三种生态政治学挑战的回应是一种比较简单的划分，实际的情况可能更复杂一些，有许多交叉和融合的地方，但是无论如何，这些不同的回应都是为了更好的定位和重新评价在新的时代背景下马克思主义的思想遗产所具有的生命力。①

本顿在其主编的《马克思主义的绿化》中，分别列举了恩岑斯伯格、瓦兰科特、佩雷尔曼和凯特·索普在当前生态关怀的启发下对马克思主义经典文献的理解，深化了对回应主题的认识，为他对马克思历史唯物主义的绿色批判提供了积极借鉴。

恩岑斯伯格主要批判了意识形态的生态政治学，并在此基础上为补充传统马克思主义反对资本主义经济和社会组织的论据进行生态学的假设。他认为，生态政治学作为一种意识形态的左翼批判，虽然十分必要，但却在理论上缺少历史和社会内容，充满了方法上的不确定性和理论上的模棱两可性。这种意识形态的批判不仅要揭示某一理论的缺陷，还要展示它所代表的社会利益，在他看来，现存的生态运动包含三种力量：为统治阶级服务的技术官僚精英；以解决特殊的地方环境威胁为己任的"新旧次等资产阶级"（new and old petit bourgeoisie）；由旧的嬉皮士运动的残余和另类生活方式的实践者等组成的"变弱的次等资产阶级"。其中第二种力量会转向环境抗议和政治行动，所以恩岑斯伯格特别重视。在这种情况下，他认为，马克思主义本身应该进一步发展，以便对环境主义话语中所蕴含的历史进程给予意识形态

---

① Ted Benton, *The Greening of Marxism*, The Guilford Press, 1996, pp. 7 - 8.

的说明。资本主义的工业生产总是反生态性的,随着生产力在资本主义生产关系下的不断发展,生产方式的破坏性与日俱增,以至于已经严重威胁到了资本主义生产持续性的物质基础。环境的破坏构成了对资本的威胁,同时也是一种机遇,即这种生态挑战要求对马克思主义进行修正和改造。在他看来,这种修正与改造涉及马克思主义思想和实践的三个方面:19 世纪技术乐观主义所推崇的物质进步作用在 20 世纪失去效用,20 世纪的革命实践表明生产力的成熟发展与走向社会主义之间不存在必然联系;社会主义代替资本主义能够将原有的生产力转变为新社会形态的物质基础的论断正受到挑战,资本主义技术是资本主义生产关系法则的集中体现,生产力和破坏力会伴随着资本主义工业化获得正相关的发展,社会主义需要一种反映社会主义生产关系法则的新技术;马克思主义不能合理的解决生存与富裕的关系问题,在环境损害的规模不断扩大的情况下,现在人类面临的最重要的问题是如何生存的问题,而不是进入一个处于富裕状态的必然王国。在本顿看来,恩岑斯伯格显然开启了重新复活和评价马克思主义遗产的长期奋斗过程。①

瓦兰科特通过按照时间的顺序考察马克思和恩格斯的主要著作博士论文及《1844 年经济学哲学手稿》《政治经济学批判大纲》《资本论》《工人阶级状况》《反杜林论》和《自然辩证法》,分辨出其中亲生态与反生态的论述,以便对马克思主义和生态学的关系作出实事求是的界定。他认为,人们对马克思主义和生态学之间相似性和差异性认识的模棱两可,在于我们很难确定马克思主义和生态学各自的意指,作为一个马克思主义者和作为一个生态主义者有多种多样的表现方式,马克思主义的研究和生态学的研究也有多种多样的视角、倾向和路径。因此,这个问题的解决是非常复杂和困难的。他只想通过梳理两人的主要著作,来分析它们是如何对待生态科学的,是如何处理当时他们所面临的生态问题的,他们的论著中有大量关于人与自然关系、城市和工业污染以及资源枯竭的论述,用他们自己的论述为他们的立场证明。瓦兰科特最后得出两方面的结论:一方面,尽管马克思恩格斯没有使用生态学这个概念,但是他们的著作中却闪耀着生态学的光辉:他们对任何自然的依赖性高度关注,特别重视自然资源、空间因素、技术等物质要素的决定性意义;他们对资本主义生产和环境成本进行批判,高度重视土壤的质

---

① Ted Benton, *The Greening of Marxism*, The Guilford Press, 1996, pp. 5 – 6.

量、工人的健康和生活质量，强调对资源的保存和动植物的保护；他们对资本主义所造成的任何自然关系的破坏深恶痛绝，批判资本主义是一种寄生的、吃人的、吸干人类与自然生命的社会。尽管马克思和恩格斯在人类中心主义和自然主义观点之间摇摆不定，在重视自然环境与生产力的唯物主义和强调历史变革与辩证法的人道主义之间左右为难，但是他们仍然可以被称为人类生态学、社会生态学和环境社会学的先驱，甚至可以被称为具有政治生态学和生态社会主义倾向的理论先驱。另一方面，我们不能走得太远，把生态学看做是马克思主义的一种类型或者说马克思恩格斯是现代人类生态学的奠基人。① 本顿认为，瓦兰科特对于马克思恩格斯所撰写的关于生态理论的核心文本给予了十分全面的、富有启发性的论述，把恩格斯的《工人阶级状况》作为社会生态学的先驱思想，马克思的《资本论》对于资本主义在社会方面和环境方面的破坏性特征做了详细的描述。

　　佩雷尔曼从绿色思想家普遍认可的一个观点出发——马克思没有理解自然资源的经济重要性——来分析马克思主义与生态学之间的关联。在他看来，这一点是很多人达成的共识，马克思把劳动过程定义为将自然转变为有用对象的过程，认为劳动不是一切财富的源泉，自然才是使用价值的源泉，这些都说明了马克思对自然资源经济重要性的误解。事实是否如此呢？佩雷尔曼把人们的关注点引向马克思其他的一些已发表和未发表的著作，这些著作可以让人们重新认识在 19 世纪后期由美国内战引起的棉花短缺时期及其之后的时间，马克思对资源稀缺性的经济重要性的关注。他指出，马克思并没有把人口过剩、资源稀缺、食品价格上涨等问题看作抽象的普遍法则的结果，而是将其视为资本主义社会组织与其自然条件之间交互作用的独特历史结果。也就是说，马克思清楚地认识到了资本主义农业无法按照资本主义工业控制无机过程的方式完全控制有机过程，资本主义工业的有机原料的供给日趋困难造成土壤肥力破坏和一般利润率下降的结果。只要深入分析有机资本的构成，就可以清楚地发现资源的稀缺性与利润率之间的关系。因此，在佩雷尔曼看来，马克思对土壤侵蚀、资源稀缺性、生态问题、人口增长问题的考察，表现出了始终如一的政治反应和方法论反应，这些反应能够给当代生态政治学带来很多启迪，因为这些问题都源自社会组织与自然之间的特殊

---

　　① Ted Benton, *The Greening of Marxism*, The Guilford Press, 1996, pp. 55－56.

关系，并指向了解决生态问题的社会政治变革。马克思的分析为人们指明了一条行动起来保护与生俱来的权利、创造一个人道社会的道路。[①] 本顿认为，佩雷尔曼的论述把人们的关注点引向了马克思对资源稀缺的经济重要性的解读，纠正了绿色思想家对马克思的误解。

凯特·索普以马克思的《政治经济学批判大纲》为依据阐述绿色人士对马克思主义持敌视态度的缘由。在她看来，整个地球和无数物种，甚至包括人类的命运都深深地融入我们造就的绿色革命的性质和深度之中。但是，许多绿色的思想家即使承认社会主义与生态学之间的"亲属关系"，也反对把马克思主义和生态学拼接在一起，甚至属于敌对的阵营，即他们要对马克思的生态资质予以裁定。进而，她对这种敌视的原因进行考察，在此基础上来解读两者之间的关系。最重要的原因是政治上的原因，即马克思主义与现实社会主义社会，尤其是斯大林主义和新斯大林主义的紧密联系，通过计划权力的运用和对专制制度的保护，用一种赶超的办法追求资本主义的生产方式和消费水平，从而将工业社会一些生态灾难带入中东欧各国。其次是理论上的原因，即马克思主义在描述社会历史发展秉承的"唯生产力论"的观念、"技术乐观主义"的信仰、自然的工具主义和人类中心主义的态度，这些显然与绿色思想家强调的可持续发展、再生产型经济、简朴消费、"去工业化"等理念处于对立冲突之中。最后，马克思主义基于阶级分析制定的革命策略时至今日已经不合时宜，面对对人的剥削和生态的剥削，需要对阶级斗争的正统观念进行深刻反思。[②] 本顿认为，凯特·索普分析了马克思思想发展的不同时期与生态学的相近性与差异性，不仅强调了马克思异化概念中包含的生态维度，积极评价了马克思主义对生态政治学的潜在贡献，而且也批判了他摆脱外部自然的限制，走向更加开放的"自然的主人"的思想。

（三）历史唯物主义与生态学的"裂缝"（hiatus）

本顿通过分析马克思主义与生态政治之间的暧昧关系，从生态的视角重新解读马克思主义经典，既可以发现一大批已经被遗忘的真知灼见，证明历史唯物主义作为一种生态政治学资源仍然具有潜在的理论价值，又可以认识到其中所包含的模棱两可、含糊不清和前后不一致的地方。为了充分发挥马

---

① Ted Benton, *The Greening of Marxism*, The Guilford Press, 1996, p. 8.

② Ted Benton, *The Greening of Marxism*, The Guilford Press, 1996, pp. 82 – 84.

克思历史唯物主义对绿色生态运动积极作用，缓解马克思主义与生态运动之间的尴尬关系，本顿必须要找出病症所在，才能对症下药进行医治。在他看来，主要原因在于马克思的理论中存在着一个致命悖论，只有化解悖论，才能标本兼治。这个悖论是以"裂缝"的形式表现出来的，它存在于在马克思和恩格斯哲学和历史理论的唯物主义前提与其经济理论的一些基本概念之中，是内在于马克思成熟时期的著作中一种理论上的"断裂"。[1] 正是由于这个裂缝的存在，马克思经济理论中的一些基本的概念从历史唯物主义的视域中全部退场了，这种退场使得历史唯物主义的基本思想失去了对资本主义生态危机进行分析和解决的工具价值，也失去了全面和彻底批判资本主义生产的资格。

接着，本顿进一步分析这一裂缝产生的原因。在他看来，马克思经济思想中存在这一缺陷毫不奇怪。其一，马克思非但没有对古典政治经济学的主要阐述者进行激进和全面地批判，反而与这些古典政治经济学学者共同分享这些思想，并批判地继承了他们的思想，丰富和发展了一些新的概念和假设。其二，与马克思和恩格斯在政治上"可以理解的不情愿"密切相关，即他们部分地不愿意承认自然对人类创造力设置的极限，尤其对人类创造财富的能力所施加的限制。他指出，由于政治的原因，尤其是实现人类解放的战略构想，马克思恩格斯对自然极限的论证强烈反对；同时对社会和历史发展所施加的暂时性的和相对性的限制采取承认的态度。也就是说，他们虽然已经潜在地认识到这种自然极限有可能对人口产生抽象的影响，但由于和我们之间的距离遥不可及，所以和目前的实际目标有一种不相关性。在本顿看来，"马克思恩格斯的生态思想包含着对马尔萨斯认知保守主义的乌托邦模式的过度反应，他们的所有观点是一种不稳定的和矛盾的介于实在论与乌托邦元素之间的妥协。"[2]

在此基础上，本顿指出，"资本主义经济理论的某些关键概念包含这一系列相关的合并、不精确和空隙，这些合并、不精确和空隙使得这一理论不

① Ted Benton, "Marxism and Natural Limits: An Ecological Critique and Reconstruction", *New Left Review*, No. 178, 1989, p. 55.

② Ted Benton, "Marxism and Natural Limits: An Ecological Critique and Reconstruction", *New Left Review*, No. 178, 1989, p. 58.

能充分概念化人类满足需要与自然相互作用的生态条件和限制",① 因此,他决定对马克思主义进行批判性的理论探索,其目的是建设性的,即以期使用马克思的思想观点作为概念的原材料,以生态主义的维度来构建一种生态充分的历史唯物主义理论,并通过各种方式纠正其理论缺陷,使马克思历史唯物主义的主体与生态的观点得以兼容。也就是说,本顿的整个批判意图是一种建构性的,是去探讨和理解在马克思经济理论中那些妨碍历史唯物主义发展成一种分析和解决生态危机的理论的缺陷,找出缺陷,正视问题,并通过一系列概念的修正解决问题,使得经过修正之后的经济理论的基本概念实现向历史唯物主义的重新回归,更好地发挥历史唯物主义对资本主义生态危机进行分析和解决的工具价值,实现对资本主义生产的全面和彻底批判。

二、对马克思历史唯物主义的生态"批判"

本顿不仅指出了马克思恩格斯历史唯物主义理论前提中的重要裂缝,分析了这一裂缝存在的原因,而且从生态学视域对马克思历史唯物主义进行了批判性的解读。他认为,马克思的历史唯物主义是一种"生产主义"和"普罗米修斯式"的历史观,这种历史观对自然持有一种人类中心主义和工具主义的态度,对资本主义生产的历史进步作用和科学技术持一种乐观态度;批判马克思生产理论把参与价值生产的自然条件排除在外,过分关注生产理性,完全无视环境理性;马克思片面强调了生产改造型劳动过程,过高地估计了人类改造自然的能力。

(一)坚持"普罗米修斯主义"的历史观,秉承技术乐观主义的信念

在本顿看来,马克思主义之所以遭到绿色思想家的反感和敌视,最重要的原因莫过于他说明历史和展望未来时所依据的"普罗米修斯主义"历史观。在这种人类中心主义历史观驱动下,势必要求人们突破自然对于生产发展设置的界限,实现对自然的全面控制和支配,它所导致的直接后果就是造成严重环境问题。

首先,本顿认为,马克思的"普罗米修斯主义"的历史观是一种"唯生产力论"(Productivism),他对生产力的标准有一种特殊的偏爱,并赋予

---

① Ted Benton, "Marxism and Natural Limits: An Ecological Critique and Reconstruction", *New Left Review*, No. 178, 1989, p. 63.

生产力的发展以最大的优先性，以之作为衡量社会进步的尺度和目标。马克思从质和量两个维度来理解生产力的发展。在量的方面，他把生产力还原为单纯的量，生产力的发展就是生产率的提高，它表示单位时间内所生产产品的多少，反映了生产过程中投入和产出的比例关系，是一种可以进行量化的经济指标，与生产主体毫无关联。可见，生产力的发展空间具有无限性的倾向，这种无限性意欲突破自然设定的各种极限获得最大的发展。在质的方面，生产力是一种解放的力量，它不仅能满足人们各种各样的高层次需要，符合人的解放、自由和全面发展的要求，而且为共产主义伟大目标的实现创立了必要的条件，符合人类社会发展的方向。马克思把生产力的发展规定为资本主义的历史任务，资本主义高度发展的生产力是实现由必然王国向自由王国飞跃的重要物质基础，是人类向共产主义过渡的必经环节。本顿指出，按照马克思的量的理解，最大限度地追求生产率的提高，就会掠夺式地使用自然资源，造成严重的生态问题和环境问题。按照生产力的质的理解，人的主体性对于自然的改造具有巨大的潜力，技术的潜力能够实现自然对生产力和社会发展的双重限制，获得人类的最终解放。[①] 因而，实现在自由全面发展的共产主义宏伟目标的过程中，人类对自然的改造会产生生态问题，在物质资料的生产和再生产中也会产生生态问题。因此，无论是量的维度还是质的维度，生产力的发展都暗含着不利于生态发展的因素。

其次，与马克思恩格斯这种"唯生产力论"相联系的是对待自然的一种支配和控制的态度。在希腊神话中，普罗米修斯是人类的缔造者，人成为一个不可征服、不可超越的超自然存在物，他把自然置于自身自我实现的要求之下，对于这样一个存在物而言，无论内在自然和外在自然都必须被征服。因此，这种"普罗米修斯式"态度就转化成为一种生产力主义和控制自然的象征，以工具主义的态度对待自然，以成为自然的真正主人为荣，以对自然的全面支配和控制为最终目的。而"控制自然"被生态主义者认为是生态危机产生的深层的哲学思想根源。在本顿看来，马克思的这种思想与近代培根、笛卡尔和黑格尔的思想是一脉相承的，"控制自然"是造成现代经济危机和环境问题的思想祸根。所以，马克思的哲学是一种"绝望的哲学"，他要为现代环境危机承担责任。

---

① 倪瑞华：《英国生态学马克思主义研究》，人民出版社2011年版，第48页。

为了实现生产力的发展，为了实现对自然的控制和支配，必须将科学技术作为中介。在本顿看来，马克思对科学技术的发展和社会作用持一种乐观主义的态度，相信技术的发展空间与其社会作用是正相关的，技术的发展势必会带来生产力的突飞猛进，社会物质财富的极大丰富，人类精神生活的丰富多彩和道德水平的极大提高，社会必定走上高速发展的轨道。这种乐观主义的态度埋下了隐患的种子。诚然，科学技术已经成为推动生产力发展的重要因素，成为实现经济增长的首要因素，成为创造社会财富的最直接有效的方式。但是历史的演进证明，科学技术是一把双刃剑，在一路凯旋高歌的进程中，它也带来了环境污染、人口膨胀、资源枯竭、信息安全和生态安全等各种各样的社会问题。

最后，根据马克思在《资本论》第三卷中关于社会生产力发展的论述，本顿批判了马克思对资本主义生产历史进步作用的乐观态度。他指出，马克思虽然系统地批判了资本主义生产，分析了变化无常的自然。但对资本主义为未来人类社会解放提供条件的历史作用是持乐观态度的，并将其看作未来人类社会解放的条件。"资本主义加速生产的发展使得向一个自由与物质产品极大丰富的王国的转变具有真正的历史可能性：社会劳动生产力的发展是资本主义的历史任务和资本存在的正当性，这是一种不自觉地创建更高生产力模式需求的方式。"① 可见，资本主义的历史任务是超越和自然相互作用的早期形式的有限性，马克思全部历史过程理论的本质要素体现在他在对资本主义劳动过程之中对人类劳动改造能力的强调。恩格斯也持相同立场，他在《社会主义从空想到科学》中指出，"包围人类并且迄今为止一直统治人类生活条件的全部领域仍然处于人类的控制之下，当人类成为他自己社会关系的掌握者时，人类第一次成为自然的真正的、有意识的主人。"② 这都表明，马克思恩格斯赋予共同占有自然的解放潜能以重要位置，并预先假定了对前资本主义高度发达生产力的继承，伴随着人类相对于自然社会历史能力的发展出现了一种推翻压迫的可能性：人类能够获得对自身社会生活的控制，并由此实现对自然的控制。本顿认为，这种人类自主性的获得预先假设了对自然的控制，同时也意味着马克思历史唯物主义的人类目的与自然之间

---

① 《马克思恩格斯全集》（第 46 卷），人民出版社 2003 年版，第 542 页。
② 《马克思恩格斯选集》（第 4 卷），人民出版社 2012 年版，第 263 页。

存在一种根本的对立：要么我们控制自然，要么自然控制我们，二者之间没有共生、和平共存、彼此漠不关心或者其它可以想象的关系。① 通过劳动变革自然这是人类始终如一的选择，而这种选择的后果就是对自然的控制与支配。

（二）注重生产理性，忽视环境理性

本顿认为，马克思历史唯物主义的生产理论没有将自然过程（生态过程）整合到生产的一般条件和过程之中，注重生产理性，忽视环境理性。② 本顿主编的《马克思主义的绿化》中收录了恩里克·莱夫的《马克思主义和环境问题：从批判的生产理论到追求可持续发展的环境理性》一文，他指出，从环境的视角重述马克思主义或者从马克思主义的视角解决环境问题，导致了对源自资本积累和生产理性的生态问题的批判分析。在这一分析过程中，尽管马克思主义为说明资本主义持续生产的条件和环境可持续发展的条件之间存在冲突提供了理论基础，但是仍然没有建立起一种生产理性和生态可持续性相容的理论框架。

恩里克·莱夫认为，伴随着人们对马克思历史唯物主义存在生态空场这一认识的深化，经济的快速增长所引发的对环境问题和自然资源破坏问题的分析越来越显得无所适从。既无法实现自然资源的量化，也无法实现社会经济和生态过程的市场价值化；既无法通过经济的工具来控制对自然产生的消极影响，也无法从资源衰竭的角度来分析资本积累的不合理性。马克思的历史唯物主义在应对环境危机方面显得力不从心。虽然他在一定程度上预见到资本主义生产方式对环境的潜在破坏性，以及所造成的土壤肥力的下降，但是马克思低估了生态危机的严重性和全球生态失衡的程度。自然是马克思著作中的一个具有文化性和历史性的意识形态概念，在当时的条件下，它所呈现的并非一种自然主义的意识形态，而是一种被融入社会科学的自然，马克思的这种做法排除了自然在创造财富方面的特殊作用。只有当人们面临严峻的生态危机时，才会重新唤起一种对资本主义生产的批判意识。莱夫一针见血地指出，"马克思主义的危机不仅是现实社会主义走向崩溃和现实生产

---

① Ted Benton, "Marxism and Natural Limits: An Ecological Critique and Reconstruction", *New Left Review*, No. 178, 1989, p. 76.

② Ted Benton, *The Greening of Marxism*, The Guilford Press, 1996, p. 137.

力走向毁灭的结果，而且是马克思历史唯物主义自身理论上的缺陷所致。诚然，马克思认为资本的本质是一种剥削关系，只有通过消除生产过剩和追逐超额利润的目的才能实现生产力的合理发展，但是他并没有将具有生产潜能的自然纳入社会劳动理论之中。"[1] 也就是说，对马克思而言，他无法实现经济发展与生态自然的双向正发展。

在此基础上，恩里克·莱夫进一步指出，由于马克思的生产理论没有纳入参与价值生产的自然条件，他也就无法赋予自然资源以价值。在资本主义生产过程中，生产规模的扩大会带来一系列的连锁反应：生产性原材料的消耗会增加，生产和再生产的节奏会加快，生产废弃物的数量会上升。由于没有赋予自然资源以价值，各种不良后果接踵而至：不可再生资源的枯竭、土壤的肥力降低、环境问题的产生，这些问题都没有在资本的价值和自然的使用价值中得以反映，但资本价值的重估则在没有被资本涉及的资源破坏中得以反映。[2] 在本顿看来，莱夫是站在环境主义的立场上来批判立足于生产力的一维发展的马克思历史唯物主义理论，这种一维的生产力发展观不仅没有将自然的使用价值融入其中，更没有将自然资源的稀缺性实现市场价值化，自然所提供的地质条件、气候条件以及自然资源的有限性等因素全部被忽略了，实际上减少了自然资源的价值在生产成本核算中所占的比例，无形之中用更少的成本核算去换取更大的交换价值。

在本顿看来，马克思的生产理论仅仅强调生产的发展和经济的增长，生产理性或者经济理性主导整个资本主义生产过程，具有一种无可比拟的优先性。但同时，环境作为生产条件的一个要素，作为经济增长的一种成本，它具有一种生产潜能，应该属于生产范型中社会生产力的一部分。这种环境的理性不仅把自然条件纳入生产过程，而且也赋予自然资源以价值。马克思显然是注重了生产理性，忽视了环境理性。

另外一位生态学马克思主义理论家安德烈·高兹也曾对资本主义生产过程中经济理性与生态理性之间的关系进行过阐述。他在其《经济理性批判》中，把资本主义的生态危机归结为资本主义的利润动机，而利润动机是资本主义经济理性的基本范畴之一，这就将对资本主义生态危机的批判拓展到对

---

① Ted Benton, *The Greening of Marxism*, The Guilford Press, 1996, p. 140.
② Ted Benton, *The Greening of Marxism*, The Guilford Press, 1996, p. 143.

资本主义经济理性的批判。高兹首先对资本主义的危机进行定性研究，确立了当前的危机是由资本主义现代化过程中非理性的动机造成的危机。他指出，"我们当前所经历的危机并不是现代性的危机，而是需要对现代化的前提加以现代化；当前的危机也不是理性的危机，而是合理化的不合理的动机的危机。"① 接着，他进一步分析了与资本主义现代化进程紧密联系的经济理性。所谓的经济理性是与计算机化和机器人联系在一起的，以有效地运用生产要素的经济欲求为主要特征，充分利用通过改进劳动手段而节省的劳动时间生产附加财富。高兹认为，这种经济理性并不适用于遵循"够用就行"（enough is enough）的前资本主义社会，而是资本主义社会的产物，当人们为市场而生产，而不是为消费而生产，并且学会计算与核算时，经济理性就开始发挥作用了。经济理性的原则是一种计算与核算的原则、效率至上的原则和越多越好的原则。② 这种经济理性的盛行不仅使人与人、人与自然之间的关系异化，使劳动者丧失人性，使生活世界殖民化，更重要的是使当代资本主义出现新奴隶主义。如何超越经济理性？高兹认为，必须在生产过程中对经济理性进行生态重建，重新调整生态理性和经济理性之间的关系，使经济理性服从生态理性。

由上可见，本顿对马克思劳动过程中高扬生产理性、无视环境理性这一做法的批判与高兹对资本主义生产过程中经济理性遮蔽生态理性情形的分析具有内在的一致性和逻辑上的连续性，他们都从生态中心主义的立场出发，深刻地洞察到马克思历史唯物主义的生态盲点，看到了马克思在"唯生产力论"的驱动下，片面强调生产力的发展，把它作为人类社会发展的动力源泉，而对自然资源在生产过程中体现的价值置之不理，对环境理性诉诸的环境管理加以漠视，导致其对自然采取一种工具主义态度和人类中心主义的态度，从而成为生态危机的罪魁祸首。

（三）强调生产改造型劳动过程，夸大人类改造自然的能力

本顿通过对马克思哲学和经济理论的研究，敏锐地抓住了马克思关于劳动过程的抽象概念，深入分析了马克思在《资本论》中的劳动过程概念，

---

① Andre Gorz, *Critique of Economic Reason*, London and New York, 1989, p. 1.

② 俞吾金、陈学明：《国外马克思主义哲学流派新编·西方马克思主义卷》（下册），复旦大学出版社2002年版，第99页。

论述了劳动过程在资本主义经济关系条件下的不同表现形式。他认为，马克思在这两者中没有充分阐述劳动过程中不可操纵的自然条件的重要性，过分夸大了人类相对于自然的有意识的（意向性的）改造能力的作用。这样的后果就是，马克思既无法充分地从理论上说明所有形式的经济活动对于自然给定的先天条件所存在的必然依赖性，也无法充分地从理论上说明这种依赖性在特殊的资本主义积累过程中所体现出来的非常显著的、具有政治意义的形式。①

1. 对马克思在《资本论》中论述的劳动过程概念进行分析

马克思将劳动过程界定为人类生存的永恒的自然条件，并通过排除对在劳动过程中人与人之间历史多变的社会关系（或者是劳动过程在物质上需要的关系，或者是社会）的考察，最终将在人类的个人活动中涉及的劳动、劳动对象和劳动工具作为劳动过程的三要素。② 在他看来，劳动过程的实现过程实际上是使这些要素彼此之间形成一种恰当的关系并使其运转起来的活动。"在劳动过程中，人的活动借助于劳动工具使劳动对象发生预定的变化，过程消失在产品之中，自然物质通过形式的变化来适应人类的需要。"③本顿分析了马克思对劳动过程的描述，他认为，马克思试图把人类为满足自身的需要而对自然施加的改造描绘为一个具体的过程，在这个过程中，通过劳动工具的使用，使某些物质对象发生改变，这种改变的目的是通过对物质对象的加工，使其成为满足人类需要的手段。劳动过程具有两重性：一种是生产使用价值的具体劳动过程，这是一种特定的有用劳动通过具体劳动把一种原材料改造成一种特定的有用产品；另一种是生产交换价值的抽象劳动过程，这是一种特定的通过抽象劳动实现交换价值量的增长的劳动过程。这两种劳动过程充分体现了资本主义生产的特点：具体劳动与抽象劳动的统一，使用价值与交换价值的统一。虽然生产日益增长的规模既是资本主义个体资本生存的需求，又是整个资本主义系统的需求，但是生产什么、如何进行生产和用什么资源进行生产对于交换价值的量的最大化而言是完全处于从属地位的。因此，第一种劳动过程所形成的产品的物质属性、劳动特点等自然全

---

① Ted Benton, "Marxism and Natural Limits: An Ecological Critique and Reconstruction", *New Left Review*, No. 178, 1989, p. 64.

② 《马克思恩格斯文集》（第5卷），人民出版社2009年版，第208页。

③ 《马克思恩格斯文集》（第5卷），人民出版社2009年版，第211页。

部都与劳动价值的纯粹量的增加这一根本目的不相关，资本主义经济活动的社会结构条件要求第二种价值最大化的意图结构必须被叠加并支配生产的意图结构。马克思由于受 19 世纪自发的工业主义意识形态的影响，强调劳动过程的参与者无需参加背景条件的维持和保存，否认了原材料的绝对短缺，忽略了劳动过程的内在的、无意的后果，因此，第二种劳动过程的意图结构在某种意义上是抽象的。可见，马克思的劳动价值论或者将自然资源的稀缺性排除在外，或者认为它仅仅存在于经济生活的内在关系之中。这就使得在资本主义意识形态中出现的对于自然极限的无知被意向性结构增强和加重，它体现为价值自身无限扩大的过程，而对原材料、劳动和劳动产品的具体属性漠不关心。

2. 生产改造型劳动过程的基本特征及其对生态调节型劳动过程的消融

他根据劳动过程中的具体的意向性结构将劳动过程进一步划分为生产改造型劳动过程和生态调节型劳动过程。他认为，马克思在关于劳动过程的论述中，并没有根据这种具体的意向性结构对劳动过程进行再次划分，因为"两者之间的差异并不是衡量马克思劳动过程概念的合适尺度"，[①] 他实际上将生态调节型的劳动过程全部消融在生产改造型的劳动过程之中，马克思暗含的"普罗米修斯式的意图结构"的过度普遍化是生产改造型劳动过程所特有的。本顿结合资本主义的生产分析了马克思关于生产改造型劳动过程论述的缺陷——或者论证不足，或者根本不予论述，主要表现在五个方面：

第一，劳动工具和原材料的物质性质将会对其符合人类意向的利用和改造产生诸多限制，清楚地认识到这些限制是人类开展有效实践的一个条件。第二，尽管劳动工具和原材料可能直接地来源于较早的劳动过程，但是也间接地来自对自然的占有，因此具体生产过程的持续性不仅依赖于辅助的生产过程，对自然的占有也是必需的条件。第三，劳动本身就是劳动过程中一个必不可少的要素，但是，马克思把劳动活动视为劳动者工作能力或者劳动力的消耗，而劳动者工作能力或者劳动力的消耗又被视为劳动者生活资料过去劳动的产品。也就是说，马克思倾向于将劳动者的生产和再生产吸收到他们的消费资料的生产过程，而排除了家务劳动。他在《资本论》中描述的资

① Ted Benton, "Marxism and Natural Limits: An Ecological Critique and Reconstruction", *New Left Review*, No. 178, 1989, p. 67.

本主义经济关系范围之外的特殊劳动过程是资本主义劳动市场中的廉价劳动力——工人的出现和再现的先决条件，这种特殊的劳动过程与生产劳动过程具有完全不同的意向性结构，在对再生产和发展有机进程的依赖中它们类似于生态调节实践，但是在其有感情和规范的内容中，它们与所有其他的劳动过程完全不相似。马克思显然是把这些过程吸收到生产改造型劳动过程。第四，自然给予的背景条件根本不能进入劳动过程，只能包含在生产工具的范畴之内。本顿认为，生产改造型劳动过程对于自然给予的背景条件的依赖性很难在活动者的计算中体现出来，但是人类实践的顺利开展根本离不开这些条件，马克思虽然认识到这些自然给定的条件和过去劳动的产品的必要性，但是却没有认识到它们的重要性，从而把这些条件纳入到"生产工具"的范畴之内。这种做法使得隐含在工具范畴之内的人类意向性结构不能被归为这些生产的背景条件，这对于自然给予的地质、地理和气候条件尤其突出。甚至在生产改造型劳动过程中，把劳动过程的背景条件吸收到生产工具的范畴，这使得所有劳动过程都依赖于一些不可操控的背景条件这一观点不可理解。这就使得马克思能够在某种程度上摆脱他的封闭嫌疑，即这些生产的背景条件顺理成章地被看作是无条件给予的，或者是不受这些条件的影响，或者是在这条件之下不需要意向性操控然后超越这些条件。第五，劳动过程要素的基本特征是确定意向性结构的根据。在本顿看来，马克思是根据人类活动者为了实现自身的目的所利用的这些特征（因果关系的影响力、倾向和趋势）确立了劳动过程的基本要素，在实际的劳动过程之中，其要素的这些特征仅仅是其真正拥有的属性的一个有限子集，其余的特征则构成了一个无限大的剩余范畴。从从事劳动过程的活动者的打算来看，这个剩余范畴对于劳动过程所要实现的直接目的而言，可以是可知的或者是不可知的，可以是相关的或者是不相关的。本顿认为，马克思在分析劳动过程时根本没有描述这个剩余范畴的特征，他和活动者自身一样，对于具体的实践活动给自然造成的、自然介入型的、无意的和不可预见的后果的根源毫无觉察。[①]

在本顿看来，马克思对劳动过程的这些缺陷描述并非是偶然的失误，而是与他们的重大理论视角完全一致，即以自发的意识形态观念来回答他们为

---

① Ted Benton, "Marxism and Natural Limits: An Ecological Critique and Reconstruction", *New Left Review*, No. 178, 1989, pp. 71 – 73.

何系统地夸大人类行为的潜在改造能力。本顿指出，自发的意识形态是一种错误的或者扭曲的信念样式，即某一相互作用的结构呈现给参与相互作用过程的行为者的是各种系统地误导人的表面形式，受这种表面形式影响的行动者很容易对自身的行为持错误的或者扭曲的信念。生产劳动过程的参与者，尤其是工业生产劳动过程的参与者无需参加背景条件的维持和保存，实际上并不面临着原材料绝对短缺的问题，并且可以忽略他们实践的内在的、无意的后果，他们在某种程度上倾向于夸大他们改造能力的潜能。按照这一观念的逻辑，马克思是 19 世纪工业主义自发意识形态的受害者。

综上所述，本顿指出了马克思关于劳动过程概念的论述存在的缺陷，这些缺陷都指向了同一点：即夸大了生产改造型劳动过程潜在的改造能力，而在自然给予的或者不受操控的条件与限制等方面给予无视或者低估。由此，他得出结论，马克思没有充分论述劳动过程中不可操纵的自然条件的重要性，过分夸大了人类相对于自然的意向性改造能力的作用，其分析忽略了原材料使用上自然的制约作用，最终把来自自然的原材料和技术以及自然给予的地理与地质条件归于生产工具，强调劳动创造价值的重要作用，忽视了自然的稀缺性。"时至今日，我已经设法证明了在许多方面，马克思对资本主义生产过程的描述，采用的是一种有限的、有缺陷的生产改造型劳动过程概念，这些局限性和缺陷性都逃脱不了全面夸大这类劳动过程的潜在的转变力的干系，并且对其他非生产性劳动过程对这类劳动过程的制约性——相对的或绝对的不可操控的背景条件、自然介入型的无意识后果对于生产改造型劳动过程的限制和制约却完全没有深入论述。"①

第二节　对马克思历史唯物主义的绿色"构建"

基于对马克思历史唯物主义的生态批判，本顿根据马克思和恩格斯原有的生态思想，着手从生态学维度对其进行建构，倡导建立一种具有生态可持续性的历史唯物主义的可能性与必要性。马克思和恩格斯著作中所体现的生态思想为这种建构提供了可能性。本顿以马克思恩格斯著作中的一些生态观

---

① Ted Benton, "Marxism and Natural Limits: An Ecological Critique and Reconstruction", *New Left Review*, No. 178, 1989, p. 74.

点（批判私有制度造成人和自然界的异化，人与自然条件、环境以及他们生命活动的对象之间的外在工具性的关系代替了自然是他们内在的美学、科学的和精神的实现的源泉，共产主义将恢复人类与非人环境之间失去的关系维度）为原材料对历史唯物主义进行生态维度的建构；主张重新评估"自然条件"这一概念，把它整合到生产理论中，成为生产力的一个组成部分，实现生产过程和生态过程的结合，建构生产理性与环境理性并重的绿色生产理论；倡导生态维度的技术革新，既要看到技术的经济效应，也要看到技术的生态效应；提出对自然进行多层次多维度的理解，看到表层次的自然和深层次的自然，通过详细分析马克思的劳动过程的概念，根据意图结构区分了生产改造型的劳动过程和生态调节型的劳动过程，并提出以"适应自然"代替"支配自然"的基本立场。

一、肯定马克思恩格斯的生态思想

本顿在对马克思的历史唯物主义进行批判时，普遍接受了人们对马克思的"普罗米修斯主义""唯生产力论"的定位，并作为一个批判的依据对这种倾向进行了解读，深入研究了支撑这一观点的概念结构。但是伴随着他继续致力于对马克思恩格斯作品的深入解读，另外一种与之不同的解读基础也必须清醒地加以认识，他们对生态观点的或明确或默许的部分承认，也可能获得重新重视。本顿列举了马克思恩格斯的论述来支持这一必须重新重视的新解读。

本顿认为，马克思和恩格斯在论述未来共产主义社会的基本特征时，有意地秘密使用"唯生产力论"揭示乌托邦主义。恩格斯指出，"我们每走一步都要记住，我们绝不像征服者统治异族那样支配自然界，绝不像站在自然界之外的人似的去支配自然界——相反，我们连同我们的血、肉和头脑都是属于自然界和存在于自然界之中的；我们对自然界的整个支配作用，就在于我们比其他一切生物强，能够认识和正确运用自然规律。"[1] 恩格斯在批判达尔文主义时，就使用了一个比本顿批判的改造型生产概念更广泛的生产概念，并且他进一步将采集和生产加以对比，把生产设想成为人类准备自然本身没有提供的生活资料的一切活动。本顿指出，这一做法与自然和社会的相

---

[1] 《马克思恩格斯文集》（第9卷），人民出版社2009年版，第560页。

互作用相适应，与调节型模式和支配的、控制的和改造的模式相一致。除此之外马克思在《资本论》中也有相关的论述："这个自然必然性的王国会随着人的发展而扩大，因为需要会扩大，但是满足这种需要的生产力同时也会扩大。这个领域内的自由只能是：社会化的人、联合起来的生产者将合理地调节他们与自然之间的物质变换，把它置于他们的共同控制之下，而不让它作为一种盲目的力量来统治自己。"① 本顿认为，马克思的这段论述可以进行双重解读：一方面，他证实了普罗米修斯的历史观努力征服和控制自然的倾向；另一方面，他强调了自然之间进行物质交换的必要性，把自然置于人类的共同控制之下，并非是为了彰显人对自然的绝对无限的统治权，而是为了避免自然的盲目性，这就和将生态上的自我调节纳入其意向性结构的、与自然相互作用的形式的思想非常一致。马克思关于资本主义农业对土壤肥力的有害影响的论述也充分证明了这一点。"资本主义生产通过破坏这种物质交换的纯粹自发形成的状况，同时强制地把这种物质变换作为调节社会生产的规律，并在一种同人的充分发展相适应的形式上系统地建立起来。"②

　　通过上述马克思恩格斯的论述，本顿认为，马克思和恩格斯确实都认识到了自人类社会产生以来，自然给定的条件和他们的社会活动面临限制的超历史的必然性。③ 他们的"普罗米修斯主义"和"唯生产力论"并非在所有的著作中具有前后一致的明确性，在有的作品中表现出一定的模糊性，有的作品中提到了将生态可持续性作为支配社会主义农业的、调节社会生产的规律，需要用一种面向自然的态度，将人的生命活动看作内在审美的、知识的和精神的完美源泉，以此来取代资本主义社会中人与自然条件、背景、对象之间的表面的工具主义的关系。由此可见，虽然本顿立足于生态中心主义的价值立场，批判了马克思的"唯生产力论"和"普罗米修斯主义"的倾向，指出了历史唯物主义的理论基础与其经济理论中的基本概念存在裂缝，但是他同时充分挖掘马克思恩格斯著作中蕴含的生态思想，为其历史唯物主义的绿色建构奠定坚实的思想基础，也使得他的构建具有了一定的可能性。

---

① 《马克思恩格斯文集》（第 9 卷），人民出版社 2009 年版，第 928 页。
② 《马克思恩格斯文集》（第 9 卷），人民出版社 2009 年版，第 579 页。
③ Ted Benton, "Marxism and Natural Limits: An Ecological Critique and Reconstruction", *New Left Review*, No. 178, 1989, pp. 82 – 83.

二、生产改造型劳动过程与生态调节型劳动过程的二分

本顿通过对马克思劳动过程概念的分析，进一步区分生产改造型劳动过程和生态调节型劳动过程，把马克思的劳动过程概念改进成一个更具生态关怀的概念。他不仅对劳动过程中的基本要素——劳动、劳动对象和劳动工具（劳动资料）——进行了详细划分，区分了原材料 A 和原材料 B、劳动过程的自然条件和人造条件，而且详细考察了前工业社会和工业社会存在的劳动的具体形式——直接占有、农业、手工业和工业，在此基础上，本顿根据劳动过程中蕴含的目的性意图结构，区分了生产改造型劳动过程和生态调节型劳动，并通过二者的对比，归纳概括了生态调节型劳动过程的基本特征，进一步强调了马克思的劳动过程概念是一个充满生态关怀的概念。

（一）劳动过程基本要素的构成

马克思在《资本论》中将劳动过程定义为"人类生存的永恒的自然条件"，确定了劳动过程的最基本要素——劳动本身、劳动对象（原材料）和劳动工具，劳动过程是使这些要素彼此之间形成一种恰当的关系并使其运转起来的活动。

马克思认为，一些与自然的基本交换不需要人造工具，人类的肢体自身被看作起着生产工具的作用。劳动过程作用于其上的劳动对象可以由自然自发地提供的，或者，更常见的是被过去的劳动过滤的。其中他提及原材料。原材料被分成两种：构成产品的主要实体；进入产品的生产过程（如燃料、染料等）但是没有形成产品的主要实体。马克思称之为辅助性的原材料。本顿分别称之为原材料 A 和原材料 B，即原材料 A 是构成产品的主要实体的材料，原材料 B 是进入产品的生产过程，但没有形成产品的主要实体的材料。[①]

马克思认为，劳动工具（劳动资料）是劳动者置于自己和劳动对象之间的、用来把自己的活动导向劳动对象的综合体。[②] 在劳动过程发生的环境之中，还有哪些要素可以成为生产工具呢？本顿指出，马克思实际上涉及了

---

① Ted Benton, "Marxism and Natural Limits: An Ecological Critique and Reconstruction", *New Left Review*, No. 178, 1989, p. 65.

② 《马克思恩格斯文集》（第 9 卷），人民出版社 2009 年版，第 209 页。

两类劳动工具（劳动资料）：一是土地，它给劳动者提供立足之地，给劳动过程提供场所；二是先前的劳动成果，如厂房、河流、道路等，虽然它们没有直接进入劳动过程，但也是劳动过程的条件，也应该纳入广义的劳动工具（劳动资料）的范围。也就是说，在本顿看来，马克思广义的劳动工具（劳动资料）包括自然赋予的条件和前人的劳动成果两部分，他分别称为劳动过程的自然条件和人造条件。

通过对马克思劳动过程基本构成要素的划分，本顿认为，其劳动过程概念的核心是构成产品的主要实体的原材料 A 的概念，它通过人类劳动的结果发生变形，并形成某种使用价值，在这一形成过程中也包含着通过劳动工具和原材料 B 的使用来实现人类的目的，它涉及一系列确定的材料物质、人类的意向性活动和其他的非人类存在物和条件。因此，初级分类将劳动过程分为三种要素——劳动、劳动对象和劳动工具（劳动资料），辅助性的次级分类将一步将劳动对象分为原材料 A 和原材料 B，将劳动工具（劳动资料）分为自然的条件和被生产出来的人造条件。本顿关注的重点不是划分的结果，而是划分的依据。他认为，初级划分和次级划分所依据的不是它们各自的物质特征，而是以它们与劳动过程本身之间的意向性关系为基础，是一种概念性的范畴划分。也就是说，一个相同的术语在不同的时间可能被看作不同劳动过程的产品、工具和原材料，它在任何特殊的情形下所归入的概念或范畴类型都是一种功能，本顿将这种功能称为劳动过程的意向性结构。① 可见，本顿通过对马克思劳动过程概念的分析，敏锐地捕捉到了其中蕴含的"意向性结构"，这对于纠正马克思劳动过程概念的二分奠定了前提和基础，对于纠正马克思的论述缺陷具有重要意义。马克思正是由于过分强调生产过程中的人类的意向性结构才导致了对于人类改造能力的无限夸大，尤其是通过对原材料 A 的改造实现产品的使用价值来满足人们的需要。

（二）劳动基本形式的划分

本顿根据人类的意向性结构将前工业社会和工业社会存在的劳动形式进行分类，分为直接占有、农业、手工业和工业四种，通过对这四种不同劳动形式的考察，他区分了不同劳动形式中蕴含的不同意图结构。

---

① Ted Benton, "Marxism and Natural Limits: An Ecological Critique and Reconstruction", *New Left Review*, No. 178, 1989, p. 66.

1. 直接占有

直接占有是前工业社会的一种初级劳动过程，是人类社会在其生产能力处于最低发展阶段时的基本特征，它在劳动过程中对对象物采取直接占有的形式，如狩猎、采集、挖矿等，它更类似于一种直接作用于对象或材料的生产。它有两个特点：首先，从劳动对象到产品使用价值的实现，"自然物质通过形式的改变实现人的需要的满足"，这种转变的实质是对自然环境的要素的选择、提炼和重新安排，以便能够将它们置于其他实践活动（生产或者消费）的控制之下。这些初级的劳动生产过程是占有自然，但没有发生变形。其次，这些初级的劳动生产过程高度依赖自然给定的背景条件和劳动对象的基本性质，在这些实践中，主要的原材料和可获得的原材料被自然给定的材料或存在物占有了，而后者的位置和可获得性相对地或者绝对地不受意向性操纵的影响。[1]

2. 农业生产

农业生产包括播种、耕种、收割农作物以及饲养繁殖牲畜等劳动形式。为了避免对马克思的不利，本顿对农业劳动过程的考察做了预设条件，即假定这一劳动过程发生于已经整理和准备好的土地上，使用已经体现挑选等过去劳动的种子，饲养已经体现喂养等过去劳动的牲畜。农业劳动过程可能在生产的社会关系或者所有权关系中形成，并且众多特殊的农业技术已经被使用或者还有可能被使用。他希望这些预设从抽象的层面上对其理论的考察具有实质的重要性。[2]

在预设的基础上，本顿指出，在农业劳动过程中，人类的劳动没有用来在原材料中产生有意的变形或者改造，没有使种子变成植物，也没有使种畜变成牲畜，其主要目的是用来维持和调整环境条件，以便使种子和牲畜在这些环境条件之下生长、发展。"优化和维持有机变化发生的条件，以便于使种子得到最优的机会发芽、生长和高产出，人类的劳动没有使其发生变形，只是确保种子生长和发展的有机过程的已发生的最佳条件。"[3] 也就是说，

---

① Ted Benton, "Marxism and Natural Limits: An Ecological Critique and Reconstruction", *New Left Review*, No. 178, 1989, p. 69.

② Ted Benton, "Marxism and Natural Limits: An Ecological Critique and Reconstruction", *New Left Review*, No. 178, 1989, p. 67.

③ 倪瑞华：《英国生态学马克思主义研究》，人民出版社2011年版，第92页。

它并非依赖人类的劳动来实现这一调整和维持，而是依赖于自然给定的背景条件（气候条件、环境条件、地质条件等），这些背景条件是农业劳动过程的主要劳动对象，它们较少受人类意向性结构的操控，甚至在某些方面是绝对不可操控的。为了说明农业劳动过程的这一显著特征，本顿列举了太阳能辐射和温室效应的例子。他指出，太阳能辐射的发生率是绝对不受操控的，因此，农业劳动过程中被界定为通过农作物的光合作用使其有效地获得其功效，或者用人工能源来补足它。在这一事例中，与能够被人的意向性结构调整的因果机制形成鲜明相比的是，不可操控性是相关自然机制作用规模的结果。在其它的情况下，人类的干预达到一定量的积累可能会发生一种质的改变，如气候条件中的温室效应，但是这种与人类的意向性操控画上等号，因为认知障碍和规模问题组合在一起，限制了我们对天气系统产生影响的能力，哪怕它们明显是无意的，并且大部分是有害的。①

　　针对本顿的这一界定，有人可能会借助于生物技术（用人工激素来干预器官的发展过程、基因工程技术的广泛应用）的发展进行反驳，试图通过生物技术的广泛运用来实现农作物和牲畜生长与发展的有机过程，本顿对此也进行了回应。他指出："最新的生物技术已经在一种唯意志主义和普罗米修主义的对话中被出卖了，它们总是阻碍或者推开了人们对于他们在农业系统中的应用所施加的限制和约束，掩盖了它们带来的非意向性后果。"②例如，遗传学家广泛达成共识：出于农业生产的目的，可以提高有机体效用的转基因技术通常会伴随着抵消性的费用，高产出带来的抵抗力的下降，甚至使对抗环境压力的能力减弱，因为有机体不仅仅是偶然连接，而且是自由操控的基因颗粒的集合表述。

　　3. 手工业生产

　　手工业生产是劳动者运用劳动工具对劳动对象直接进行加工创造的劳动过程，它与直接占有和农业生产相比，更少地受制于自然给定的背景条件，从而体现人与自然之间关系的进一步发展。手工业生产更多的是对原材料 A 的加工和改造，它作用于其上的劳动对象既包括自然给予的条件或资源，也

　　① Ted Benton, "Marxism and Natural Limits: An Ecological Critique and Reconstruction", *New Left Review*, No. 178, 1989, p. 68.
　　② ［英］泰德·本顿：《生态学马克思主义》，社会科学文献出版社 2013 年版，第 152 页。

包括先前劳动的产物。在本顿看来，这种劳动形式的意向性结构是非常明显的，以木匠活动为例，它很容易被描述为一种具有工具性转变的意向性结构。

4. 工业生产

工业生产是在资本主义生产力高度发展的基础上，由手工业生产过渡而来的一种大机器生产形式，工业生产呈现一种合理化或者理性化的趋势，人们依据严格的计算和核算的原则来组织生产，实现利益的最大化。与手工业生产相比，劳动的社会组织形式发生很大的变化：生产规模无限扩大、生产目的拓展到全社会范围内的普遍需求、生产的组织形式呈现集体化，但各种形式的变化并没有改变劳动过程中蕴含的意向性结构，即通过赋形于质的过程，实现对劳动对象的改造，实现产品的使用价值，满足人类的各种需要。

通过对四种劳动具体形式的考察，本顿认为，直接占有和农业生产中存在着意向性结构，手工业生产和工业生产中也存在着意向性结构，但是这是两种不同的意向性结构。马克思的劳动过程概念对意向性结构做了过于一般化、模棱两可的、强求一致的描述，对其中存在的劳动过程对于不可操控的自然条件和对象的依赖没有予以充分的描述，导致他在建构劳动过程这一一般概念时，将伐木、捕鱼、挖矿、农业等不同形式的与自然有关的人类活动也纳入了一般意义上的劳动过程（生产改造型劳动过程），使得其经济理论的基本概念从历史唯物主义的视域中全部退场了，这种退场使得历史唯物主义的基本思想失去了对资本主义生态危机进行分析和解决的工具价值，也失去了全面和彻底地批判资本主义生产的资格。

（三）生态调节型劳动过程的基本特征

本顿依据四种不同的劳动形式中存在的不同意向性结构，将劳动过程划分为生产改造型劳动过程和生态调节型劳动过程，以区别于马克思对这两种劳动过程不加区分，把劳动看作一种按照人的目的和意识对外部客观物质世界进行改造的过程。

在本顿看来，我们需要更加重视具有生态关怀的生态调节型劳动过程，把马克思的劳动过程概念向生态学进一步推进。这种劳动过程依赖于自然给定的条件和不受人类有意操控的自然条件的影响，以物质对象为实用价值的原材料基地，由自然规定的组织结构或者物理过程对对象进行改造变形。它具有以下特征：

第一，劳动主要适用于使变形的条件有效地进行，它们自身是有机的过程，相对不受意图改变的影响。劳动对象不是原材料 A，它们将变成产品的主要实体，但是，它们只有在这些条件中才能生长和发展。第二，优化有机体生长与发展条件的劳动主要是一种维持、调节和再生产型的劳动，而不是改造型的劳动，如维持土壤的物理结构作为一种生长中介，维持和调节水的供给，在合适的时机维持作物适量的营养，减少或者消除同其他有机物种的竞争与掠夺等都属于这种类型的劳动。第三，劳动的时间和空间分配很大程度上由劳动过程的背景条件和有机发展过程的节奏来确定。第四，自然给予的背景条件（如水的供应、气候条件等）被看作劳动过程的条件和劳动对象，它能产生劳动过程的各种要素，并且不被马克思的三分法所同化。① 这样一来，通过对劳动过程概念的二分法，本顿就修正了马克思劳动过程概念的缺陷，使得生产过程的背景条件与生态调节型劳动过程持续性生产的连续相关性得以体现，生产过程运转产生的一些自然介入的非意向性后果可能会影响生产过程的背景条件和原材料的持续性和再生产，从而使马克思的劳动过程呈现出生态持续性。

三、以"适应性技术"代替"改造性技术"

因为马克思历史唯物主义的生产理论注重生产理性，无视生态理性，既没有将参与价值生产的自然条件纳入其中，也无法赋予自然资源以价值，合理地说明自然资源在产品的价值创造中发挥的重要作用，所以，它对于生态问题的分析和解决缺乏有效的工具，不能充分发挥历史唯物主义在生态实践中的重要作用。本顿为了克服这一缺陷，他提出，以"适应性技术"代替"改造性技术"，建构生产理性与生态理性并重的绿色生产理论。

（一）"适应性技术"与"改造性技术"的划分

本顿将技术分为"适应性技术"和"改造性技术"两种："适应性技术"没有超越自然对生产力发展设定的限制，强调了不可操控的自然条件和因素对于劳动过程的适应性；"改造性技术"超越自然对生产力发展设定的限制，忽视了不可操控的自然条件和因素对于劳动过程的适应性。根据本

---

① Ted Benton，"Marxism and Natural Limits：An Ecological Critique and Reconstruction"，*New Left Review*，No. 178，1989，pp. 67 - 68.

顿对马克思劳动过程概念的二分，"适应性技术"对应着生态调节型劳动过程，"改造性技术"对应着生产改造型劳动过程。生产改造型劳动过程体现出人类改造自然的目的性，它遵循着内在的目的结构，通过劳动工具的使用，实现劳动对象的变形，凝结在具有实用价值的产品中来体现人们的目的需求。这种变形是改造自然的一种体现，为了实现劳动对象变形，必须要突破和超越自然对劳动过程的限制和制约，运用改造性技术。生态调节型劳动过程以自然的既定的条件为界限，试图在自然允许的范围内实现其内在的意图结构，这种生态的调节是一种适应自然条件的表现。由此本顿提出，以对自然的适应代替对自然的改造，与此相对应，由适应性技术代替改造性技术。

由于马克思把劳动过程看作一个超越历史的抽象概念，过分强调生产改造型劳动过程和"改造性技术"，突出人的改造能力，从而使得其理论缺乏生态学的维度。为了构建真正生态意义上的绿色唯物主义，本顿把理论重点放在生态调节型劳动过程和"适应性技术"，并且以"适应性技术"代替"改造性技术"。尤其是一些难以人工介入的自然因素（地理、地质和气候等），它们是不受人有意识操控的自然条件，对于这样一些背景条件，人类只能适应，这种技术的应用就是适应性技术，它不仅具有一定的持续性，而且也反映了人类生态学的基本特征。正如他指出的，"通过对劳动过程中相对的或绝对的非操控性条件或要素给予明确的理论确认，使人们认识到能够超越自然施加的限制的技术与面对自然条件对意向行为的专横而提高适应性的技术之间的区分。……聚焦于提高适应性技术的策略也是一种解放，它比在文明中占主导地位的改造型技术更具有持续性。"①

本顿的这种观点体现了技术革新的生态维度。技术是人与自然发生关系的中介，也是人类对自然进行改造的工具。科学技术的进步与革新会带来生产力的极大发展，也会带来人们精神生活质量的提高，但是与此同时，科学技术的不恰当使用方式会带来严重的环境问题和生态危机。资本主义社会的生态危机现状就是科学技术不当使用的一个例证。本顿充分认识到技术的两面性，提出具有生态维度的技术革新观，十分重视各种不可操控的自然条件

---

① Ted Benton, "Marxism and Natural Limits: An Ecological Critique and Reconstruction", *New Left Review*, No. 178, 1989, pp. 79 – 80.

对于劳动过程的制约作用和劳动过程对这些条件的依赖性，提醒人们不要对技术革新带来的经济效益沾沾自喜，而忽视它所造成的毁灭性的生态效应。对于技术要明确区分出可欲的技术与可行的技术。可欲的技术充分考虑到了技术革新和使用的各种可能性，既包括可以预测和控制的后果，也包括不可预测和不可控制的后果，在各种可能性中进行利弊权衡，最终付诸实践达到相对而言最为理性的效果。可行的技术是一种无视技术后果的技术，它只考虑技术的可行性，而不考虑这一技术的实施所带来的各种后果，只考虑做与不做的问题，而不考虑应该与不应该的问题，这种可行性技术的使用有可能会演变成为人类的一种自我毁灭的恶果。

（二）构建生产理性与生态理性并重的绿色生产理论

针对历史唯物主义的生产理论没有把自然生态过程整合到生产过程之中，强调生产理性，无视生态理性的做法，本顿提出从生态学的角度重新评估自然条件，在此基础上建构生产理性与生态理性并重的绿色生产理论。在他看来，自然条件被排除在马克思的生产理论之外，也没有赋予参与价值生产的自然资源以价值，自然力也被排除在社会发展的基本动力结构之外，生产所产生的严重生态后果也被忽视。因此，必须从生态学的视角重新评估自然条件，把各种不可操控的自然条件看作一种自然力，充分挖掘其中蕴含的生产潜能，同时把自然力纳入社会发展的基本动力结构之内，不仅通过生产力与生产关系的矛盾运动，更要通过生产力、生产关系与自然力的协调发展来推动社会的不断进步。在此基础上，把生态过程整合到生产过程之中，运用生态学的视角解读资本主义生产过程，为生产过程提供各种支持条件和制约条件，建构生产理性与生态理性并重的绿色生产理论，实现资本主义生产与自然的可持续发展过程。

由本顿主编的《马克思主义的绿化》一书中收录了恩里克·莱夫的《马克思主义和环境问题：从批判的生产理论到追求可持续发展的环境理性》一文，本顿认为，莱夫的观点转变了经典马克思的生产力概念，赋予生产力的发展以全新的内容，不仅把生态过程融入生产力，而且把文化资源界定为生产力，赋予生产力以文化内涵。自然过程作为具有生产潜力的生态系统的初始生产力应该服从于一种统一化的、参与型的有选择地促使它们提供使用价值的管理。不同质的生产方式的概念作为文化、技术、生态资源和生产关系的特定组合，使得我们将生态极限看作最重要的现实因素，因为它同每一种独特的自然使用方式密切关联着。① 我们试图以此为切入点来分析如何实现生产理性与生态理性并重的绿色生产理论。

在本顿看来，莱夫立足于环境主义的视域，试图根据环境主义对于马克思主义提出的一系列挑战和为生态社会生产理论拓展的路径，构建一种基于生态技术生产力、参与型环境管理、生态可持续发展等原则的具有生态理性的马克思主义生产理论。他不否认，马克思主义对于生态问题的研究提供了一种历史的、社会的和经济的视域，提供了一种可以将生态融入生产过程的理论范型，与此同时，生态的视野也为马克思主义提供了关于生态可持续发展社会的知识，它们之间是相互促进的。基于这样一个目的，他将自然和文化的概念植入生产过程之中，确立一种新的生产理论，这种理论将生态理性作为生产理性的替代，融入生产过程，为生产力的发展提供一个新的方向，即一种整合技术、生态和文化的过程，一种具有可持续性的生产过程。②

第一，把生态过程融入生产理论，是一系列理论发展的契机和方法论的进步。

在本顿看来，这种做法可能会影响到其学科归属，即决定自然资源形成和生产过程的生态条件的生产理论是历史唯物主义的范畴还是生态学的范畴，或者人们会把生态过程看作生产过程的共同决定性因素，导致对资本主义生产范型和一切可持续发展过程的重新组合，或者是实现历史唯物主义与生态学的相互融合，生态学将既对自然资源的生态系统基础的结构和运行方式作出解读，也对生产过程受到的约束和生态支持作出解释。也就是说，这种生产理论的重建不仅将生态理性融入生产的物质变换过程，而且将具有生产潜能的自然理论融入生产力的发展。

第二，在资本主义生产扩大的背景下，重新定义一般的生产条件。

一般的生产条件存在于自然，但它不是按照价值形成的过程和市场原则进行生产，而是为资本主义的生产建立必须的条件。需要详细阐述那些资本很难造就的生产条件，那些无法在短期内实现量化的过程，或者无法按照资本的要求予以评价的而被生产理性排除在外的过程，可以被纳入到生产条件的界定之中，如自然基础和生态资源的供给、保存自然条件和自然的再生、

---

① Ted Benton, *The Greening of Marxism*, The Guilford Press, 1996, pp. 106 – 107.
② Ted Benton, *The Greening of Marxism*, The Guilford Press, 1996, p. 139.

长期的生态过程和全球化的代际影响、人类的自然和文化遗产、环境质量和生活质量等这些不能被自然资本概念吸收的过程。并在此基础上形成一种从中提供生态条件的社会和自然过程的理论。国家要建立一种保护区制度和一个与生产过程相关的生态秩序、生产过程的空间布局、工业和家庭废弃物的管理等司法体系，同时，公民社会要开展一系列定位于资本和市场领域之外的和无污染的生产与消费实践。①

第三，将自然和文化作为生产力纳入生产范式，形成一种以生态理性为主导的、生产理性与生态理性并重的绿色生产理论。

在绿色生产理论中，生产会依赖于使用价值生产增长，而不会依赖于市场和利润最大化所驱动的生产力发展和技术进步，因此这种生产以资源获得的社会化、生产活动的非集中化和生态原则、对人口和社区的环境资源管理为基础，以满足以社会和文化为根据确立的合理需求为目的。显然，在这一生产范式中，自然和文化不再只是中介过程，而成为一种直接的生产力参与到社会劳动过程之中。② 在此基础上，形成了一种生态生产力、文化生产力和技术生产力三合一的，具有可持续性、统一性和融合性，并且能够长期管理自然资源的生态技术范型：生态生产力源自生态系统组织、光合过程等自然的潜能，它可以产生一个自然资源系统，其中自然的使用价值越大，它自身的可持续性就越强。文化生产力能够将文化组织和种族认同的多样性转化为一种生产力和社会力，并将对这些文化组织和种族认同的传统实践进行修复和改进，使其成为具有可持续性的生产实践。技术生产力以复杂的多价的技术系统为基础，能够在不破坏生态可持续性和文化多样性的基础之上推动生态生产力和文化生产力的不断向前发展。③

第四，通过环境主义实现生态可持续发展。

本顿认为，莱夫的环境主义视角对于绿色生产理论的建构具有重要理论意义，而且对于实现生态可持续发展具有不可忽视的现实意义。环境主义的议题使得传统的理论范式面临挑战，它提出了很多传统理论范式无法直面和解决的问题。它倡导一种基于自然的生态多样性和人类的文化多样性的选

---

① Ted Benton, *The Greening of Marxism*, The Guilford Press, 1996, p. 145.

② Ted Benton, *The Greening of Marxism*, The Guilford Press, 1996, p. 150.

③ E. Leff, *Green Production: Toward an Environmental Rationality*, Guilford Press, 1995, p. 220.

择，这与传统的市场逻辑催生的一体化生产模式和标准化生活方式形成了鲜明的对比。它向我们清楚地展示了经济增长在生态上和能源上的非理性倾向，并尖锐地指出了这种倾向的根源——个人利益最大化的推动和短期经济利益的鼠目寸光，并试图基于经济的非集中化、生态生产力和政治多元化的发展提供一种政治的、伦理的和生产力的解决。因为资本主义经济缺乏用于评价生态系统和自然过程对自然使用价值贡献的工具，也就无从计算持续的生态和社会过程给予的价值，而环境主义为了实现生态可持续发展，运用新的概念和工具来评价自然资源的遗产、生态技术的生产力，以期实现一种以使用价值和市场商品的可持续的生产为目标的、自我管理式的生存维持型经济。

综上所述，本顿针对马克思恩格斯的哲学和历史唯物主义理论中的裂缝，对马克思历史唯物主义进行了批判性分析，他以生态学的视角对历史唯物主义进行建构，其独特之处和积极意义是显而易见的。如他提出的生态调节型劳动过程凸显了马克思劳动过程概念的生态学意义；他的生态理性概念整合了生产过程中的文化、技术和生态等因素；他对技术的二分强调了不可操控的自然条件对劳动过程的适应性。但是，他的生态批判和绿色建构是存在很多问题的，其中，十分重要的一点是本顿的哲学理论缺乏辩证与历史性，出现了混同使用自然主义与唯物主义的倾向。[1] 透过他对马克思历史唯物主义的批判与绿色建构，我们始终无法分清其所坚持的唯物主义是不是马克思始终坚持的历史唯物主义。一定意义上讲，他坚持的唯物主义有自然主义之嫌，甚至不自觉地滑向了他自己反对的还原论的自然主义。在其早期著作《结构的马克思主义的兴衰：阿尔都塞和他的影响》中，他坚决反对阿尔都塞对马克思主义的科学化的解读，而强调了对马克思主义的自然主义的理解，并把自己视为马克思历史自然科学的坚定拥护者。这一倾向就使得他在指责马克思历史唯物主义的裂缝时显得模棱两可，具有不彻底性。这种"自然主义"的唯物主义是在割裂自然与社会的基础上对马克思历史唯物主义的片面解读，因而，它从根本上偏离了马克思历史唯物主义的本真含义。英国生态学马克思主义者伯克特在《马克思和自然》中指责本顿对马克思劳动过程概念的区分不合理，将马克思术语使用的偏好误认为是概念的吸

---

① 张剑：《本顿的"生态历史唯物主义"是否可能?》，《国外社会科学》2010年第5期。

收，忽视了马克思在资本主义地租的分析中对生态调节型劳动过程的论述。① 英国生态学马克思主义者格伦德曼在《生态学对马克思主义的挑战》中指责本顿对生态问题的界定过于简单，对于劳动过程概念的区分过于片面，是 20 世纪后期生态浪漫主义的自发意识形态的受害者。②

① Paul Burkett, *Marx and Nature*: *A Red and Green Perspective*, MaCmillan Press, 1999, pp. 39 – 47.

② Reiner Grundmann, "The Ecological Challenge to Marxism", *New Left Review*, Vol. 187, 1991, pp. 106 – 120.

第三章 本顿对"自然极限"的解读

人口的增长、资源的枯竭与人类生活的环境是息息相关的，它不仅造成环境的恶化，而且会直接威胁到人类的生存和发展，两者之间的这种相关性实际上反映了人们对社会发展的自然极限的看法，即社会的发展是否存在自然的极限。马尔萨斯的"人口原理"率先承认自然的极限，继而艾里奇的"人口爆炸"理论、哈丁的"公地悲剧"理论以及罗马俱乐部的"增长的极限"理论紧步马尔萨斯的后尘，实际上都是"自然的极限"理论的各种不同变形，是马尔萨斯主义的一种复活。马克思恩格斯出于政治的原因，为了实现他们的政治解放战略而对马尔萨斯进行了猛烈地批判，强烈否定"自然极限"的存在。本顿从承认自然极限的立场出发，重新分析了马克思与恩格斯对马尔萨斯的批判，主张人类解放战略具有乌托邦主义和现实主义两种视角，无论怎样理解科学技术的超越性，都必须包含着自然设定的地质的、地理的和气候的等不可操控的自然条件——自然极限的不可超越性。因此，要多维度理解"自然"范畴和"解放"范畴的含义，人类的解放要依靠自然，社会的解放要转向保护生产条件的生产力发展，通过实现自然与社会的联系相对化、实现技术革新与自然给定的条件之间的联合，从支配自然走向适应自然，对马克思主义政治经济学的基本概念进行生态维度的再概念化，凸显劳动过程的生态关怀和生态考量，从而实现人类解放与自然极限的统一。

第一节　"自然极限"的提出

肇始于马尔萨斯人口原理的自然极限理论在 20 世纪六七十年代得以复活，形成了以艾瑞勒奇的"人口爆炸"理论、哈丁的"公地悲剧"理论以及罗马俱乐部的"增长的极限"理论为代表的新马尔萨斯主义，这促使人们重新反思马克思主义与马尔萨斯主义之间的对立和冲突。马克思恩格斯出于人类解放战略的视角，断然否认了社会发展过程中存在的自然极限，赋予生产的发展和社会的进步以巨大空间，最终走向人的全面解放。在环境问题日益严峻的形势下，如何准确地定位自然的极限与社会的发展之间的关系是一个不容忽视的问题。本顿基于对马尔萨斯的人口原理和新马尔萨斯主义的理论回顾，重新反思马克思恩格斯对马尔萨斯的批判，突出了自然极限在社会发展过程中的地位和发挥的重要作用，尤其强调了自然极限的不可忽视性和不可超越性。

一、马尔萨斯的人口原理实质上是一种"自然极限"理论

马尔萨斯的《人口原理》提出了一种具有浓郁悲观主义色彩的社会发展观，即人口的数量按照几何级数增长，物质生活资料按照算术级数增长，这是一个永恒的人口规律和自然规律，这实际上指出了社会发展的自然极限，强调了在一个长期的历史过程中，人口的增长对于社会发展的限制和阻碍作用。继马尔萨斯之后，由于人口的增长和资源的枯竭导致了生态危机的产生，为了保护环境，保障人类的生存和发展，人们开始采取各种措施控制人口的增长，限制社会生产的发展，出现了"人口爆炸"理论、"公地悲剧"理论和"增长的极限"理论等各种新马尔萨斯主义的思想，成为马尔萨斯人口理论的现代版本。这些思想反复重申了一个核心观点，即社会的发展存在着自然的极限。为了重新审视马克思恩格斯对马尔萨斯的批判，并在此基础上更好地理解本顿的自然极限思想，有必要首先对马尔萨斯的人口理论和新马尔萨斯主义的思想进行回顾。

（一）马尔萨斯的人口原理

马尔萨斯学术研究的主要方向是人口问题，1789 年，其人口学奠基之作《人口原理》匿名出版，在社会上引起巨大轰动，出现了大批的支持者

和声讨者。之后，他周游各地，为其理论论证搜集证据。1803 年，增补了大量内容的《人口原理》正式出版，并在马尔萨斯有生之年多次再版，产生巨大反响。马尔萨斯的人口理论是在前人思想成果的基础上提出的，不仅得益于亚当·斯密、休谟和李嘉图的政治经济学理论，而且也受到了罗伯特·华莱士的人口数量按照几何级数增长的思想，约瑟夫·唐森关于人口增长受制于生活资料的增长、人口增长有超过生活资料增长的趋势等思想，詹姆斯·斯图亚特关于人口与生活资料之间存在一定比例关系的思想的影响。

　　马尔萨斯人口原理的基本内容包括两个公理和三个命题。他指出，目前争论的重大问题是"人类究竟是从此会以加速度不断前进，前景远大的不可想象呢？亦或在注定永远要在幸福与灾难之间徘徊，做出种种努力之后仍然距离想要达到的目标无限遥远"。① 对于这个问题的回答出现了相互对立的两派，或者是现存秩序的辩护者，或者是人类或社会的可完善性的辩护者，两派的争论使得这一问题的解决遥遥无期。马尔萨斯是一个非常清醒的理论家，一方面，他看到了人类或社会的可完善性的辩护者描绘的诱人图景，这使他非常兴奋；另一方面，他也意识到在通向这种幸福改良的过程中必然会面临一系列的不可克服的巨大困难。因此，他的主要目的就是要考察以往阻止人类通向幸福的各种困难，并分析克服和消除这些困难的可能性。

　　马尔萨斯在排除了所有无法根据正确的哲学基础推论出的假设的前提之下，提出了两条公理。第一，食物为人类生存所必须；第二，两性之间的情欲是必然的，并且几乎会保持现状。他认为，从对人类有所了解以来这就一直是关于人类本性的两条固有法则。一旦接受这两条法则，就可以得出如下结论：人口的增长能力要无限大于地球为人类提供生产生活资料的能力。如果不抑制人口的增长，它会以几何比率增加，而生产生活资料由于土地收益的有限性，仅仅呈现算术级数的增长，"人类将会按照下列比数增加：1，2，4，8，16，32，64，128，256；生活资料按照 1，2，3，4，5，6，7，8，9 的比数增长，在两个世纪以内，人口对生活资料的比率将会是 256：9，三个世纪以内，人口对生活资料的比率将会是 4096：13，而在两千年里，其差数几乎无法计算了"。② 这就意味着人口的增长要远远超过生活资料的增

---

① ［英］马尔萨斯：《人口原理》，朱泱译，商务印书馆 2014 年版，第 3 页。

② ［英］马尔萨斯：《人口原理》，朱泱译，商务印书馆 2014 年版，第 11—12 页。

长，由于第一条公理指出食物是人类生存的必需品，为了维持生存，必须在人口的几何级增长和生活资料的算术级增长之间保持一种平衡，这就要求大幅度地限制人口的增长。在他看来，人口的增长能力和土地的生产能力并不相等，但是自然的法则却要求它们保持平衡，这是阻碍社会完善的不可克服的巨大困难，其他的困难与之相比都是次要的和微不足道的。由此，我们可以看出，马尔萨斯是否定人类或社会的可完善性的，按照他的人口增长和生活资料增长的级数，社会的进步和人类的幸福是根本不可能实现的。因此，这一规律被他视为人类一切灾难、痛苦和不幸的源泉，是阻碍人类社会走向完善性的首要障碍，自从人类社会产生以来就持续不断地发挥着作用。

在两条公理和两个增长级数的基础上，马尔萨斯提出了三个命题：人口的制约原理、人口的增殖原理和人口的均衡原理。第一，人口的制约原理，即人口的增长要受到生活资料的制约，人口与生活资料之间存在着某种比例关系。第二，人口的增殖原理，即生活资料的增加通常必然伴随着人口的增加。第三，人口的均衡原理，即"占优势的人口繁殖力为贫困和罪恶所抑制，因而使现实的人口得以与生活资料保持平衡"，① 这是马尔萨斯人口原理的核心论点，它与人口的制约和增殖原理是密切相关的。为了使人类社会不走向灾难，必须使人口的增长与生活资料的增长之间实现均衡，但是这种均衡并不是自然发展的结果，而是施加各种抑制的结果。

马尔萨斯认为，既然人口的增长与生活数量的增长之间存在巨大的失衡，为了使社会正常地运转下去，必须要实现二者之间的平衡。而这种平衡的实现显然不能依靠自然的力量来实现，只能依靠强大的外力来实现，主要是对人口的增长施加抑制，人为地降低人口增长的比率，使人口的数量与生活资料的数量相互适应，由此，他提出了达到均衡的具体途径——预防抑制和积极抑制。预防抑制又称道德抑制，主要是依据人的本性对人自身的生育本能的限制，降低人口的出生率，包括不婚、晚婚、禁止不正当的两性关系和非自然的不正当情欲等措施。预防抑制是一种非决定性的抑制。积极抑制主要是依据自然发展的规律采取多种多样的方法来提高人口的死亡率，包括战争、瘟疫、繁重劳动、贫困、饥荒等措施。积极抑制是一种决定性的抑制。他指出，在社会发展进程中出现的一切贫困和罪恶都是人口数量与生活

---

① ［英］马尔萨斯：《人口原理》，朱泱译，商务印书馆2014年版，第15页。

资料数量进行均衡的产物，贫困与罪恶伴随着人类发展的始终。

综上所述，我们可以看出，马尔萨斯人口原理的主题是人口数量与生活资料数量的增长比率，几何增长比率与算术增长比率之间的巨大差距阻碍了人类对幸福生活的向往和追求，虽然"大自然极其慷慨大方地到处散播生命的种子，但是大自然在给予养育生命种子所必需的空间和营养方面，却一直较为吝啬"，① 这就造成了人口的增长与生活资料的增长之间的失衡，贫困的自然法则成为人类的宿命，苦难与罪恶也接踵而至。这种悲观主义的论调从另外一个方面反映了自然的极限对社会发展的限制，马尔萨斯独具慧眼地看到了这一点，给陶醉在自我实现理想中的人们注射了一支清醒剂。自然的限制不仅是客观存在，而且也是不容忽视的，它是社会发展过程中一个不可小觑的因素。正视自然的限制，并借助于科学技术，就可以在自然限制允许的范围内促进社会的发展；无视自然的限制，片面盲目追求社会的发展，就会适得其反。马尔萨斯率先将人口、资源与环境之间的关系问题纳入研究视野，并清醒地意识到自然的限制在社会发展进程中的地位和作用，这是值得肯定的。但同时我们应该看到，承认自然限制的客观性和不可忽视性并不等于一味地夸大自然的限制。马尔萨斯恰恰无限夸大了自然限制的约束作用，片面强调其对社会发展的制约作用，认为自然限制的存在把人口的数量限制在一定的范围内，并为了追求人口与生活资料之间的均衡，以预防抑制降低人口的出生率，以积极抑制提高人口的死亡率，采取人为的措施控制人口数量的增长，最终走向贫困、苦难和罪恶的发展结局，这是不可取的。

（二）新马尔萨斯主义的基本理论

20 世纪六七十年代，各种环境问题不断涌现出来，粮食危机、自然资源的枯竭、环境污染等日益凸显，并对人类的生存和发展造成了直接的影响，人们开始有意识地反思环境问题产生的根源，环境意识逐渐觉醒。一些环境主义者从马尔萨斯的人口原理中寻找理论依据，将其理论与现代社会的环境污染和资源枯竭等问题联系在一起，试图通过减少人口数量来抑制环境问题的恶化，出现了以艾里奇的"人口爆炸"理论、哈丁的"公地悲剧"理论以及罗马俱乐部的"增长的极限"理论为代表的新马尔萨斯主义，唤

① ［英］马尔萨斯：《人口原理》，朱泱译，商务印书馆2014年版，第9页。

醒了马尔萨斯主义的幽灵。

1. 艾里奇的"人口爆炸"理论

1968 年，美国的生物学家艾里奇出版了其代表作《人口爆炸》，抛出了惊世骇俗的人口论调。根据人口统计和人口预算的数据结果，他认为当今世界面临人口爆炸的危机，人口的危机会产生一系列的连锁反应，资源与能源危机、粮食危机和生态危机应运而生。地球资源的有限性无力承担超负荷的人口增长，人类正在毁灭性地耗费地球上有限的自然资源，尤其是人口的急剧增长直接导致人类对粮食的需求量越来越大，而土地的产出量由于有机质的破坏、贫瘠化和沙漠化，逐年减少，长此以往，人类对自然系统造成毁灭性的后果，大气污染日益严重，生态环境不断恶化，最终地球将丧失自身的负载力，"为养活人类而进行的战争已经结束了，70 年代，世界将会经历一场高比例的饥荒——几亿人会被活活饿死"。也就是说，人口的迅速增长如果不能得到有效地控制，会使人类面临毁灭性的灾难。艾里奇进一步将人口爆炸指向第三世界的国家，认为主要是由于第三世界国家的人口增长过快造成了贫困和失业、世界的两极分化。由此可见，艾里奇的人口爆炸理论看到了人口的增长给人类带来的灾难性后果，强调了适当控制人口增长的必要性，凸显了人资源与环境之间的密切关系，这和马尔萨斯如出一辙，是值得肯定的。但同时他表现出一种强烈的决定主义倾向，片面强调了人口增长的决定性作用，而忽视了其他因素对环境和人类生存发展的影响是有失偏颇的。

2. 哈丁的"公地悲剧"理论

1968 年，英国学者哈勒特·哈丁教授在《科学》杂志发表《公地的悲剧》一文，率先提出了一种"公地悲剧"的理论模型。他在文中设置了一个场景：许多牧民在一块公有牧场一起放牧，每一个牧民都想通过增加牧羊的数量来提高自己的经济收益。虽然他们都知道牧场的有限性决定了其容纳羊群数量的有限性，目前的状况已经达到一个饱和状态，个人私自任意增加牧羊的数量会直接导致整个牧场质量的下降。但是由于人性是自私自利的，每一个牧民都会从自身的利益出发，无限制地增加牧羊的数量来获取更多的收益，最后的后果不是个人的责任，而是大家共同承担的代价。当每一个牧民做出这样的选择并付诸实践时，就上演了一场公地的悲剧，过度放牧使得牧场的牧养质量持续退化，最终丧失了基本的牧养能力，导致牧场贫瘠化，而所有的牧民由于个人不明智的选择也会付出惨重的代价——牧民全部破产。公地作为一种共有财产，每一个人都享有充分的使用权，适度的使用会维持公地的良性循环状态，而过度的使用则会加剧公地的毁灭。哈丁设置的场景向我们清楚地展现了这一辩证过程。

在哈丁看来，公地的悲剧之所以发生，主要是根源于人们在共享公共利益时表现出来的自私性，他所呈现的是精于算计的个人忽视整体的长远利益，而被个人利益蒙蔽了双眼，在没有任何规则加以约束和管理的前提下，导致了人类整个生存环境的崩溃，杀鸡取卵，得不偿失。这种对共有财产采取私人利用的方式最终毁灭了整个公共利益，正如美国学者所说，当个人按照自己的方式处置公共资源时，真正的公地悲剧才会发生。与此同时，另外一个不可忽视的原因是对共有财产缺乏有效的监督和管理。既然人的自私性是无法改变的，那么可以通过加强监管来更好地预防公地悲剧的发生。哈丁提出的对策不是实现共有财产的私有化，而是采取大家共同认可的相互强制，必要的时候可以进行政府强制。虽然从理论上而言，严格划定产权，实行私有化是一种更好的解决路径。

由此可见，哈丁一开始就将目光聚焦到人口的增长和自然资源的使用问题上，这些问题的解决似乎无法借助于科学技术的中介作用，科技的革新无法从根本上解决这些问题，它更多的需要人们价值观念和道德标准的根本变革。他清楚地意识到了自然资源的有限性以及这种有限性给人们的生产和生活带来的直接影响，人口的过度增长会带来自然资源消耗总量的最大化，每个人维持生存与发展的生活资料会达到最小的份额，最终会趋向于零。如果适当地控制人口的增长，无疑既会降低自然资源的消耗量，也会加大人均生活资料的消费份额。在他看来，要实现自然资源的有限性与人口增长的均衡不可能依靠科学技术的发展来解决，只能靠人们道德观念和价值观的革新。

3. 罗马俱乐部的"增长的极限"理论

《增长的极限》是罗马俱乐部的第一份研究报告，1972 年 3 月由美国经济学家米都斯执笔撰写，其主旨是探讨人口的增长与生活资料的供应之间的关系。罗马俱乐部成立于 1968 年，是由世界各国的经济学家、科学家和教育家等共同组成的一个非正式国际协会，它主要关注、研究和探讨人类共同面临的社会问题、经济问题和环境问题等重大问题，并提出积极的对策与方法。它具有极端的马尔萨斯主义和强烈的精英主义色彩。《增长的极限》作为该俱乐部的第一份研究报告，主要将动力学系统引入全球性环境与发展问题的研究之中，列出了影响经济增长的五个因素——人口增长、经济、粮食供应、环境污染和能源消耗，这五个因素的增长不是一种传统的线性增长过程，而是呈现一种指数增长。指数增长是"翻倍、翻倍、再翻倍的过程"①，它不同于在一个给定的时间段里增加一个固定的数量的过程的线性增长，具有惊人的后果、很大的欺骗性和令人意想不到的快速性。在反应滞后的情况下，指数增长会导致超越极限，或许在很长的时间内增长不非常明显，也不存在任何问题，但是突然之间增长的速度迅速加快，增长的积累会产生无法控制的问题。报告开篇通过波斯传说"棋盘上的麦粒"和法国寓言"池塘上的百合"分别展现了这种惊人而可怕的后果。而与这种惊人指数增长相对应的是地球负载力的有限性，由此，他们发出预言：这种指数增长，尤其是人口的增长与环境的破坏最终会达到地球承载的极限，甚至会超过这一极限，导致整个世界的突发性的、不可操控性的崩溃和世界末日的来临。为了避免因超越地球极限而造成的人类悲剧变成现实，最有效的方法就是抑制增长，实现"零增长"。具体观点如下：

首先，地球的有限性决定了增长的极限性。在米都斯看来，指数型增长具有两种不同的路径：一种是自我再生的实体所呈现的自生型指数增长，另一种是在外部因素的驱动下形成的衍生型指数增长。他指出，在人类社会中，人口和生产成本是指数增长的发动机，即世界人口和经济的增长是一种非常明显的自生型指数增长，是一种无限制的增长。而粮食供应、环境污染和能源消耗是一种衍生型的指数增长，它们不是自身在成倍地增长，不是自身具备这样一种自生的能力，而是在人口和经济指数增长的驱动下呈现的一种被动增长，人口的增长和经济的发展会增加对粮食、能源和资源的需求量，在这种倍加需求的刺激下，粮食、能源和资源也会呈现指数增长，这是一种有限性的增长。从正相关的角度而言，人口的增长和经济的发展无疑会带动粮食生产，加大对资源和能源的需求与消耗，从自生型指数增长带动衍生型指数增长，反之亦然。人口爆炸与经济失控会造成粮食短缺、能源枯竭和环境污染，而粮食短缺、能源枯竭和环境污染又会进一步限制人口的增长和经济的发展。因此由于地球资源的有限性，尤其是粮食、能源和资源的有

---

① ［美］米都斯等：《增长的极限》，李涛、王智勇译，机械工业出版社2014年版，第19页。

限性大大制约了人口与经济的速度，决定了它们增长的极限性。

其次，动力学系统建模的引入使得全球性环境与发展问题的研究成为一个复杂的整体系统。按照米都斯的设想，运用动力学系统建模研究全球性环境与发展问题，通过人口增长、经济、粮食供应、环境污染和能源消耗五大因素的相互作用形成一个封闭的反馈循环路径。这一封闭的反馈循环路径中的各个因素是相互影响、相互关联的，牵一发而动全身，一个因素的活动会影响与之相关的因素的活动，彼此之间的互动性又会影响整个系统的逻辑动向和发展趋势。也就是说，一个因素的增长会刺激其他因素的快速增长，而其他因素的快速增长会导致整个系统无节制的发展，最终达到一种极限增长，长此以往的无限恶性循环，会超越增长的极限导致崩溃的逻辑。如人口的增长会加大对工业制成品的需求，工业制成品需求量的增大会增加不可再生资源的消耗，不可再生资源的过度消耗会加重环境污染，环境污染的加剧会导致粮食的减产和人均粮食消耗量的下降。由此可见，伴随着人口与经济的指数增长，会带来世界的全面崩溃。

最后，凭借技术实现均衡发展，解决全球性的环境与发展问题。米都斯根据研究的结果，关于世界未来的发展趋势形成一些预言性的结论：按照人口与经济的自生型指数增长和粮食、能源与资源的衍生型指数增长，预计未来的 100 年之后就会突破地球的有限性，造成突发性的毁灭结果。在这种恶果成为现实之前，改变这种指数性的增长趋势，实现人与自然、经济、社会的和谐与均衡发展具有理论上的可能性。在实现均衡发展的过程中，技术的革新与进步是必要的，也是深受人们喜爱的，但是，在他看来，纯粹技术手段并不能带来实质性的改变，唯一可行的办法是："需要使社会改变方向，向均衡的目标前进，而不是以往的增长"①，为此，他提出了一系列解决全球环境与发展问题的综合对策，如采用全新的方法收集废弃材料，使废弃物重新用于再循环，以此来减少污染；或者运用更先进的循环技术，以此来减少资源与能源的消耗量；或者改进产品的设计，延长产品的使用寿命，以此来降低资本的折旧率；或者利用无污染的太阳能提高能源的再生性；或者通过先进的医学手段降低人口的死亡率；或者运用避孕的手段使出生率与降低

---

① ［美］米都斯等：《增长的极限》，李涛、王智勇译，机械工业出版社 2014 年版，第 209 页。

的死亡率持平。[①]

综上所述，《增长的极限》提出了关涉人类未来的全球性问题，从量的角度分析人口增长、经济发展、粮食生产、能源枯竭和环境污染之间的相关性，得出了实现合理持久的均衡发展的结论，蕴含着可持续发展思想的萌芽，是值得肯定和借鉴的。但是，米都斯割裂了影响增长的社会因素和自然因素，片面强调自然因素对经济发展的制约性和限制性，得出了悲观主义的结论——经济增长模式给地球和人类带来毁灭性的灾难，"只要人口增长和经济增长的正反馈回路继续产生更多的人和更高的人均资源需求，这个系统就会被推向它的极限——耗尽地球上不可再生的资源。"[②] 他只看到了经济发展过程中的粮食、能源和资源等制约性因素，却无视经济的发展对粮食短缺、能源枯竭和环境污染的积极作用，悲观地看待科学技术的发展对经济的增长所施加的影响，以至于不能对人类未来的发展趋势做出科学准确的预测。

二、马克思恩格斯对马尔萨斯的批判否定了"自然极限"

马尔萨斯人口理论的核心要点是人口的数量呈几何级数增长，生活资料的数量呈算术级数增长，如果按照各自的增长级数发展下去，人类社会的发展前景不堪设想，因此，必须采取积极抑制，实现两者之间的均衡发展。这种惊世骇俗的人口理论实际上是强调了社会发展存在着自然的限制，不能忽视这种限制，而应该以这种限制为基点来更好地促进社会的进步。这种承认自然极限的观点遭到了马克思和恩格斯的强烈批判，他们在《1856—1857年经济学手稿》和《政治经济学批判大纲》中将马尔萨斯的观点视为"对人类的诽谤""卑鄙无耻的学说"，是"自然和人类的恶毒污蔑"，"是过去一切学说中最粗暴、最野蛮的一种学说，是一种绝望的学说"。他们批判了马尔萨斯对自然极限的过分强调、将人口与生活资料的增长级数看做是永恒不变的自然规律、片面夸大相对的人口过剩，将人口过剩看作贫困与罪恶的原因，在此基础上，马克思恩格斯提出了自己的人口理论。本顿基于对这一

---

① ［美］米都斯等：《增长的极限》，李涛、王智勇译，机械工业出版社2014年版，第195—196页。

② ［美］米都斯等：《增长的极限》，李涛、王智勇译，机械工业出版社2014年版，第3页。

批判反思，重新确立了自然极限的客观性。

（一）强调自然极限的绝对性

马尔萨斯在其《人口原理》中突出强调了社会发展过程中存在的自然极限，这种自然的极限对社会发展起着不可忽视的制约作用。显然在他看来，这一极限是自然赋予的，是先天绝对存在的，是不以人的意志为转移的，也是人的能力所无法更改的，它既不是社会的产物，更不是人为的产物。也就是说，马尔萨斯首先确立了自然极限的客观性。接着客观存在的自然极限还要发挥作用，这一作用体现在：在极限的范围之内，人口的增长与生活资料数量的供应保持均衡，社会正常运行和发展，人类能够安居乐业。超出极限之外，人口的增长与生活资料数量的供应出现供不应求，社会的发展停滞不前，人类处于贫困、灾难和罪恶之中。

对于马尔萨斯的上述论调，马克思恩格斯从历史的观点出发予以驳斥和批判。否认并非完全否认自然极限的存在，只是他们生活的那个时代处于自由竞争的资本主义，大量的耕地尚未开垦，大量的资源尚未开发，环境污染问题尚未如此严重，因此，恩格斯坦言："当密西西比河流域尚有足够的荒地可供欧洲的全部人口移居的时候，当地球上的土地才耕种了三分之一，而这三分之一的土地只要采用现在人所共知的改良耕作方法，就能使产量提高五倍，或者五倍以上的时候，谈论人口过剩是一件非常可笑的事情。"① 也就是说，在恩格斯看来，自然的极限距离我们非常遥远，而且更为重要的，在人类行为的作用下，自然的极限并非像马尔萨斯所言是一个固定不变的量值，而是一个可以变化的变量，尽管这种变化并不明显。只有在社会历史的进程中，自然的极限才具有存在的意义和价值。这种变化如何实现？恩格斯认为依靠技术会逐步缩小自然极限发挥作用的领域。他在《政治经济学批判大纲》中极具乐观意味地指出："科学的发展速度至少与人口的增长速度是一样的，在最普遍的情况下，科学也是按几何级数发展的，对科学而言，又有什么是做不到的呢？"② 科学技术的发展会逐步提高人类改造和利用自然的能力，带来无法估量的生产力，从而突破自然加于社会的限制，因而，从社会历史的长远发展来看，自然的极限不是绝对的，而是相对的。

---

① 《马克思恩格斯全集》（第1卷），人民出版社1995年版，第469页。
② 《马克思恩格斯全集》（第1卷），人民出版社1995年版，第469页。

（二）夸大人口过剩的相对性

马尔萨斯认为，由于人口与生活资料按照不同的级数增长，几何级数的增长势必会超过算术级数的增长，这就会出现人口过剩的现象，并进一步把一切贫困和罪恶的根源归之于人口过剩。马克思恩格斯指出，马尔萨斯夸大了人口过剩的相对性，将之视为一种绝对的人口过剩。实际上，人口是否真的过剩取决于自然的限制，当人口的增长保持在自然的极限之内时，人口的数量是适当的，生活资料的供应能够满足人口的需求，不会出现人口过剩的现象。当人口的增长超过自然的极限时，超出生活资料的承载力，就会出现人口过剩。可以看出，人口过剩是否出现在于尺度内外的比较，尺度之内，不会产生人口过剩，而尺度之外就会造成人口过剩。在此意义上而言，马尔萨斯的人口过剩不是一种真正意义上的过剩，而是一种超过尺度的过剩，而这个尺度就是自然的极限，即超过自然极限的过剩。

马克思恩格斯已经批判了马尔萨斯的自然极限不具有社会历史意义上的绝对性，而具有社会历史意义上的相对性。那么，以这一自然极限为尺度判定的人口过剩也就具有了相对性，不具有绝对性。马尔萨斯分析的人口过剩实际上是一种相对的人口过剩，而他却将这种相对过剩无限夸大，得出了悲观主义的论调。恩格斯指出："马尔萨斯断言人口总是威胁着生活资料，一旦生产增加，人口也以同样的比例增加，人口固有的那种繁衍超过可支配的生活资料的倾向成为一切贫困与罪恶的根源。因此，在人口数量太多的地方，就应该用某种方法把他们消灭掉：或者用暴力将他们杀死，或者让他们饿死。"① 马克思同样以一种社会历史的观点来看待人口过剩问题，他认为，马尔萨斯将人口问题抽象化，在一个缺乏历史进程的视域中来审视人口问题，就得出了人口过剩的抽象结论。而处于社会历史进程中的资本主义社会的人口过剩并不是相对自然极限的过剩，而是相对于资本主义生产关系的过剩，并不是绝对的过剩，而是相对的过剩。他说："资本主义积累不断地并同它的能力和规模成反比生产出相对的、超过资本增殖平均需要的、因而是过剩的、追加的工人人口。"② 也就是说，人口过剩是由于无产阶级的数量已经远远超过了资本主义生产的实际容纳量而造成的相对过剩，由之产生的

---

① 《马克思恩格斯全集》（第1卷），人民出版社1995年版，第464页。
② 《马克思恩格斯全集》（第1卷），人民出版社1995年版，第433页。

贫困、失业和罪恶等是资本主义制度的必然产物，而不是全部归之于人口过剩，人口过剩和贫困、失业一样，也是资本主义制度的产物，它们在逻辑上属于同一个层次。

三、本顿承认"自然极限"的客观性

面对日益严峻的环境问题，针对马克思恩格斯对马尔萨斯的批判，以及新马尔萨斯主义的出现，本顿重新反思了这一批判，他认为，马克思和恩格斯的批判包含着一种对马尔萨斯主义认识论保守主义的过度反应，他们的所有观点是一种不稳定的和矛盾的、在实在主义与乌托邦主义之间的妥协。在他看来，马尔萨斯作为一个真正的认知保守主义者，他主张再建立一个新的和公正的社会秩序，但也看到在通往未来幸福的征途中存在着大量巨大的、不可克服的困难。这一不可克服的困难简化为一个基本的规则，即关于人口数量几何级数上升与食物供应算术级数上升之间的一种反向关系。因此，人类生存条件中这种不可避免的困难足以摧毁任何平等合作共同体的远大理想，来自生活资料供应的人口压力所产生的贫困与罪恶势必会大大影响人类成为未来改革者的美好愿望。①

本顿指出，马克思和恩格斯猛烈地批评马尔萨斯的人口原理，他们的批判是双管齐下的：不仅通过一系列的论证来反对这一原理的普遍性和必然性，而且对马尔萨斯所提到的现象进行重新解释和界定，人口的相对增加并不是人类面临的困境，而是资本主义积累的动力。恩格斯利用了马尔萨斯确认的道德抑制的作用，从其理论中获得了关于社会变革的最强有力的经济论证。因为只有通过这场变革，只有通过它提供的大众教育，才能使道德抑制成为可能，这也被马尔萨斯视为人口过剩最有效和最容易的补救办法。但同时本顿也指出了这些论证中含糊不清的地方——马克思恩格斯是否确实承认相对于人口的自然极限，是否确实承认相对于自然的人的变革力量的极限。在关于这个主题的一个非常有意义的讨论中，沃尔克认为，马克思恩格斯确实承认这些外部极限的可能性，这和马克思历史唯物主义的理论前提是完全一致的。但是他们论证的重点是，如果极限存在的话，这些极限在那个时代

---

① Ted Benton, "Marxism and Natural Limits: An Ecological Critique and Reconstruction", *New Left Review*, No. 178, 1989, p. 58.

还远远没有达到，不能为当时流行的贫穷和苦难负责。马克思恩格斯至多只是认识到了这种自然的极限对人口产生影响的抽象可能性，但是，它是如此之遥远，以至于和目前的实际目标是毫不相关的。恩格斯指出，多亏了这种理论，经济学被视为一个整体，我们的注意力转移到人类和地球的生产力，克服这种经济的恐慌之后，我们能安心地应对人口过剩的恐慌。①

在本顿看来，马尔萨斯的人口原理虽然不能被作为自然的一般原理加以接受，但这并没有否认这一原理解释现象的现实性。像所有的经济原理一样，马尔萨斯的理论与确定的社会历史条件相联系，历史发展的每一个阶段有其自身的人口规律，因此，其人口原理的有效性受制于当时的社会历史状况，即是相对于资本主义积累、以劳动后备军或相对过剩人口为必要特征的社会的一种正确表述。

本顿在此基础上进一步分析了马克思恩格斯做出如此批判的原因。他指出，马克思恩格斯这种针对马尔萨斯的双重策略——否定自然所施加的限制，承认历史和社会所施加的短暂性的限制——具有明显的政治后果。针对马尔萨斯采取的这一标准同样和他们对这些政治后果的认知密切相关，这是非常明显的。但是如果这一理论是正确的，即使100年之后废除了雇佣劳动，仍然不能废除这一人口规律，因为这一规律不仅控制着工资劳动系统，还控制着整个社会体系。以此为基础，经济学家证明社会主义在50年甚至更长的时间都不能消除贫困，而只能使它更加普遍，同时使它分布到整个地球的表面。由于政治的原因，马克思和恩格斯强烈地偏向于反对自然极限的论证，因为他们准确地看出马尔萨斯的人口理论本身就是一种自然极限的观点。②

综上所述，本顿结合日益严峻的生态危机，理性地反思了马克思恩格斯对马尔萨斯人口理论的批判，指出了这一批判中存在的不足——否定自然所施加的限制，承认历史和社会所施加的短暂性的限制，是一种处于不稳定的和矛盾的、介于实在主义与乌托邦主义之间妥协，并分析了这一批判路径的政治原因，最终得出了明确的结论：自然的极限是客观存在的，是社会历史

① Ted Benton, "Marxism and Natural Limits: An Ecological Critique and Reconstruction", *New Left Review*, No. 178, 1989, p. 59.

② Ted Benton, "Marxism and Natural Limits: An Ecological Critique and Reconstruction", *New Left Review*, No. 178, 1989, p. 60.

进程中不可忽视的重要因素。

第二节　"自然极限"与人类解放的统一

本顿认为，马克思恩格斯对自然极限采取一种模棱两可的态度，一方面，他们从人类解放战略的角度出发，倾向于拒绝传统的自然限制的论证，尤其是通过他们对马尔萨斯的批判；另一方面，他们坚定地相信资本主义积累受到外部限制的支配，这些限制被理论化为通过资本主义经济对抗的社会关系结构在内部产生并介入阶级斗争。本顿明确承认自然的极限，认为自然的极限与人类的解放并非是对立的，而是相互统一。他从多维度解读自然范畴和解放范畴，通过把自然和社会的连接相对化，以自然极限的相对性和解放战略的兼容性，提出超越自然的限制实现人类的解放，在此基础上把人的解放和自然的解放统一起来。

一、自然与解放的多维度理解

（一）自然的概念

自然概念是生态学马克思主义的一个核心概念，对自然概念的理解直接影响着人们对待自然的不同态度和利用自然的不同方式。本顿和其他的国外马克思主义理论家都曾对自然做出独到的解读。

马克思的自然包括两个部分，一个是自在的自然，它没有进入人的实践活动之中，是作为纯粹的客观对象的具有独立实在性的实体，也称为第一自然。二是自为的自然，是进入到人的实践活动之中，被人类活动加以改造的自然，也称为第二自然或人化自然，马克思的人化自然具有实践性、辩证性、现实性和批判性的基本特征。① 在《1844年经济学哲学手稿》中，马克思指出了自然是人的一部分，同时人也是自然界的一部分，不仅外部自然作为人类社会存在发展的物质基础存在着，而且人类及其社会也作为自然界的一个子系统而存在着，通过人类的劳动实践，人的自然和外部自然连接起来。在《德意志意识形态》中，马克思认为，自然不仅仅是劳动的对象，

---

① 邓道喜：《马克思的人化自然观及其当代意义》，武汉理工大学出版社2009年版，第16页。

也是精神生活的对象，人与自然是统一的。在《资本论》中，他提出物质变换的概念，认为劳动是人和自然之间物质变换过程。

卢卡奇在《历史与阶级意识》中驳斥了对马克思主义的实证主义和科学主义解释，恢复了马克思自然观的本质。他认为，自然是一个社会历史范畴，"在社会发展的一定阶段上什么被看做自然，自然与人的关系是怎样的，人对自然是以什么形式进行阐述的，自然按照形式与内容，范围与对象性应意味着什么，这一切始终都是受到社会制约的。"[①] 也就是说，在任何特定的历史发展阶段，所有被认为是自然的东西都是与人相关的，自然的形式、内容、范围、客观性总是被社会所决定的，是受到社会关系制约的，是受到人与自然的关系制约的。因此，无论是自然还是社会都可以用社会哲学来加以解释，对任何自然的考察都是给予一定社会经济结构质上的，只能到历史唯物主义中去寻找关于自然的考察。可以看出，卢卡奇凸显了自然的历史性与社会性的基本特征，自然与历史和社会是不可分割的，自然是在社会历史中形成和变化的。在他晚年的另一部著作《关于社会存在的本体论》中，卢卡奇区分了第一自然和第二自然，提出劳动是人与自然的相互关系的观点。在他看来，存在可以分为三种类型：无机自然、有机自然和社会，其中无机自然和有机自然合称为自然存在，也叫第一自然，社会称为社会存在，也叫第二自然，无机自然是有机自然的基础，无机自然和有机自然是社会的基础。从发生学的逻辑看，从无机自然的发展中产生出有机自然，再从有机自然的发展中产生出人类社会。卢卡奇认为，从本体论上考察就会发现，第二自然是人类对第一自然进行改造的产物，两者的区别在于，第一自然不是人类创造的，第二自然是人类创造的，即第二自然是在第一自然的基础上创造出来的，第二自然依赖于第一自然，这形象地说明了作为自然存在的第一自然与作为社会存在的第二自然之间的区别。在此基础上，他还指出，随着人类对自然改造的深入，自然存在的社会化程度会不断深化，但是自然存在不会消失，自然存在对社会存在的限制不会消失。[②]

施密特在《马克思的自然概念》中对马克思的自然概念进行深入分析，

---

① ［匈］卢卡奇：《历史与阶级意识》，杜章智、任立、燕宏远译，商务印书馆 2017 年版，第 330 页。

② 俞吾金、陈学明：《国外马克思主义哲学流派新编·西方马克思主义卷》，复旦大学出版社 2002 年版，第 64 页。

他强调了马克思自然观与其他各种自然观的明显区别，即它的社会历史特征。在他看来，马克思自然观的的社会历史特征主要表现在，马克思把自然看做是一切劳动工具和劳动对象的首要来源，自然是被社会所中介的自然，必须在与人类活动的相关性上来理解和看待自然。他指出，"自然不仅像列斐伏尔的所论述的那样，总是已被加工过的东西，而且尚未纳入人类生产的自然领域，也总是只能用关于已被占有的自然范畴才可以加以直观和理解。在马克思那里，还未被社会作用过的自然，只有在将来能予以加工的观点之下，才是具有重要意义的东西"①，也就是说，根本不存在完全不受历史影响的纯粹自然，作为合规律的、一般领域的自然，无论从其范围还是性质而言，都是同一定的社会历史结构的目标相联系。另一方面，我们也应该看到，施密特在强调马克思的自然观是一种自然历史理论的同时，并不否认自然对于人类和社会的优先性，从而避免把其理解成一种唯心主义。他指出，无论是原始的自然还是人化的自然，都是独立于人的意识的客观存在，人类的劳动实践创造的人化世界具有客观性，"智慧和实践的人类生产力在自然物上留下的烙印，这个过程验证了自然物对于意识的独立性，而不是把它抛弃了，经过劳动加工的自然物仍然作为感性世界的构成要素存在着。"②

奥康纳在《自然的理由：生态学马克思主义研究》中对自然概念做出了独特的解读。他通过梳理哲学史上自然概念的发展演变，考察了各种有缺陷自然观与资本主义制度的共生性，在此基础上提出了自己的自然观，并对马克思历史唯物主义理论中自然地位的缺失进行批判和重构。首先，他考察了传统自然观的历史演变。按照《韦伯斯特新词典》的解释，自然一词最早来源于拉丁语中的"nasci"，是"出生"的意思，具有五种含义：一个事物的基本性质或本质；一个人或一个过程的内在发展趋势（亚里士多德）；种类或类型；物质世界的整体；人的初始状态和自然景观。③ 奥康纳分别分析了这五种自然概念存在的缺陷：第一种前亚里士多德式的定义具有逻辑上的缺陷，容易导致"自然的本质是自然"的同义语反复。亚里士多德定义把自然看做一种可能性，是导致事物变化的内在性东西。第三、四种定义是

---

① Schmidt, *Natural View of Marx*, The Oxford University Press, 1973, p. 200.

② Schmidt, *Natural View of Marx*, The Oxford University Press, 1973, p. 66.

③ James O'Connor, *Natural Causes*, The Guilford Press, 1998, pp. 33 – 34.

处于近代资产阶级的科学和启蒙维度之上的自然概念，它成为一种事物的集合体，像商品一样可以被拆分和组合。最后一种定义是 19 世纪流行的浪漫主义运动的核心概念。在此基础上，他进一步指出，伴随着资本主义的发展史，自然概念的内涵逐渐发生改变，成为一种科学主义的自然观。自然被视为一种机械性的结构体，被二重化为外在自然和人化自然，自然与社会、历史、文化等元素成为二元性的存在，并且伴随着科学的发展，出现了自然的资本主义重构，即自然商品化和资本化的趋势。

奥康纳通过分析自然应具有的两个重要特性来揭示传统历史唯物主义对自然理解上存在的偏差。他认为，自然应该具备两个重要特性：自然的自主运作性和自然的终极目的性。自然的自主运作性是指"人们通过劳动活动改造自然界的同时，自然界本身也在改变和重构自己"，这一特性使得人类社会的历史发展过程呈现为"人类的力量和自然界的力量相互统一在一起的发展过程。"① 自然的终极目的性是指自然界本身的存在就是其自身的、无条件的终极至上性的目的。传统的历史唯物主义既没有建立在劳动过程中生态的和自然界的自主过程，也缺少自然终极目的性的观念，仅仅把自然当做攫取的资源和征服的对象，却把主要的内容放在了人类系统方面，给自然系统保留了很少的理论空间。正如奥康纳所指出的，"历史唯物主义理论不存在一种关于文化、语言、主体间性和伦理的理论"，无视生产、生产关系与文化规范的融合性。因此，他试图将文化与自然的主题与传统的马克思主义的物质生产范畴结合在一起，重现建构历史唯物主义。以此方法论模式，他系统考察了生产力和生产关系的自然内涵与文化内涵，分析自然、文化与社会劳动之间的相互关系，强调自然与文化是社会劳动中相互并存和相互融合的两个因素，是社会劳动中不可分割的两种规定性，由此实现对历史唯物主义的重构，唤起人们对自然概念的重新认识和重视。

本顿反对激进生态学重返自然的观念，因为我们始终无法解决我们应该回到哪一个时代的自然，我们回到的自然是否是一个正确的自然等问题，自然的问题不能简单地运用重返自然的方式加以解决。他也反对生态女性主义对自然概念的还原主义的生态化理解，因为那种返璞归真的田园生活实际上是一种与世隔绝的、生产水平比较低的部落全体生活，消除了人与动物之间

---

① James O'Connor, *Natural Causes*, The Guilford Press, 1998, pp. 54 – 55.

对立的狩猎或者采集生活会阻碍人类前进的步伐。他也反对在主客二元思维模式之下形成的支配自然的观念，因为二元思维模式的双方不是一种对等的关系，一方是特权的一方，居于主导地位，被看作"社会政治解释中的终极原因"或者是"不证自明的理论前提"，而另一方却处于弱势的地位，往往被忽视或者贬值。以这种不对等的关系来理解人与自然的关系，势必会得出人对自然的支配与控制，人处于统治地位，自然处于被统治地位的结论。

本顿对自然提出了多层次的理解。在他看来，自然表现为两个层次，一个是表层自然，另一个是深层自然。表层自然是我们周围可以观察到的世界，我们可以体验到的生态系统的特征，在这一层面上，像森林、湖泊和雷雨等各种实体的存在不仅能给我们带来感官上的审美和愉悦，而且也可以通过我们有目的、有意识的活动对其进行改造和保护。深层自然是我们无法直接观察到的，在我们身体内部和我们周围的非人世界之中存在着许多诸如水溶解和能量辐射的过程，有些过程可能是我们的肉眼无法观察到的，有些过程可能是我们凭借任何工具和手段永远也无法观察到的。除此之外，还有一些自然过程之中的规则和机制也是根本无法观察到的，这些看不到的实体、过程和规则、机制直接决定着我们对自然施加干预的限度和可行性。[1]

由此可见，本顿对自然的二维划分是独具特色的，一个是我们可以观察和进行改造的表层自然，一个是我们无法直接观察和进行改造的深层自然，其中包含的不可见的实体与过程、自然进程的规则与机制是无法操控的。这种划分具有很大的辩证性，既承认人类改造自然能力的客观性，它体现在对表层自然的认知和改造上，又没有片面夸大人的改造能力，看到了人类改造能力的有限性，它会受到深层自然的限制，受到控制自然过程中不可见的规则和机制的约束。正是以自然的划分为依据，他才对马克思抽象的劳动过程概念进行了批判性分析，强调了不可操控的自然条件对生产改造型劳动过程的制约，一针见血地指出了马克思劳动过程概念存在的缺陷。

（二）"自然的极限"

马尔萨斯的人口理论指出了人口的数量、经济的增长、自然资源和能源的匮乏以及污染问题对人类的活动存在着不可逾越的限制，肯定了自然极限

---

① Sandra Moog & Rob Stones, *Nature*, *Social Relations and Human Needs*: *Essays in Honor of Ted Benton*, Palgrave Macmillan, 2009, p. 164.

的存在，而马克思恩格斯对马尔萨斯的批判实际上表明了他们对自然极限的态度。由此可见，关于是否存在"自然极限"的问题是一个倍受争议的问题，不同的生态学马克思主义理论家也存在不同的看法。有的学者根据热力学的基本法则肯定了绝对的自然极限的存在；还有的学者从生态中心主义的立场出发，强调了自然的内在价值给予人类活动的道德限制。[①]

事实上，马克思恩格斯对自然极限的态度并不是前后一致的。本顿认为，由于马克思对马尔萨斯的双重战略，其主要观点是否定自然的极限，但潜在地承认历史和社会所施加的短暂性的、相对性的限制。与本顿的观点相反，沃克尔则认为，他们本人确实认识到了自然极限的存在，但是他们的追随者为了对资本主义的环境问题做出简单解释却忽视了这一立场。另一位英国生态学马克思主义学者乔纳森·休斯也认为，通过马克思恩格斯对马尔萨斯的批判，并不能直接推导出他们否认自然极限存在的结论，对于自然极限的认同受制于多种因素：或者是自然价值的道德事实，或者是我们控制自然的非道德事实，这些都不是决定性的因素，关键在于要以人类的评价、利益和活动作为依据。在此基础上，休斯从多个维度考察了马克思恩格斯对自然极限的理解。[②]

第一，自然极限的社会性。休斯指出，我们不能简单地肯定或者否定增长，而是要根据增长的时间、地点和意义过程等要素，对增长进行科学合理地界定，对无差别的增长和有机的增长加以区分。无差别的增长是一种整体数量上的增加，即量的增长，有机增长是整体的部分或组织的增长，即质的增长。这种区分对理解马克思对自然极限的态度十分重要，他的增长观是一种质的增长观，是基于生产力与人的需要之间的关系来阐述增长的。鉴于此，马克思恩格斯在特定的社会历史条件中去考察自然的极限，一方面自然确实存在着一定限制，这是不容置疑的，另一方面这种限制是与特定的社会关系和人类生活方式密切相关的，即自然意义上的自然极限与社会历史意义中的自然极限综合构成了自然极限的具体边界。[③]

第二，自然极限的辩证性。世界上没有一成不变的东西，自然的极限也

---

① 倪瑞华：《英国生态学马克思主义研究》，人民出版社 2011 年版，第 143 页。

② 倪瑞华：《英国生态学马克思主义研究》，人民出版社 2011 年版，第 144—148 页

③ Jonathan Hughes, *Ecology and Historical Materialism*, Cambridge University Press, 2000, p. 46.

是如此，它本身具有相对性和变化性，这就要求我们用辩证的发展的眼光看待自然极限及其发展。休斯认为，马克思恩格斯对自然极限的认识恰恰体现了这样一种视域。在他们看来，19世纪的情况是自然极限的制约作用没有发挥的时间和空间，而不是不存在自然的极限，由于人口的增长仍然在地球土壤的肥力允许范围内，并且还有很多发展和提高的空间，即人口的增长在自然极限的范围之内，而没有超越这一限制，因此，突破自然限制所造成的灾难性后果没有凸显出来。休斯指出，"如果马克思和恩格斯真的否认了自然极限对人口增长和资源消耗所施加的任何限制，这无疑是站不住脚的，这与他们的把人看做是有物质需要的包容性存在的历史唯物主义理论是彼此冲突的"。① 也就是说，问题的关键不是自然的极限是否存在，它的存在应该是一个不争的事实，而是自然极限发生作用的时间和条件。

第三，自然极限的技术性。休斯认为，马克思并不是孤立地考察自然因素产生的自然极限，不仅看到自然与社会、自然与人之间的相互作用，还认识到技术革新对于自然极限具有重要意义。科学技术在提高人的能力和满足人的需要中发挥着重要作用，是人类同自然发生关系的中介，因此确立自然极限的内容是不能忽视技术因素的。

本顿对于马克思恩格斯关于自然极限态度分析，虽然不及休斯具有系统性，但他也清楚地看到了两人的模棱两可的立场，并且进一步追根溯源，分析了以大卫·李嘉图为代表的古典政治经济学对他们这一态度的影响。本顿认为，在这个问题上，马克思和恩格斯同李嘉图站在同一立场上。虽然后者以一种合理的形式将把马尔萨斯规律纳入自己的政治经济学，但是在这一问题的其他领域，他是马尔萨斯的坚定批判者。

本顿认为，李嘉图也不愿意承认强加于自然的限制的任何重要作用，他以李嘉图在《政治经济学及赋税原理》中关于价值、地租和资本的积累的相关论述加以证明。他指出，李嘉图遵循亚当·密斯区分了使用价值和交换价值，交换价值有两个来源：相关资源的相对稀缺性和获取它们的劳动与花费。李嘉图认为，对于少数种类的商品，稀缺性直接影响它们的价格，并独立于获得它们消耗的劳动总量，它们的供应受到绝对的（定性或定量）限制，而不是任何人的努力所能改变的。但是李嘉图非常明确地指出，这种情

① Jonathan Hughes, *Ecology and Historical Materialism*, Cambridge University Press, 2000, p. 53.

况只适用于少数商品，对于大多数的商品流通而言，交换价值表示在它们的生产中花费的劳动的数量。他同样清楚的是，他阐述的经济概念和基本原理都只适用于大部分商品：即在谈到商品、商品的交换价值以及制约它们相对价格的原理时，总是意指这些商品能够通过人类大工业生产的消耗和无限制的竞争性生产操作实现量的增加，因此自然资源的稀缺性是被排除在政治经济学分析的视野之外的，除非其中获得它的额外劳动量的花费是非常明显的。① 也就是说，对于大多数商品而言，它们的价值核算中会去除自然资源的成本，不考虑自然资源的稀缺性对于商品价格的影响，自然的极限对生产的制约作用基本上可以忽略不计，但两种情况除外：少数商品会考虑到自然资源的稀缺性，有花费明显额外劳动量的商品也会考虑在内。

接着，当李嘉图开始讨论租金的来源时，他提出一个问题：为什么以土地换取地租是可能的，而不能以自然的其他形式，例如空气、水、大气压力等换取地租，它们也同样参与财富的创造。答案是这些生产中的免费元素在量上是无限的，因此不易被私人占用。也就是说，一些原材料（大气压的帮助、蒸汽的灵活性、机器的运转）可能会在很大程度上限制人类的劳动，但是这些自然的花费并没有产生任何费用，因为它们在数量上是无穷无尽的，并且处于人类的控制之下。如啤酒酿造者、蒸馏酒业制造者、印染工艺会以同样的方式连续不断地使用空气和水来生产它们的商品，由于自然资源的供应是取之不尽和用之不竭的，所以他们不负担任何价值。这些自然给定的物质生产条件没有计入生产成本，也没有对生产进行自然的限制。在此基础上，李嘉图就把矿山租金看作来自私人占有增加的收入，而不是来自地主创造的价值，这和在农业（金属的开采）中一样，交换价值仅仅取决于劳动时间，稀缺性并没有计入经济预算，它仅仅通过开采的必要劳动方式对交换价值产生影响。②

最后，李嘉图在"积累的影响"中提到了另一个可能限制资本积累的、由我们的内部自然所施加的来源。他认为，对于商品的需要可能有一个自然的限制，随之而来的是商品的供应过多，投资的利润比率下降。李嘉图遵循

---

① Ted Benton, "Marxism and Natural Limits: An Ecological Critique and Reconstruction", *New Left Review*, No. 178, 1989, p. 61.

② Ted Benton, "Marxism and Natural Limits: An Ecological Critique and Reconstruction", *New Left Review*, No. 178, 1989, p. 62.

亚当·斯密的思想来解决这一问题：亚当·斯密准确地观察到，每一个人对食物的需求量被人类胃的狭小的容量所限制，但是人们对便利设施、建筑物装饰、服装、装备和家具的需求似乎没有限制或者确定的界限。显然，自然的限制是指向不同的领域的，而且它发挥作用的效用也是不一样的。自然的极限限制了资本在任何时候有效地从事农业生产的数量，但是它没有限制用来获得便利和装饰生活的资本的数量。而且，他明确地肯定了资本积累的自由性取决于人类自然假设的自然限制，人们对于装饰和便利生活的无限欲求补偿了对于食物要求的限制。在本顿看来，李嘉图有时与生产联系在一起谈及欲望的无限性，有时又把它当作根植于每一个人心中的某种东西，但无论采取哪种方式，他都没有把这个假设看作是有问题的。上述关于积累影响的分析表明，李嘉图确实承认了一个可能的积累的自然限制，即承认了马尔萨斯的人口理论。[①]

但是在有关地租理论和非产出性计算概念的讨论中，李嘉图又放弃了这种立场。关于有争论的地租问题，马克思认为，它并不能通过地主对所有权的垄断而获得，而是土地的特殊性质的结果，它能生产出比维持雇佣工人的生计需要更多的生活必需品的份额。他认为地租是价值的产物，而不是财富的产物，只不过是收入由一个阶级转移到另一个阶级。关于非产出性计算，马克思认为，当前经济问题归因于过快的资本积累和购买力的过快增长。李嘉图认为这是资本主义内在的趋势，必须由非生产性消费者阶级的永恒需要来维持这种有效的需求。在这两种论证中，土地的地租和地主阶级的消费被看作是资本主义积累的多余的限制。[②]

综上所述，本顿认为，我们可以看出，李嘉图的政治经济学承认了资本主义经济活动的生产和扩张的几种自然给定的先决条件，但是，这些资本主义经济活动可能面临的自然限制在李嘉图的讨论中往往被忽视或者被彻底排除，这令人非常不满。必须通过一些措施来确立自然的限制：只假定某一些自然资源在数量上是无限的；忽略许多被需求的自然物品必须在量上加以绝对限制的事实；通过经济生活和社会关系系统中的表现形式间接地确定一些

---

① Ted Benton, "Marxism and Natural Limits: An Ecological Critique and Reconstruction", *New Left Review*, No. 178, 1989, p. 63.

② Ted Benton, "Marxism and Natural Limits: An Ecological Critique and Reconstruction", *New Left Review*, No. 178, 1989, p. 61.

自然限制（如与利润相关的工资上涨、确定商品的价值上涨等）。① 由此可见，本顿试图通过社会生产过程中的各种规定来凸显自然的极限，来说明这种自然的极限对人类的活动的制约作用，从而以自然的极限为边界，实现对自然的改造和利用。

（三）解放范畴的解读

本顿不仅承认自然极限的存在，而且发现马克思认识到生产力的发展与人类解放之间存在着必然的联系，生产力的发展实际上包含着突破和超越自然的极限而对自然进行控制和支配，实现人类的目的。生产力的发展是人类解放的必要条件，而自然的极限是人类解放的约束条件，也就是说，马克思的技术乐观主义是一个包含着内在对抗性的假设——关于生产力的历史发展和人类解放的最终实现之间的关系的观点。"自然的条件和限制倾向于被看作是人类他律性的一个根本源泉，通过把自然的限制包含在人类意向性领域，生产力发展的进步功能在于对限制的超越：对自然的统治或控制。"② 于是，他在承认自然极限存在的基础上，通过对"解放"的多维度解读实现两者之间统一，试图建构一种生态历史唯物主义。

1. 解放是通过生产力的发展实现对自然的改造、对自然极限的超越和突破

这种解放观是马克思恩格斯所秉承的。由于人类目的的实现和自然力量之间存在着固有的对抗关系，为了改变这一敌对关系，他们持技术乐观主义的观念，这也是他们看待生产力的历史发展和人类解放的最终实现之间关系的预设，通过科学技术革新带来的生产力发展则能够将自然的限制纳入人类的意向性领域，进而超越限制，实现对自然的支配和控制。也就是说，马克思恩格斯解放观的首要意义是依靠生产力的发展实现对自然的支配和统治，在此基础上实现真正的解放，强调以对自然的控制换取人类的解放。这种解放是一种一维的解放，并非真正的解放。人类的解放是一种全面的解放，不仅是物质财富的富足，更是精神生活的充实，不仅是人的个体、人的类的解

---

①　Ted Benton, "Marxism and Natural Limits: An Ecological Critique and Reconstruction", *New Left Review*, No. 178, 1989, p. 63.

②　Ted Benton, "Marxism and Natural Limits: An Ecological Critique and Reconstruction", *New Left Review*, No. 178, 1989, p. 78.

放，更应该包含着与人密切相关的一切对象的解放。因此，自然的解放是人类解放的题中应有之义。马克思恩格斯的解放观显然只关注了人类的解放，而完全无视自然的解放，并且把人类的解放建立在对自然的奴役的基础之上，没有充分认识到自然的解放是人类解放的前提和基础，在人的解放和自然的解放之间设置了不可逾越的鸿沟：自然获得解放，人类的解放无望；人类获得解放，必须支配自然。这是一种典型的"强人类中心主义"的观点，以人的价值观和尺度来对待自然。

2. 解放是变支配自然为适应自然

本顿旗帜鲜明地指出，"人类的需要被这些实践满足，人类的目的被这些实践充分实现，社会确立的技术与自然给予的条件之间的联合可以被看作一种解放"。也就是说，解放不仅仅是改造、支配自然和超越自然极限，适应自然或者放弃人类内在的渴望也是一种解放的形式。"因为人是被生态和社会双重包含和双重嵌入的，解放不是一种突破一切限制和摆脱一切束缚的活动，而应该是带有某种限制性计划的活动，生态维度的解放不是逃离人的生态的和社会的被包含性和嵌入性的自由，而是在人的生态和社会的被包含性和嵌入性之中的自由"。① 在本顿看来，人的解放具有双重维度——生态的维度和社会的维度，社会维度的解放要实现人的全面自由地发展，实现人的真正本质，并且在社会生活的各个方面得以切实体现，这其中包含着人的主体性和能动性的确立，包含着这种主体性和能动性的体现——对自然的支配和统治。马克思恩格斯仅仅看到了人类解放的社会维度，强调运用人的改造能力实现对自然限制的超越，所以是一种一维的解放。生态维度的解放是一种具有某种制约性的人类活动，它既要充分考虑到自然的极限对人类实践的限制性，又要考虑到作为改造主体的人类对自然的能动性，既要考虑到人类实践对自然极限的依赖性，又要考虑到自然作为改造客体的被动性，在这种依赖性与制约性的双向互动中实现人类的解放。它不是要脱离生态的和社会的嵌入性自由，而是存在于生态的和社会的嵌入性自由之中。生态维度的解放不仅要实现人类的解放，也要实现自然的解放，在人类的解放之中包含着自然的解放，以自然的解放作为人类解放的前提和基础。它是从一种生态

---

① Ted Benton, "Marxism and Natural Limits: An Ecological Critique and Reconstruction", *New Left Review*, No. 178, 1989, p. 63.

主义的立场出发，认同自然的价值，承认自然的限制，提出从支配自然转向适应自然，在自然的极限容许的范围内实现人类的解放。

本顿关于解放范畴的理解具有一种明确的生态意蕴，他强调人类的解放是一种生态维度下的解放，这种解放不仅以个体的人和类的人的解放为目标，还要把自然的解放融入其中。在从自然的解放走向人类解放的过程中，尤其不要忽视诸如气候条件、地质条件、资源的地理布局、生态系统的多样性和基因构成等一系列不可操控的自然条件对人类解放进程影响，合理地应对限制，最终实现真正的解放。英国学者巴里在《马克思主义和生态学：从政治经济学到政治生态》中指出，马克思的解放是一种包含自我限制的解放，这种自我限制涉及需要的自我定义和自我实现，因此，不能仅仅从物质财富的丰裕方面来理解解放，而要在自我定义和自我实现需要的语境下理解解放。解放确实意味着对各种剥削的社会关系的摆脱，但是不能脱离我们存在者的本性，更不能脱离自然的生态背景。"真正的解放是一种被嵌入且被包含于外在自然之中的，并且与内在的本性相一致的自由，自由是有生态背景的自由，它不是脱离自然的自由，也不是统治自然的自由，而是在自然之中的自由。"①

（四）自然的极限与人类解放的冲突

本顿认为马克思恩格斯对马尔萨斯的批判采取了双重战略：由于政治原因，他们否定自然所施加的限制，但同时又承认历史和社会所施加的短暂性的限制，相信资本主义积累受到外部限制的支配，这些限制被理论化为通过资本主义经济对抗的社会关系结构在内部产生并介入阶级斗争。因此他和马尔萨斯的理论冲突点在于是否从根本上承认自然的极限：马尔萨斯强调由于自然的限制，人类未来的发展是乌托邦式的，人类的解放深深地受制于内部自然和外部自然所施加的不可超越的限制；马克思由于政治的原因，强烈地偏向于反对自然极限的论证，批判马尔萨斯主义的人口理论本身就是一种自然极限的观点。在本顿看来，自然的限制与人类的解放之间的冲突似乎是不可避免的。

马克思恩格斯对资本主义进行了系统地道德批判，对变化无常的自然进

---

① ［英］约翰·巴里：《马克思主义和生态学：从政治经济学到政治生态学》，《马克思主义与现实》2009 年第 2 期。

行了分析，但是他们对其历史作用持乐观的态度，把资本主义高度发达的生产力看作为人类未来解放准备的条件。本顿指出，资本主义加速生产的发展使得向一个自由与物质产品极大丰富的王国的转变具有真正的历史可能性，社会生产力的发展是资本的历史任务和正当理由，这也是一种不自觉地创建更高生产力模式需求的方式。由资本主义经济关系培植的现代化工业生产是未来共产主义社会的前提条件，资本主义的历史任务是超越和自然相互作用的早期形式的有限性。马克思全部历史过程理论的本质要素是强调在资本主义工业化劳动过程中人类劳动的强大改造能力。[1]

马克思和恩格斯对其共产主义未来的描述不仅给予共同占有自然的解放潜能以重要的位置，而且预先假定了对前资本主义历史的高度发达的生产力的继承。恩格斯在《社会主义从空想到科学》中指出，"包围人类并且迄今为止一直统治人类的生活条件的全部领域现在处于人类的控制之下，因为人类第一次成为自然的真正的、有意识的主人，因为他现在已经成为他自己社会组织的掌握者。人类终日面对的、异于自然并统治他的、他自身社会活动的规律将被充分理解运用，并被人类所掌握。"[2]

本顿认为，解放的观念内含在马克思恩格斯的论述之中。在历史的早期阶段，人类处于缺乏自主性的状态，他们的改造能力在其发展中被限制，他们处于外部自然力量的支配和统治之下。但是这种被叠加的统治源泉根植于社会自身，是作为第二自然而经历的。伴随着自然社会的历史发展，出现了一种推翻压迫源泉的可能性，即人类自身能够获得对社会生活的控制，并由此实现对自然的控制。他进一步指出，如果人类自主性的获得预先假设了对自然的控制，那么这就意味着人类的目的和自然之间有一种根本的、潜在的对立：要么我们控制自然，要么自然控制我们。这种与自然的对抗关系体现了一种自然所施加的限制的观念。马克思继承黑格尔的观点，承认生产力获得进步在某种程度上就是我们把先前所面对的外部自然吸收到人类自主控制的领域，他在其他地方也承认为了生活必需品而与自然抗争的某种要素是不

---

① Ted Benton, "Marxism and Natural Limits: An Ecological Critique and Reconstruction", *New Left Review*, No. 178, 1989, p. 74.

② 《马克思恩格斯文集》（第3卷），人民出版社2009年版，第564页。

可避免的，在将这种斗争的实践降低到最低限度的过程中给出了解放的内容。① 因此，在本顿看来，无论通过哪一种方式，人类解放的可能性都必须要以生产改造能力的潜能为前提，这种能力与人类超越明显自然限制，并拓宽人类意向性活动的领域密切相关，这也就注定了自然施加的限制与人类解放之间的冲突是不可避免的。

二、未来社会解放的两种视角——乌托邦主义和现实主义

本顿通过考察马克思恩格斯对马尔萨斯理论的批判，清楚地认识到，马尔萨斯对人类的解放事业提出了具有威胁性的挑战——人类对自由全面发展的解放具有永恒持久的、根深蒂固的渴望，但是社会外部的限制和约束与这种渴望之间存在着巨大的冲突。如何冲破束缚实现解放是每一个马克思主义理论家必须直面的问题，他们建构起各种解放战略对这种挑战进行回应，最具代表性的是现实主义的解放战略和乌托邦主义的解放战略。

（一）价值的保守主义和认知的保守主义

本顿认为，由马尔萨斯主义的幽灵唤起的广泛的"自然极限"争论在社会科学的各个领域都有所反应。在社会生物学领域中存在一种生物决定论：他们认为，社会制度变化的可能性受制于个体的生物，但是没有相关的约束被人类生物学放置于社会进程之中，没有人种学、考古学和历史学的任何证据使我们能够划定人类社会组织的可能极限。历史学和人种学确实给我们提供建构一种理论的资料，并且这种理论自身将成为社会变革的工具。在社会学领域中也存在着同样的反对意见，因为功能主义或结构主义观点的拥护者和那些主张个人主义与唯意志主义者是可以两者择一的。在精神分析学中，弗洛伊德分析了人类苦难不可避免的来源，认为人类遭受三个方面苦难的威胁：来自自己身体的，它注定要死亡和腐朽，它甚至作为警告的信号不能摒弃苦难与焦虑；来自外部世界的，它以势不可挡的和残酷的毁灭性力量来对抗我们；来自我们与他人的联系，这一个来源可能比其他的来源更加痛苦，我们倾向于把它看作是一种无常的附加，虽然它比来自别处的苦难更加

---

① Ted Benton, "Marxism and Natural Limits: An Ecological Critique and Reconstruction", *New Left Review*, No. 178, 1989, pp. 75 – 76.

不可避免。① 可以看出，社会的发展受制于各种外在的、内在的因素以及两者的联合，人作为一种理性存在物始终试图超越自身的有限性，追求美好的幸福和未来的解放，理性与现实始终存在冲突。

根据上述普遍存在的争论模式，本顿区分了两种保守主义——价值的保守主义和认知的保守主义。在他看来，价值的保守主义倡导父权制、不平等、教规戒律和持续性，以令人向往的幸福生活作为根本。认知的保守主义以平等主义和共产主义作为基本原则，是一种具有激进倾向的解放价值。但是，由于人类困境具有不可改变的基本特征，这种困境在社会的各个方面都有所体现，我们从内在本质、外部自然以及两者的联合就得出保守主义的结论。② 霍布斯、马尔萨斯、弗洛伊德、涂尔干和一些其他思想家公开在这个意义上解释认知的保守主义。

本顿认为，认知的保守主义和解放思想之间具有紧密的联系，它对人类的解放战略提供了最具挑战性的反驳，虽然其理论比较激进，但通过一些重要的方式加以改变而能免遭驳斥。他指出，这两种观点都承认持续的根植于人类渴望的与外在和内在的约束之间的强烈冲突，挫败人类潜能的限制结构既不是一般的也不是必然的——它是解放存有希望的合理依据。如果能有效地控诉现存的秩序，那么这就成为任何解放前景中不可或缺的契机。③

（二）乌托邦主义的解放和现实主义的解放

本顿对两种保守主义加以区分和对认知保守主义加以强调的目的是为了说明与之相联系的两种解放战略，他指出了对认知的保守主义两种解放方向的反应。第一种是乌托邦主义的解放，它明确地或者含蓄地否认由认知的保守主义认同的极限来源的独立实在性，否认这些受压制的结构呈现一种独立的表象，认为这些限制只能在我们采取实在性表象的范围内压制我们。卢卡奇关于"物化与无产阶级的阶级意识"经常按照这种方式解读，他在其《历史与阶级意识》中，通过马克思主义的辩证法研究了阶级意识在历史发

---

① Ted Benton, "Marxism and Natural Limits: An Ecological Critique and Reconstruction", *New Left Review*, No. 178, 1989, p. 57.

② Ted Benton, "Marxism and Natural Limits: An Ecological Critique and Reconstruction", *New Left Review*, No. 178, 1989, p. 57.

③ Ted Benton, "Marxism and Natural Limits: An Ecological Critique and Reconstruction", *New Left Review*, No. 178, 1989, p. 57.

展进程中的决定作用，即对阶级意识的作用、阶级意识的内容和阶级意识的异化进行全面考察。在研究阶级意识作用的过程中提出主客体辩证法，在论述阶级意识内容时提出总体性理论，探讨阶级意识异化时提出物化理论。卢卡奇认为，人自觉地或非批判地与外在的物化现象和物化结构认同，物化的结构逐步积淀到人们的思想结构之中，人从意识上缺乏超越这种物化结构的倾向，反而将这种物化结构当作外在的规律和人的本来命运而加以遵循与服从，就形成一种物化的意识状态和生存状态。物化意识必定会陷入到粗糙的经验主义和抽象的乌托邦主义这两个极端之中。这种普遍的理性主义策略在人道主义社会学中广泛流传，精神分析学也容许这种解读模式，即意识生活的无意识这一决定性因素容易受到自发的自我意识重构的影响。

第二种是与乌托邦主义的解放相对的现实主义的解放，它宣称或者承认限制人类欲求的结构、力量，或者机制的目的的独立现实性，解放的希望被大量限制的源泉所维持，并为了人类目的行为的实现使它们至少被部分地获得，解放的希望成为真实的，甚至成为自然的，并非是不可改变的。但是实在论者的解放观所承载的是一种承诺，他们要综合考虑到各种因素的可能性，如要考虑变革行为的实在性背景、独立目的的条件实现的可能性、与之相联的有效性限制、被不可预见的后果挫败的可能性等。但在限制这一点上，实在论者的解放观必须对与认知的保守主义一致的经验可能性敞开——是一种面对人类的意向性、适应性真正无懈可击的实在性，通过调整或抛弃我们最初的欲求自身被看作是一种解放的形式。①

由此可见，乌托邦主义的解放与现实主义的解放的主要区别在于对待自然极限的不同态度，前者否认自然限制的独立实在性，而只是将其作为一种潜在的压抑性结构，只有当它由潜在的状态转化为现实的状态时，才能真正对我们产生限制和约束。后者认识到了自然限制的独立实在性，承认通过人类有目的、有意识的活动可以克服限制，甚至超越约束。马克思的解放战略明显地具有两面性，既有乌托邦主义的成分，也有现实主义的成分，这导致了他既否认自然限制的独立实在性，又积极地通过人类实践改造自然的限制。

---

① Ted Benton, "Marxism and Natural Limits: An Ecological Critique and Reconstruction", *New Left Review*, No. 178, 1989, p. 58.

三、"自然极限"与人类解放统一的路径选择

本顿认为,马克思历史唯物主义为了实现人类解放战略而否认了自然极限的存在,他们与马尔萨斯之间的冲突实际上是解放战略与自然极限之间的冲突,因此,实现人类解放战略与自然极限的统一是建构生态的历史唯物主义的首要一步。他指出,为了避免认知的保守主义的乌托邦解放模式进退维谷的境地,就要使社会经济生活的每一种形式必须根据它自身具体的背景条件和限制加以理解。这些条件和限制具有真正的因果重要性,它使一系列社会实践和不能以其他方式发生的人类目的成为可能,也为它们的持续性确立界限和限制。①

(一)实现自然与社会的联系相对化

本顿认为,马克思和恩格斯在对马尔萨斯的理论进行批判时,在关于"自然的限制"的认识上有一种保守主义论调,这是他们的根本错误所在。但是值得肯定的是,他们坚持把马尔萨斯的规律相对化,使之成为特定历史时期或者特定社会形态的规律,这是值得赞许的。这表明了马克思和恩格斯是用历史和社会的相对性来暗示某种社会建构主义的形式。在本顿看,我们需要的正是这样一种认识:每一种形式的社会和经济生活,都有它自身的特殊形式,而且都以它自身特殊的背景条件、资源材料、能源物质以及自然介入的非意向性结果为前提的,任何形式的社会和经济生活所遇到的生态问题,都必须通过自然和社会的衔接这种特殊结构的产物在理论上得以解释。也就是说,马克思认识到了每一种社会经济生活的形式都有与其自身的背景条件相互作用的动力模式,这些背景条件的限制具有相对性:在某一社会形态的某一阶段,这些复杂的背景条件和资源机制构成了发展的极限,但随着社会的进步与发展另一社会的某一时期就能突破和克服这些背景条件设置的界限。在历史发展的进程中,始终伴随着这种相对性的限制,并且表现为旧的限制的克服与超越,新的限制的产生与发展,每一种社会和经济生活形式就是要在克服旧限制、又为新限制所限制的循环中获得持续性的发展。他明确指出,"按照这种方法,自然的限制被理论化为具体社会实践和具体自然

① Ted Benton, "Marxism and Natural Limits: An Ecological Critique and Reconstruction", *New Left Review*, No. 178, 1989, pp. 71 – 72.

条件、资源和机制联合在一起的一种函数，那么它就只能成为某种自然与社会连接体的一种真正的自然限制，而不可能为另一种自然社会连接体的限制。即社会与外部自然相互作用的形式与动力机制的根本重组会对它超越先前给予的占有自然的模式和真正的自然限制产生影响。"① 也就是说，一个社会与外部自然的内在关系的形式与动力的重新组合也许会产生超越自然限制的一种效用。例如，我们把不能再更新的资源看作一种自然限制，社会将会改变它的资源基础，或者在劳动过程的意向性结构中建立起资源的再循环，它可能会有效地超越它先前所面对的限制。

本顿认为，实现自然与社会联系的相对化，既可以避免认识论上的保守主义的斯库拉，又可以避免社会建构主义者的乌托邦主义的科瑞布迪斯。社会经济生活的每一种形式必须根据它自身具体的背景条件和限制加以理解。这些条件和限制有真正的因果重要性，它使一系列社会实践和不能以其他方式发生的人类目的成为可能，也为他们的持续性确立界限和限制。② 在理论上运用这种方法可以获得对背景条件和自然限制的全新认识，填补历史唯物主义的理论基础与经济理论基本概念之间的裂缝。

（二）实现技术革新与自然给定的条件之间的联合

本顿认为，在马克思看来，人类的最终解放毫无疑问和生产力的发展之间存在着必然的联系，生产力的发展是人类解放实现的重要物质基础，它为人类的解放提供一种必要的可能性。但是他们所秉承的技术乐观主义信念背后存在着一个重要的假设，即人类目的的实现和自然的力量之间存在着一种固有的对抗关系，自然条件和限制经常被视为人类他律的最初根源，而生产力发展的进步力量则可以将这些自然条件纳入人类的意向性领域，进而实现对这些限制的超越，即实现对自然的控制与支配。显而易见，马克思把自然的限制视为人类解放的制约条件，把技术的革新视为人类解放的现实条件，因此，在自然的限制与人类的解放之间存在着不可逾越的鸿沟。本顿提出对马克思的劳动过程重新定义，试图填补人类解放与自然极限之间的鸿沟。在

---

① Ted Benton, "Marxism and Natural Limits: An Ecological Critique and Reconstruction", *New Left Review*, No. 178, 1989, p. 72.

② Ted Benton, "Marxism and Natural Limits: An Ecological Critique and Reconstruction", *New Left Review*, No. 178, 1989, p. 78.

他看来，我们要充分地认识到自然给定的过程、机制和条件是人类满足需要的实践得以可能的前提条件，它们通过一定的方式或者途径实现人类的实践。但是按照实在论和现实主义的方法，这些自然给定的过程、机制和条件同时也对人类满足需要的实践进行制约和约束，这就如同一个硬币的两面，任何事情都有两个方面。社会与某种自然条件或机制会赋予人类活动者以巨大的力量，是我们满足需要和实现目的的促进条件，但同时也会把人类的实践限制在自然给定的条件和机制范围之内。本顿举例说，如果自然以河流的形式给予水的供给，那么它可以为人类的农业灌溉和渔业所利用，成为实现这两种实践的促进条件。他认为，只要人类的需要被这些实践充分满足，人类的目的被这些实践充分实现，社会确立的技术与自然给予的条件之间的联合就可以被看作是一种解放。但是，一旦这种与自然相互作用的模式被确立，它的连续性就易于服从有限的条件。例如，高效的肥水灌溉或者灌溉堤坝的水流不均匀将会对河流中鱼群的产量有影响。只有遵循本顿的思路，对劳动过程的概念重新界定，尤其是在实现生产改造型劳动过程和生态调节型劳动过程二分的基础上，才能够分析这种在人与自然相互作用的所有形式中被确立的促进与限制的模式。他最后得出结论，考察自然限制的论证与人类解放的方案并不冲突，只要充分认识到自然限制的历史的、地理的和社会的相关性，并以此为基础对自然限制进行分析，就不会与现实主义的人类解放发生冲突，只是与乌托邦主义的解放战略是不相容的。①

按照本顿的分析，认可特定的社会经济生活形式面临着真正的限制，也就绝不会承认自然限制的保守主义论调，相反，它可以为自然社会相互关系的流行模式的改造提供一个强大论证起点，这种新的形式也是一种促进和限制的特定联合体。社会的不同技术基础能够按照这种方式予以理解，即划定人类进一步发展可能性的具体可选模式。从理论上解释这种可选择的可能性空间，能够帮助我们考察人类社会的发展，不是把生产力发展理解为一种量的线性扩张过程，而是根据一系列不同的质的方式实现人类社会解放的可能性。

---

① Ted Benton, "Marxism and Natural Limits: An Ecological Critique and Reconstruction", *New Left Review*, No. 178, 1989, p. 78.

（三）由"支配自然"转向"适应自然"

要实现自然的限制与人类解放战略的统一必须要处理好人与自然之间的关系，能否处理好这一关系取决于人类对待自然的态度，究竟是以粗暴的方式对待自然还是以友善的方式对待自然。以粗暴的方式对待自然会导致人与自然之间的敌对关系，二元思维模式下形成的支配自然的观念就是一个例证；以友善的方式对待自然会造就人与自然的和谐共生。本顿倡导对劳动过程中的生态调节型劳动过程加以持续关注，对劳动过程中相对的或绝对的非操控性条件或要素给予明确的理论确认，以适应性技术取代改造性技术，以此实现由适应自然到支配自然的转变，最终达到自然的极限与人类解放的统一。

1. 凸显对生态调节型劳动过程的持续关注

本顿以马克思经济学中的基本概念作为切入点，重点分析了抽象的劳动过程概念。他依据劳动过程中的目的结构将直接占有、农业、手工业和工业四种劳动形式划分为生态调节型的劳动过程和生产改造型的劳动过程两种类型。针对马克思将生态调节型的劳动过程内含于生产改造型的劳动过程、片面夸大人类改造能力的无限性的做法，本顿将生态调节型的劳动过程从劳动过程中独立出来，并纳入到人们的视野之中，凸显对生态调节型劳动过程的持续关注，把马克思的劳动过程概念向生态学进一步推进。在他看来，这种劳动过程依赖于自然给定的条件和不受人类有意操控的自然条件的影响，以物质对象为实用价值的原材料基地，由自然规定的组织结构或者物理过程对对象进行改造变形。它主要适用于使变形的条件有效地进行，它们自身是有机的过程，相对不受意图改变的影响。劳动的时间和空间的分配很大程度上依据劳动过程的背景条件和有机发展过程的节奏来确定。这样一来，本顿就修正了马克思劳动过程概念的缺陷，使得生产过程的背景条件与生态调节型劳动过程持续性生产的连续相关性得以体现。

2. 对劳动过程中相对的或绝对的非操控性条件或要素给予明确的理论确认

在本顿看来，对劳动过程中相对的或绝对的非操控性条件或要素给予明确的理论确认与对生态调节型劳动过程的持续关注是一脉相承的，这种持续关注就体现在要给予劳动过程中相对的或绝对的非操控性条件或要素以明确的理论认证。他指出，生产过程中的自然条件分为两类：一类是受到操控的自然条件，如生物技术、基因技术等，另一类是不可操控的自然条件，如季节条件、气候条件、地理条件、资源的地理分布等。马克思的劳动过程只是突出了劳动在价值产生过程中的重要作用，无视不可操控的自然条件对生产过程的影响，甚至于把这些自然条件归诸于生产资料的范畴。本顿清楚地意识到了自然条件，尤其是那些相对的或者绝对的不可操控的自然条件对生产过程的制约作用，因此，他在将劳动过程二分的基础上，从理论上明确了这些不可操控的自然条件存在的客观性，以及它们在生产过程发挥的作用。

3. 以适应性技术取代改造性技术

本顿认为，人们如果能够认识到超越自然施加限制的改造性技术与面对自然条件对意向行为的专横而提高的适应性技术之间的区分，那么就能够从支配自然走向适应自然。与改造性技术不同，适应性技术反映了人类生态学最基本、最明确的特征：建造房屋、缝制衣服和使用人工的交通方式等被看作生物属性的社会文化扩展，如温室效应，它能确保人们在面临一系列恶劣的环境条件时能够幸存和安康。在他看来，聚焦于提高适应性技术的策略也是一种解放，它比在文明中占主导地位的改造型技术更具有可持续性。

第四章 本顿对未来绿色社会主义模式的设想

本顿从生态中心主义的立场出发深刻剖析生态危机的根源，认为非还原的自然主义、支配自然的观念和工业主义意识形态是造成资本主义生态危机的根源。而传统社会主义中存在的高度集权的政治体制、"生产第一主义"和增长型社会主义也使得它成为一个生态不友好的社会，因此必须把生态中心主义与生态社会主义相结合建构一个生态自治主义社会。它以生态优先、生态整体性和生物圈的平等主义为基本理论原则，反对理性、科学技术和支配自然的观念，以地方自治为基础的、超越现代民族国家和人与人和谐共处的后现代社会。通过建立生态社区、改变生活方式、转变价值观念的温和的形象预示法可以通达一个实现生态可持续性的自由、平等和民主的社会。

第一节 资本主义社会的反生态性

生态危机是全球性的问题，无论是资本主义社会还是社会主义社会都不能幸免。作为一个生态中心主义的马克思主义理论家，本顿对生态危机产生的根源的剖析来揭示资本主义社会的反生态性。与人类中心主义的生态马克思主义理论家不同，他以自然主义理论为基础，主要是从人们的思想道德标准和价值观念的维度对资本主义社会的生态危机进行诊断，认为支配自然的观念和工业主义的意识形态是生态危机产生的根源。

一、非还原的自然主义

自然的社会学与环境问题是本顿的学术关注点之一，自然主义是其生态思想的哲学基础，也是其分析环境问题的立足点。在他看来，哲学上的传统二元思维模式根深蒂固，过分强调物质与意识、主体与客体、自然与文化之间的对立。他试图突破这种对立，在自然科学与社会科学之间建立一种联系，他所依据的就是自然主义的思想。

自然主义见诸于各个不同领域，根据《东西方哲学大辞典》的解释：自然主义有广义和狭义之分。狭义的自然主义是19世纪末20世纪初在美国逐渐形成的哲学思潮。广义的自然主义是源于古希腊的德谟克利特和亚里士多德，他们认为，自然是一切存在的总和，是全部的实在，不存在超自然的领域，只能通过科学的方法对自然界的各种变化进行把握和分析，不需要借助于超自然与非自然的力量解释各种自然现象。自然主义的基本思想包括：宇宙是由自然对象构成的，对象的产生与灭亡是自然原因作用的结果；能够引起自然对象变化的自然原因本身也是一种自然现象，非自然的原因无法将自然现象解释清楚；自然过程是在自然对象中发生的变化，不存在非自然的过程；自然的序列是所有自然过程的系统，并非自然对象的集合；自然的方法包含对自然原因的分析、对自然过程的说明和对上述说明的检验；由于自然过程具有规则性，所以我们能够认识自然；任何一个哲学家必须自发地运用自然方法才能在自然序列中发挥作用，否则寸步难行；自然科学中的推理是自然方法的最普遍运用；任何时代的知识都会受制于自然方法的应用；形式科学与经验科学存在很大的相似性，因为它们的真理是一样的；知识以科学为界限，科学是我们产生知识的唯一方式；虽然人可以与自然进行竞争，但是任何时候都不要忘了，人与自然是一个统一的整体。所有的自然对象都具有同等的真实性；自然主义既没有特殊研究对象，也没有特殊研究工具，它以自然方法为研究方法，以人的问题为主要问题。[①] 通过上述界定可以看出，自然主义理论的主旨是强调用自然本身来说明自然，以经验为基础，反对任何超自然和非自然的存在，这就超越了唯物主义和唯心主义，取消了二元思维模式，对究竟是物质第一性还是意识第一性的哲学基本问题避而不谈，而试图在哲学与科学之间建起一座桥梁。

在本顿看来，自然主义的术语出现于17世纪的科学革命，一直到19世纪才逐渐被人们所认可，由于科学在揭示自然法则方面发挥了巨大作用，所

---

① 蒋永福编：《东西方哲学大辞典》，江西人民出版社2000年版，第1006—1007页。

以人们就开始扩大这种科学的方法，逐步推广到道德、教育、哲学等社会科学和人文科学领域。但是到了19世纪后期，新康德主义的哲学家开始敌视这种做法，反对将科学的方法扩大化，强调自然科学与社会科学之间的差别，既不能将自然科学的方法推广到社会科学的领域，也不能将社会科学的方法扩展到自然科学领域，自然与社会之间存在着一条不可逾越的鸿沟。

本顿着重研究社会科学中的自然主义，对之进行分门别类，区分了方法论的自然主义、认识论的自然主义和本体论的自然主义三种类型。他指出，方法论的自然主义与实证主义的传统密切相关，它将社会发展过程和各种社会关系加以量化分析。杜克海姆的《自杀论》是研究自杀问题的开山之作，他将影响自杀的因素——环境、遗传、气候、季节、人种——加以量化分析，还充分考虑了社会因素和心理因素的影响，被视为方法论的自然主义在社会科学领域运用的典型。认识论的自然主义和实证主义也是一脉相承的，将自然科学的精密的证明程序和实证精神运用于社会科学领域，尤其是实证主义开山鼻祖孔德最富代表性。他将观察的方法、实验的方法、比较的方法和历史的方法运用于社会学的研究，以统一的科学观作为基本原则，强调自然与社会的同质性，无需在自然科学和社会科学之间作出明确的区分，并以物理学的方法区分了社会动力学和社会静力学，甚至将社会学称之为社会物理学。但库恩反其道而行之，另辟蹊径。他认为，传统经验主义的观点忽略了事实与价值的区分，实际上也就削弱了自然科学的地位，这就开启了一种非经验主义的认识论的自然主义。[①]

关于本体论的自然主义，本顿作了进一步区分，分为还原论的自然主义和非还原论的自然主义，并从自然主义与反自然主义两个方面的论战加以分析。他指出，反自然主义秉承一种人类中心主义的观点，强调人与自然之间的本质差别，人相对于自然的特殊性与重要性，人的创造物、人所处的各种社会关系、人生活于其中的社会制度形式等等都与自然之间存在重大差别，不能将"自然的"与"人的"等同，人的自由、人的选择、人的创造都是自然无法比拟的。在人与自然的截然二分的思想下，反自然主义表现出一种二元思维，在人与其他物种之间人为地设置隔阂。自然主义对上述思想予以驳斥。它不仅要求人们要注意到那些与人类共同生活的物种，而且也要求人

---

① 张剑：《生态文明与社会主义》，中央民族大学出版社2010年版，第104页。

们注意到，在生命科学的日新月异的发展过程中，人与其他物种之间的隔阂正在减小，如一些灵长类的动物，也像人类一样能够使用工具进行劳动，能够凭借语言符号进行学习和交流。在自然主义看来，反自然主义是一种赤裸裸的"物种沙文主义"，这种观念在解决社会现实问题上存在很多漏洞，难以自圆其说，如对于环境问题的解决，反自然主义是无能为力的，只从人的角度无力剖析环境问题，缺乏应有的自然（物质）维度。而在反自然主义看来，自然主义存在一种强迫性和压制性，用一种自然主义的态度来分析马尔萨斯的人口原理、社会达尔文主义和纳粹的种族政策，会使这些不合理的理论与政策永恒化，只有从人的视角来分析，才会破除这些不合理的理论和政策，实现社会的发展。本顿进一步指出，如果按照反自然主义的观念将人类社会设想为一个统一的整体，以符号化的语言来进行交流，形成对彼此的理解和认同，实际上是一种语言还原论的错误，这与自然主义把各种社会现象还原为自然原因是如出一辙和殊途同归的。他认为，当前社会科学研究的各个领域中，文化人类学和文化社会学的研究遵循反自然主义的路径，而关于社会关系、社会阶级和权力结构的研究则遵循认识论的和方法论的自然主义路径。①

基于上述分析，本顿认为，无论是自然主义还是反自然主义都各执一端：自然主义以自然的原因作为研究的归属点，而反自然主义以人作为解决问题的最终尺度，因此，两者都不能很好地解决社会现实问题。他既反对反自然主义，也反对还原论的自然主义，倡导一种非还原论的自然主义。本顿指出，一个复杂结构的各个要素不是简单地纵向相加，更多的是一种横向联合。对于人类社会这样一个庞大复杂的系统来说，还原论的自然主义过于简单化，不能把握社会系统的复杂结构。应该采取一种非还原论的自然主义，既要摆脱人与自然、文化与自然的二元对立，又要充分考虑其中人类的自然主义特征和它的被嵌入性，以一种充分连贯的自然主义来研究社会科学。

二、"支配自然"的观念

在非还原论的自然主义的基础上，本顿着手分析资本社会生态危机的成因。在他看来，自然界是人赖以生存和发展的外部环境，必须具有一种先在

---

① 张剑：《生态文明与社会主义》，中央民族大学出版社2010年版，第105页。

性，这是一个先决条件，因此，人首先表现为一个自然存在物，在自然中生活，受客观自然规律的制约。但是，人又不仅仅是一个自然存在物，还是一个社会存在物，具有理性，能够自由选择，会使用语言进行交流，带有各种文化特征。这完全不同于还原论的自然主义仅仅将人看作一个自私自利的存在物，以实现个人利益为自身社会活动的出发点。本顿在承认人的自然属性的基础上，更加强调人的社会文化特征，但是他的观点又是不彻底的。因为，在他看来具有文化特征的人仍然是自私自利的，这种私欲进而表现为一种对人之外的他物的占有、支配和控制，也就表现为对自然的控制和支配。

当人类面对自然的时候，这种支配和控制的欲望油然而生，人类把自然仅仅视为一种工具，忽视自然的内在价值，以一种工具主义的态度利用和改造自然。并在这一过程中无限扩大人的能力，高扬人的内在价值，以一种世界主宰者的态度自居，逐步演化成一种人类中心主义的立场，以是否有利于人的活动来衡量人之外所有事物的价值，以是否对人具有有用性来取舍事物。这种态度在社会理性化进程中曾经一度发挥了重要的作用，使人从自然的蒙昧中摆脱出来，成为真正意义上的理性人，但是伴随着这一进程的推进，对自然的工具主义态度和人类中心主义的立场被无限放大，成为一种最高的标准，工业文明社会的灾难便接踵而至。由于人类无限制地生产和消费，造成了大量资源的浪费、能源的枯竭和环境污染的加剧，引发了各种各样的环境问题——全球气候变暖、土地沙化、生物多样性减少等等，同时又加上人口数量的急剧膨胀，使得地球的承载力下降，自然的极限被突破，生态危机爆发。

显然，按照本顿的思想逻辑，生态危机产生的直接原因是观念的原因，即根深蒂固的支配自然的观念。实际上支配自然的观念由来已久，这一分析并非本顿的独创，在他之前的生态学马克思主义理论家威廉·莱斯在其《自然的控制》一书中就追溯了这一观念的历史发展。最早可以追溯到古希腊神话，许多神话故事展现了人们试图通过制造工具和使用工具来实现对自然的支配和控制，这种对自然的控制是和对自然的崇拜混杂在一起的。在中世纪基督教神学时期，支配自然的观念有着宗教神学的根源。《旧约圣经·创世纪》讲述了上帝创世的故事，这一创世过程确立了上帝对整个宇宙的至高无上的统治权，而人类则成为上帝在地球实施统治的代言人，人类由于分享了上帝的绝对统治权而成为地球的主人，其中包含着对自然的控制权、支配权、统治权、管理权和征服权。基督教神学确立的这种对自然的权力一直流传至今。伴随着文艺复兴时期自然巫术理论的发展，支配自然的观念也获得了更加明确的内涵。以炼金术、占卜术为代表的自然巫术使人们自由地深入到自然的内部探寻自然的奥秘，挖掘出自然蕴含的神秘力量。巫师们将神话、宗教与哲学交织在一起，借助于科学技术的发展，展现人类征服自然的无穷潜力。近代培根的自然观奠定了现代支配自然观念的哲学基础。他把自己的哲学任务界定为研究自然，发现自然固有的规律，以便征服自然，为人类谋福利。并通过一种非宗教的形式为科学技术辩护，试图把宗教和科学结合起来，用科学技术恢复人对创造物的真正意义上的统治，实现支配自然观念的世俗化，使人们广泛接受新的支配自然的观念。马克思成为培根现代支配自然观念的积极支持者和追随者，他通过对资本主义社会的深入研究，把劳动过程中形成的人与自然的关系规定为研究的主要内容，力图揭示两者之间的辩证统一关系。格伦德曼依据莱斯对支配自然观念的历史发展梳理，从人类中心主义的视角解读了马克思支配自然的观念真实含义，并将这一观念与生态问题的分析和解决联系起来。

由于控制自然的观念支配着人的行为，人的生产和消费行为无视自然的内在价值和自然的有限性，将自然资源看作取之不尽、用之不竭的宝库，忽略了自然带给我们的审美、道德和情感的因素。当人的行为超越了自然所能承受的限度时，自然就开始对人类进行报复，以生态危机回馈人类。

三、工业主义意识形态

本顿认为，除了支配自然的观念之外，还流行着一种占主导地位的意识形态——工业主义的意识形态。它是在资本主义工业化过程中自发形成的一种借助于产业革命实现资本主义技术变革、促进生产力发展的意识形态。资本主义的工业化以产业革命为开端，用大规模的机器大生产代替工场手工业，在社会经济的发展过程中逐渐取得支配地位，最终确立了占统治地位的资本主义生产方式，形成了以社会化的机器大生产作为物质条件、以生产资料的资本主义私人占有为基础、以雇佣劳动为基本特征的社会经济制度。在本顿看来，这种意识形态是对资本主义社会特点的反映。

（一）追求剩余价值和超额利润是资本主义的生产目的

资本主义生产是以机器大工业为物质技术基础的社会化大生产，它以机器体系为基础，在不同的企业与部门之间、企业内部不同环节之间实行严密的分工协作。这种生产组织形式极大地提高了劳动生产率，促进了商品经济的发展，推进了科学技术的革新和应用，使整个资本主义生产力达到前所未有的发展高峰。资本主义生产的特点决定了其生产的直接目的和根本动机是追求剩余价值和超额利润，为此，他们千方百计地采取各种措施加强对工人的剥削、延长工人的劳动时间，增大工人的劳动强度、提高对工人的剥削程度，以便使工人在最短的时间里创造出更多的剩余价值。同时他们也想方设法地采用先进科学技术，扩大生产规模、开发新型产品、不断改善经营管理战略、提高劳动生产率。通过两个方面双管齐下来获得更多和更大的收益，对剩余价值和超额利润的追求成为推动资本主义生产发展的内在动力。

然而，物极必反，资本家从个人利益出发安排和组织生产，忽略了他人利益和社会利益，这一生产目的又成为资本主义社会各种矛盾和罪恶的根源。工人劳动时间的延长和劳动强度的增大、生产规模的扩大、劳动生产率的提高势必在无形之中增加原材料的使用和消耗，要想保证资本主义增殖生产的持续性，必须要有充足的自然资源和能源的供应。只有生产更多的商品才能获得更多的利润，更多商品的生产需要更多原材料的供应。在本顿看来，地球本身的承载力是有限的，存在自然的极限，在地球的承载范围之内，可以提供更多的资源和能源支撑资本主义社会化大生产的运转。但是一旦超过自然的极限，如果不适当地缩减生产，那么就会带来一系列社会问题。由于资本家自私自利的本性，不肯放弃对剩余价值和超额利润的追求，不会自觉地调整资本主义的生产组织形式，长此以往，生产成为目的，消费成为扩大再生产的手段，形成一种恶性循环，最终会造成难以承受的恶果。生态危机就是在工业主义意识形态和资本主义生产的双重压迫下爆发的。

（二）资本主义的经济剥削本质上是生态剥削

资本家已经意识到环境问题对生产的制约性，为了缓解生态危机带来的不良后果，他们也采取了一系列措施来保护环境、治理污染，实现良性的循环再生产，但这些解决措施是以大量资金的投入为前提的，资金的投入会直接影响到资本家个人利益的获得。首先，过多的将资金投入到环境治理方面，会直接减少资本家获得的剩余价值和超额利润的数量，环境的治理使他们不能获得更多的经济利益，这是他们所不能接受的事情，他们很难心甘情愿地为环境治理买单。其次，环境保护和治污排污的各种措施不能为他们带来直接的经济利益。在生产过程中，资本家通过投入大量的资金获得更多的收益，实现钱生钱的循环。但是环保措施的实施不仅不能直接带来更多的经济收益，反而成为扩大收益的限制，因为这些环保措施会提高生产成本，限制生产规模，直接影响到各部门的劳动生产率的提高，阻碍剩余价值和超额利润的获得。

如何在资源有限的前提下继续获取剩余价值和实现利润的最大化呢？资本家开始向落后的第三世界发展中国家转嫁生态危机。他们在这些国家建立生产成本低，但是污染严重的大工业，将本国严禁使用的产品转运到落后国家，将治理环境成本进行转移，造成落后国家的环境问题雪上加霜。同时为了解决当地资源短缺的燃眉之急，他们从落后国家低价进口一些初级农业产品、木材和矿物等资源，而向落后国家高价出口一些深加工的工业制成品，通过低买高卖的方式获得更多经济利益。上述种种措施使得落后国家在遭受发达资本主义国家经济剥削的同时，也承受着生态剥削，因此，发达资本主义国家的经济剥削本质上也是一种无形的生态剥削。

本顿基于资本主义生产的目的和资本主义经济剥削的实质，在理论上衍生出一种工业主义意识形态，这种意识形态内含着一种资本的逻辑与自然的逻辑的内在对抗性，呈现出对环境的非友好性。遵循资本的逻辑就会瓦解自然的逻辑，超越自然的极限，服从资本主义的生产目的就会造成对环境的破坏；而遵循自然的逻辑就会限制生产规模，增加生产成本，影响资本家的经济利益，摧毁资本主义生产的内在动力。也就是说，工业主义的意识形态和自然的极限思想是不能兼容的。本顿从生态中心主义的价值观出发，恰恰是要恢复自然的内在价值，承认自然极限的客观性，实现生物圈中人与自然的平等，这就决定了他必须要破除这种资本主义社会中占主导地位的工业主义意识形态。

第二节　生态地反思传统社会主义——以苏联为例

主流绿色理论家乔纳森·波利特曾直言不讳地指出，资本主义和共产主义半斤八两，而这对绿色希望同样不友好。① 环境问题与社会制度无关，不存在姓"资"还是姓"社"的问题。本顿指出，资本主义社会根深蒂固的支配自然的观念和工业主义的意识形态是生态危机的根源，社会主义社会同样不能避免生态危机。在由他主编的《马克思主义的绿化》一书中，他选取了恩岑斯伯格、索普、阿伦·加尔的文章，以苏联和东欧社会主义国家为例来说明社会主义国家的环境问题是红绿政治联盟得以实现的深层障碍。本节以阿伦·加尔的《苏联的环境主义：未被接受的道路》来说明本顿的这一立场。

阿伦·加尔在文中以一些最新的资料为基础，尤其是借鉴了道格拉斯·韦纳的最新研究成果，研究了苏联环境主义的早期历史，揭示了社会主义国家苏联反生态性的历史必然性。在他看来，由于资本主义制度具有内在的反生态性，它为了追求剩余价值和超额利润，必须不断地扩大生产，直到最后摧毁其自身发展的内在动力。苏联的社会主义者认为，这正是社会主义代替资本主义的终极理由。正如苏联学者乌尔萨在《哲学和文明的生态问题》中指出的，"环境危机的不断普遍化与加剧化和资本主义危机在本质上是一致的，只有资本主义制度的彻底崩溃和社会主义制度的全面胜利才能实现自然资源的合理使用和人与自然的真正互动，社会主义是实现自然与社会最优化关系的必要条件，它的有力证明就是现实存在的社会主义国家以及他们实施的环境保护政策。"② 事实是否如此呢？20 世纪 90 年代伴随着苏联的解体，人们将更少的环境破坏寄希望于社会主义制度的希望彻底破灭了，曾经一度生活在一个充满绝望的社会秩序（资本主义）之中，又经历了一个充满希望的、可以医治环境病症的社会秩序（社会主义），但现实的困境令人更加绝望。加尔正是通过呈现苏联环境主义的破产，向人们展现社会主义制度在环境问题上的缺失。他主要是以布尔什维克激进派在 20 世纪 20 年代绘制的环境道路为例，来分析这条道路的实施以及最终的失败。

一、苏联的社会主义环境运动

苏联的环境主义源流最早可以追溯到俄国十月革命之前，并且和布尔什

① Sandra Moog & Rob Stones, *Nature, Social Relations and Human Needs: Essays in Honor of Ted Benton*, Palgrave Macmillan, 2009, p. 243.

② Ted Benton, *The Greening of Marxism*, The Guilford Press, 1996, p. 111.

维克环境主义存在着一定的渊源关系。道格拉斯·韦纳在其记载 1935 年以前苏联环境主义历史的著作中，特别指出了列宁对环保事业的关注和支持。根据他的记载，1919 年，当柯卡科骑兵穿越乌拉尔河挺进俄罗斯时，列宁曾经在处理危机的过程中抽出宝贵的时间听取当地环境保护的汇报。[①] 列宁的环保政策与罗斯福统治下的美国进步党的环境运动具有很大的相似性，他十分信仰科学，决心创造一个实施高效管理的社会。在加尔看来，列宁的环保政策具有进步意义，但是缺乏创新性。另外一位反布尔什维克者安东尼·潘涅克认为，列宁主义表现了迟到的俄罗斯人推动工业化发展的趋势，马克思主义提供了一种意识形态，这种意识形态既可以借鉴西方推动科学技术的发展，又可以对西方发达资本主义社会的国家的政府企图进行抗争，苏联马克思主义的历史就是后者不断抗争的历史。[②]

20 世纪 20 年代，作为 1917 年俄国十月革命的成果之一，在苏联发生了一场鲜为人知的环境运动，这场环境运动的理念比列宁的更加激进，它试图创造一个社会主义社会，发展一种能够改变人与环境关系的新文化，即以激进的布尔什维克领导人波哥丹诺伍创立的无产阶级文化协会为主体开展的各项活动。

波哥丹诺伍早年是一位民粹派人士，后来在参加图拉的政治骚乱时转变为一名马克思主义者，但他并不热衷于批判民粹派，反而特别关注工人的自发行动。他认为，工人凭借经验对真正意义上的剥削有深入了解，主张工人建立工会，团结起来组织罢工，不断壮大自身的力量。在 1905 年工人起义之后，波哥丹诺伍受到了无政府主义和工团主义的影响，认为工人并不需要一种科学的社会分析，而是需要一种能够激发他们行动的力量。他非常赞成将社会主义与无政府主义工团主义结合在一起的努力，呼吁政治组织要服从工团组织的领导。这种倾向导致列宁和波哥丹诺伍的分道扬镳，使得布尔什维克党发生分裂，以波哥丹诺伍为首的布尔什维克与西方马克思主义者结盟，形成一种激进的布尔什维克左翼。[③]

1918 年，无产阶级文化协会举行第一次全俄大会，要为创建无产阶级

① Douglas R. Weiner, *Models of Nature: Ecology Conservation, and Cultural Revolution in Soviet Russia*, Indiana University Press, 1988, p. 27.
② Ted Benton, *The Greening of Marxism*, The Guilford Press, 1996, p. 113.
③ Ted Benton, *The Greening of Marxism*, The Guilford Press, 1996, p. 115.

文化的激进马克思主义理想规定具体的内容。这些内容直接反映了波哥丹诺伍的思想。他对人和人、人和世界之间的异化非常关注，也对创建社会主义社会的文化条件非常感兴趣。在他看来，精神世界是个人组织的经验的产物，物质世界是社会组织的经验的产物。由于社会内部阶级、性别、语言、民族和一切种族的支配与服从关系造成了精神世界的价值冲突，必须克服这些价值冲突，形成一种新的、达成基本价值共识的公社意识，甚至包括组织关系的冲突和不平等的性别关系也在克服的范围之内。如何克服这些冲突呢？在他看来，必须创造一种新的文化形式来对经验进行重新组织，即无产阶级要超越资产阶级的文化。在此基础上他进一步将对资产阶级文化的批判扩展到资产阶级科学，将机械论的世界观以及精神与物质、唯物主义与唯心主义的划分看作包含在资本主义的实践和市场关系中的商品拜物教的表现，内涵着劳动过程中组织功能与执行功能的二分。波哥丹诺伍呼吁人们重建一种适合于这样一个社会的理解方式的文化。[1]

在《技术：普遍组织起来的科学》中，他为这种理解方式提供了钥匙。他指出，技术是被用来在"劳动集体"中文化性的经验和物理性的经验之间寻求和谐统一的，所有的科学活动都要存在于这个集体之中，资产阶级科学也不例外。技术通过将不同的现象统一于一个概念规则之下，使人类从纷争中摆脱出来，寻找一种共同的语言，马克思主义作为特殊形式也被包含在其中。按照这种哲学的规定，全部客体都可以被划分为各种不同的组织，问题的焦点不再是世界是什么，而在于组织的属性。组织化的系统或者复合体由彼此关联的元素构成，总体大于部分之和。在波哥丹诺伍看来，宇宙中的各种元素，如电子、原子、事物、人、思想、地球等，无论它们如何不同，无论它们的组织形式如何差异，都有可能获得将这些元素组合在一起的一般方法。[2]

在《红星》和《工程师门尼》中，他通过将人看作内在于自然的一部分，强调人只有依靠自身的获取和处理可用能量的能力才能生存，而这种可以获取和处理的可用能量与自然环境的限制存在密切关系。按照他的设想，两部著作发生在一个已经建立共产主义社会、并由工团主义者委员会管理社

① Ted Benton, *The Greening of Marxism*, The Guilford Press, 1996, p. 116.
② Ted Benton, *The Greening of Marxism*, The Guilford Press, 1996, p. 116.

会的星球——火星，这个星球呈现出共产主义社会带来的富足与和谐，但是在这种表面的和谐下掩藏着深刻的危机：自然资源面临枯竭，森林遭受破坏，严重的工业污染使许多工厂不得不建立在地下，快速的人口增长使得食品短缺和粮食饥荒近在咫尺。这一场景生动地展现了自然环境的限制对人类社会的影响。实际上，正如本顿之前所指出的，自然的限制不仅是客观存在的，而且是时时刻刻发挥作用的。

我们可以看出，自然的限制与社会制度无关，不论是资本主义社会还是共产主义社会都会面临这一问题，都会遭受超越极限带来的灾难性后果，在这点上，波哥丹诺伍与本顿是一致的。他在追寻建立社会主义文化的过程中，表现出了对自然环境的一种关切，暗含着一种生态意识，并通过开展无产阶级文化协会运动来得以彰显。

二、苏联生态学的发展历程

阿伦·加尔还梳理了苏联生态学的发展历程，尤其是介绍了以斯坦根斯基为代表的苏联杰出生态学家的生物群落思想，生物群落思想是途经苏联的农业和经济的发展建立在稳固的生态基础之上的，但是斯大林实施的中央指令性和强迫性工业化发展路线，使苏联在生态方面遭受了巨大灾难，生态科学的发展一再停滞。期间发生的李森科事件更是雪上加霜，成为苏联农业和生物学研究的致命浩劫。所以，他得出结论：社会主义社会苏联的反生态性具有历史的必然性。

（一）生态学先驱的"自然保护区"思想

阿伦·加尔认为，在十月革命之前，苏联的环境主义者就思想倾向而言分为三类：第一类环境主义者仅仅从经济资源的角度对自然进行评价，他们对环境问题的关注是出于纯粹功利性的动机。第二类环境主义者肯定一切有生命物的存在价值，强烈赞美自然的内在价值。第三类环境主义者是一些科学家，被视为植物生态学的先驱，他们以植物社会学的发展为己任，以植被群落作为研究对象，将自然看作和谐、高效和生产力的范型，是农业学家应该追求的目标。他们指出，应该研究原始状态的自然群落，建立自然保护区作为自然领域的范型，从而使苏联的农业建立在稳固的基础之上。这一思想在革命之后得到了列宁的鼎力支持，他让教育人民委员会负责建立和管理自然保护区，1929年，建立了遍布苏联全境、总面积达到400万亩的61个自然保护区，为提高人们对自然环境的保护意识奠定了基础。[①] 在此基础上，生态学学科也成苏联国内各大高等院校的必修课程，生态学家在国家的经济发展中也发挥着自己独特的影响。[②]

(二) 斯坦根斯基的生物群落思想

在阿伦·加尔看来，苏联的生态学家最初普遍关注植物和土壤，伴随着自然保护区的普遍建立，他们开始关注动物群落在形成和发展自然群落方面发挥的重要作用，把植被、动物群落和非生物环境看作是彼此相互作用、相互影响的复杂系统，其中以斯坦根斯基的思想最具代表性。斯坦根斯基的学术关注点为物种形成的机制和生物群落的性质问题，其主要观点为：每一个物种都存在于一个物质能量和其环境交换的连续状态之中，并不断地在其自身内部对物质进行改变、破坏与合成，因此，物种成为自然秩序中身份特殊的生物化学和物理化学角色。按照斯坦根斯基的观点，生物群落以前是依据其植物群落的构成、一定的结构特征或者某些相似性来加以界定的，但他通过调查一些植被和生物通过生命路径转换太阳能，以及将积累起来的能量全部耗尽这一过程，通过考察食物链，发现了生物群落的动态平衡性，即虽然它们在理论上具有数量指数繁殖增长的可能性，但是一种构成物种的相对数量长期保持恒定的动态平衡，使得植物群落成为相对稳定的。他进一步通过食物阶梯加以说明：由于每一层次都向它的上一层次提供能量，实际上，每一层次都有能量的消耗，这就造成每一个层次都拥有比它下一层次更少食物形式的能量。据此，他建构了理想的数学模型来描述每年生物群落的能量消耗量，从而为测量一个生物群落的不同物种的生物能量提供方法论依据。[③]

后期，斯坦根斯基以生态学理论为基础，使用比例性概念代替生物群落的平衡概念，强调生物群落的连续自创功能，它产生于生物群落内部构成要素，表现为各要素与非生物环境之间的相互作用，使得新的复合体得以前后相继的序列不断产生。[④] 这样一来，通过研究全国范围内生物群落的能量流动走向，就能够推算出自然群落的生产能力，从而使人类自身组织的经济活

---

① Douglas R. Weiner, *Models of Nature: Ecology Conservation and Cultural Revolution in Soviet Russia*, Indiana University Press, 1988, p. 61.

② Ted Benton, *The Greening of Marxism*, The Guilford Press, 1996, p. 121.

③ Ted Benton, *The Greening of Marxism*, The Guilford Press, 1996, p. 121.

④ Douglas R. Weiner, "Community Ecology in Stalin's Russia", *ISIS*, 1984, p. 696.

动与自然群落的生产能力相符合，避免产生不必要的浪费。他进一步运用这一生物群落研究工程对农田实施生物保护，有效地减少有害杀虫剂的使用需求。这一主张在全俄自然保护大会上得以落实，制定了基本的环境保护要求："人类的经济活动总是涉及各种形式的自然资源开发，只有在依据环境保护、开发和改善的目标对环境生产能力做出正确评估之后，才能确定经济发展的速度和特性"。[①]

（三）李森科事件

但是好景不长，斯大林亲手摧毁了苏联生态学的美好前景，他为了推进工业化的发展路线，政治上实施高度集权的政治官僚体制，经济上追求唯生产力主义和赶超型经济，对农业生产大肆干预，反对在河流上修筑堤坝，反对农业生产的集体化和机械化，反对动物群落适应新环境，反对具有良性生态基础的社会生活方式，对自然进行掠夺式地开发，造成自然生态的毁灭性后果。与此同时，苏联的定价制度和部门主义虽然具有明确的环保意识，但是并非环保至上，与环境相关的法律存在有法不依、执法不严等薄弱环节，而且苏联民众始终保持一种乐观主义的态度，深信自然资源是取之不尽、用之不竭的。[②] 其中最具代表性的就是臭名昭著的李森科事件。

李森科根据他父亲的发现（提早播种冬麦种子，提前收获作物，避免霜冻威胁）发展了一种"春化处理"育种法，即在种植前使种子湿润和冷冻，以加速其生长。他将这种方法的作用无限夸大，视为解除霜冻威胁的灵丹妙药。苏联成立专门的、由李森科负责的研究春化作用的部门。在此之后，他全面否定基因的客观存在，坚持在生物的进化过程中获得遗传性观念，并与拉马克和米丘林的遗传学理论和摩尔根的主流遗传学相抗衡，把西方遗传学家视为苏联国民的大敌。在他看来，基因并不是客观存在的，在遗传中并非发生决定性的作用，它是在生物进化的复杂过程中各种因素相互作用的产物，因此，除了基因的作用之外，身体内和细胞的不同物质也要发挥相应的作用。如果生物的进化环境发生变化，生物体原先的身体代谢机能也会发生相应的改变，当这种机体代谢过程持续得不到满足时，大部分生物体

---

① Douglas R. Weiner, *The History of the Conservation Movement in Ecology in Russia and the U. S. S. R. from its Origin to the Stalin Period*, Columbia University Press, 1983, p. 348.

② Reiner Grundmann, *Marxism and Ecology*, Oxford University Press, 1991, p. 43.

就可能会面临死亡，只有极少数适应进化环境的生物体能够存活下来，但是它们在新的环境下会发生基因改变，产生出适合新的进化环境的生物体。在这一过程中，新的生物体新陈代谢会影响到生殖细胞的形成过程，新的物种得以繁衍下去。因此，李森科得出结论：进化是一个物种转变成另一个物种的过程，我们可以通过改变生物体的新陈代谢过程，对遗传过程实施人为干预。

李森科借助于斯大林的支持，在八月会议做了题为《论生物科学现状》的报告，趁机将自己的新理论加以推广，界定为米丘林生物学的核心内容，看作无产阶级的、唯物主义的、社会主义的和进步的生物学，而将摩尔根的遗传学视为资产阶级的、唯心主义的和反动的理论加以抨击，取代了苏联的正统遗传学。苏联遗传学的发展迎来了历史上的黑暗时期：大批的研究机构和实验室被关闭，科学研究不能违背李森科主义的研究方向，摩尔根的遗传学在苏联高等院校成为禁止科目，大量的科学工作者受到迫害。李森科的事业达到了顶峰，苏联的生物学和遗传学跌入了黑暗的谷底，这一事件成为苏联科学发展史上的一大耻辱。

从生态学先驱的"自然保护区"思想与斯坦根斯基的生物群落思想到斯大林的工业化发展路线与李森科事件，苏联生态学的发展向我们清楚地展示确立了社会主义制度的国家如何由重视环境保护、开展环保运动的生态国家走向无视自然环境、造就人与自然对立的反生态国家。这就充分说明社会主义社会并不能必然的摆脱生态危机，正如格伦德曼所说，生态问题是现代任何社会形式固有的一个基本特征，它是不可能从根本上被彻底消除的，只会发生不同形式的转移、变形、减少和替代。[1] 因为社会主义国家在发展过程中，始终面临着巨大的挑战：官僚化、集中化和极权化的历史遗留问题，工人阶级是否还能作为社会变革的代理人成为一个令人质疑的问题，传统的对抗贫困的"唯生产力主义"和"增长型"的社会主义只会导致运用科学技术实现对自然的更大支配和国家生产力的发展与经济能力的增强，[2] 这些挑战都会对生态环境造成不利的影响。只有建立起一种绿色维度的社会主义制

---

① Reiner Grundmann， "The Ecological Challenge to Marxism"，*New Left Review*，Vol. 187，1991，p. 106.

② Ted Benton，*The Greening of Marxism*，The Guilford Press，1996，p. 287.

度才能从根本上解决生态问题，实现人与自然的和谐发展。

第三节　建构生态自治主义——社会主义和生态中心主义的融合

一、绿色社会主义的两种范型

在生态学马克思主义内部存在着生态中心主义和人类中心主义两种不同的倾向，生态中心主义和人类中心主义在生态危机的根源、解决生态危机的路径以及未来生态社会主义的政治构想方面都存在着根本的差别。本顿属于生态中心主义的马克思主义。

（一）生态中心主义马克思主义

以本顿为代表的生态中心主义马克思主义以生态中心主义价值观作为理论基础，对生态危机的根源、解决生态危机的路径以及未来生态社会主义的政治构想做出了独具特色的解读。

1. 生态中心主义

生态中心主义将人类视为整个生物圈内的普通一员，强调了人与自然之间的平等关系，无论是人类存在物，还是非人存在物，都同样具有不可忽视的内在价值属性，人的利益与生物圈的整体利益和生物圈内其他物种的利益是密切相关的，人在实现自身利益的同时要充分考虑生物圈的整体利益与非人存在物的利益。

首先，在理论上，它以生态优先性、生物平等性和生态整体性作为基本原则①，生态中心主义具有一种未雨绸缪的生态理念，它不是对已经破坏的自然环境进行修复，而是倡导人们依据自然的基本规则组织社会生活，建立一种模拟生态系统的社会——生态社群，实现社会生活的自然化与生态化，使人们生活在一种充满生态和谐的绿色社会中。生态中心主义强调生物圈的平等主义原则，认同包括非人存在物在内的全体成员的价值，人类应该尊重非人存在物的权利，不能以工具主义的态度对待自然，维护生物圈内人与非人存在物、人与人、非人存在物之间的平等与和谐关系，反对任何形式的生

---

① 倪瑞华：《英国生态学马克思主义研究》，人民出版社 2011 年版，第 168 页。

态压迫与剥削。生态中心主义将整个生物圈和生态系统视为一个整体，人类、自然和其他非人存在是这个有机整体不可或缺的组成部分，它们之间相互联系、相互影响、相互制约，共同维护生物圈的平衡性和稳定性。

其次，在政治上，它以基层民主、分权化和非暴力作为基本社会原则。① 生态中心主义基于生态优先性、生物平等性和生态整体性的基本原则，在政治上推行基层民主制，地方的基层民主能保证每个人充分行使自己的权利，使每个人拥有选择生态的生活方式和生态的社会组织形式的权利，因为生态社会的建设关涉到每个人的切身利益，需要每个人的直接参与和管理。只有在自觉的生态意识的指导下，积极地参与到社会事务的管理和决策中，才能使各项生态原则得以付诸实践。为了防止传统社会主义高度集权的政治官僚体制造成的环境问题，生态中心主义实行权力分化的社会政治原则，遵循自由、平等、民主、合作和正义等基本价值观念。权力的分散化将会有效地促进社会的效率与安全，使人们认识到自己的社会责任，以便更加自觉地规范自己的行为，对生态社会的发展发挥积极作用。与此相适应，在社会制度的变革上，生态中心主义抛弃了传统的暴力革命方式，主张采取非暴力的温和方式，在不改变社会基本制度的前提下，通过道德标准、心理结构和价值观念的变革，人们可以树立起自觉的生态观念和环保意识，更加积极主动地参与到各项生态运动中。同时在实践上，通过建立生态样板区或生态示范区的方式，改变人们不合理的生活方式和生活习惯，双管齐下，以观念和示范的力量逐步实现绿色社会的政治理想。

2. 生态中心主义马克思主义的基本理论

生态中心主义依据自己的基本理论原则和社会政治原则与马克思主义结合在一起，形成生态中心主义的马克思主义，对生态危机的根源、解决生态危机的路径以及未来绿色社会的政治构想阐发自己的理论观点。在生态危机的根源上，它归于观念的原因，尤其是在人类历史发展过程中形成的、由来已久的支配自然的观念，这是生态危机产生的深层根源。与之联系在一起的还有工业主义的意识形态、人类中心主义的价值观念，导致了人类对自然的工具主义态度和人与自然之间利用与被利用的关系。基于从观念方面追溯原因，它提出的解决路径也是从主观方面着手，即在不改变社会制度的前提

① 倪瑞华：《英国生态学马克思主义研究》，人民出版社 2011 年版，第 169 页。

下，通过观念的变革消除生态危机，实现人们的道德标准、心理结构和价值观念的根本变革，从思想上树立自觉的生态意识，走向一个人与自然和谐相处的绿色社会。未来的绿色社会反对经济的快速与超速发展，反对生产力的发展模式，是一个依据生态优先性、生态整体性和生物圈平等性的理论原则形成的、尊重非人存在物的内在价值的生态社会。

（二）人类中心主义马克思主义

人类中心主义将人视为价值主体，从人的主体性出发对客观对象进行考察，不承认自然的内在价值，以工具主义的态度对待自然，将人与自然之间的关系看作一种改造与被改造的关系，将自然视为人类利用的对象，只承认自然的工具价值。人类中心主义与马克思主义相结合，从而使马克思主义也具有人类中心主义的视角，它从人的标准考察自然与社会，对生态问题做出了独到的分析。

在生态危机的根源上，人类中心主义马克思主义运用马克思历史唯物主义的分析方法，将矛头直指资本主义制度，尤其是资本主义的生产方式，它追求剩余价值和超额利润的最大化，无限扩大生产规模，产生出虚假的需求来满足虚假的消费，形成了异化消费的消费主义意识形态，使得消费领域的生态危机取代生产领域的经济危机成为资本主义社会的主要危机。资本主义制度从本质上是反生态的。在此基础上，它强调只有消灭资本主义制度和资本主义生产方式才能正本清源，从根本上消除生态危机产生的隐患，制度的变革势在必行，刻不容缓，除此之外，别无他法。取而代之的是一个生态社会主义社会，这也是一个真正消除了生态危机的绿色社会，绿色是社会主义社会的题中应有之义。社会的生产力发展与经济增长遵循经济理性与生态理性的统一，以实现每个人的全面发展为目的，以实现人类的解放战略为目标。它实现了人与人、人与自然、人与社会的和谐发展，实施可持续发展战略。

二、生态自治主义的内涵

本顿的生态学马克思主义思想以生态中心主义的价值观作为理论基础，他积极致力于寻求红—绿政治联盟的实现，从生态学的维度对马克思历史唯物主义进行建构，考察了生态学与马克思历史唯物主义的相关性，并在理论逻辑上走向生态和谐的社会主义。本顿以生态中心主义来构想绿色社会主义的政治战略，在理论逻辑上走向了生态自治主义。

（一）未来绿色社会的基本范型

面临全球性生态危机的蔓延，人们寄希望于未来绿色社会的政治理想，未来的绿色社会铲除了生态危机滋生的根源，从根本上消除了生态危机，实现了人与自然的和谐共生，走上了可持续发展的道路。未来社会呈现的样态是由社会发展的模式决定的。现代工业文明社会以追求生产力的发展和经济的快速增长为己任，并将这种发展和增长转变成量化目标，完全无视其对自然环境造成的恶劣后果，显然，这是一种追求增长的社会发展模式，它与生态社会的要求是格格不入的。按照佩珀的概括：这种模式以近代启蒙的理性主义精神为理论基础，在政治上建立了高度集中的集权制度，社会成员遵循整齐划一的价值观念和行为方式；在经济上追求生产力的发展和生产规模的扩张，对自然进行疯狂掠夺，对劳动力实施经济剥削和政治压迫；在社会规模上在民族国家的基础上不断对外扩张其势力，实现全球一体化。[1] 未来的绿色社会是生态和谐的社会，它以人与自然、人与社会、人与人之间的和谐融洽为己任，以可持续的生态发展为目标，这是一种追求环境保护的发展模式，也是符合生态要求的理想社会。因此，要实现由工业文明社会向生态文明社会的转变，必须要实现由追求经济增长的发展模式到追求生态和谐的发展模式的转变。

由于生态学马克思主义内部在人与自然关系上存在两种不同的价值立场，所以出现了人类中心主义和生态中心主义两种基本倾向，它们所提出的未来绿色社会的政治理想也有所差别：人类中心主义的生态学马克思主义将人的价值尺度与社会主义相结合，在理论逻辑上走向了生态社会主义的政治构想；生态中心主义的生态学马克思主义将自然的价值尺度与社会主义相结合，在理论逻辑上走向了生态自治主义的政治构想。

（二）生态社会主义

生态社会主义的政治构想以人类中心主义为价值诉求，根据社会形态的不同，人类中心主义又区分为资本主义的短期的个人主义的人类中心主义和社会主义的长期的集体主义的人类中心主义。马克思主义历来具有深厚的人

---

① 倪瑞华：《英国生态学马克思主义研究》，人民出版社 2011 年版，第 168 页。

类中心主义视角，是一种长期的集体主义的人类中心主义。它以人的需要、利益和愿望作为认识和处理问题的立足点，以人的标准来界定和实现自然的需要，自然的价值内含于人的利用与改造过程之中，自然需要的实现是人的愿望的满足，自然的利益要与人类的整体利益协调一致。马克思主义的人类中心主义强调人与自然之间的能量转换和物质代谢，二者相互依存、相互影响、辩证统一。人类在认识自然、利用自然和改造自然的过程中，实现与自然的互动，在获得自身利益的同时，促进自然的良性发展。不仅承认自然的工具价值，而且承认自然的道德的、审美的内在价值，在通过科学技术的革新，实现生产力适度发展和经济适度增长的同时，采取积极有效的措施合理地利用自然资源，有效地发挥自然的功用，促进社会的可持续发展。马克思主义的人类中心主义以每个人的自由全面发展为己任，以全人类的解放为战略目标，以社会的平等和正义为价值诉求，要求合理地配置社会资源，实施有效的民主管理。这些都要建立在社会制度的根本变革的基础上，只有消灭资本主义制度，改变科学技术的资本主义使用方式，改变资本主义社会中人类对待自然的不合理态度，改变资本主义的技术统治方式，扬弃自然的异化与人的异化，才能最终实现生态社会主义社会。

生态社会主义社会是依据马克思主义人类中心主义的价值诉求建立起来的生态社会，它与传统的社会主义社会、生态自治主义的社会主义社会存在很大差异。佩珀在《生态社会主义：从深生态学到社会正义》、格伦德曼在《马克思主义和生态学》中都进行了概括。

首先，生态社会主义社会以马克思主义人类中心主义作为价值尺度，既反对生态中心主义，也反对技术中心主义。人类中心主义承认自然的双重价值——工具价值和内在价值。自然的工具价值体现了人类利用自然实现其目的与意图，人类的尺度是不言而喻的。自然的内在价值并非孤立存在的，它只有与人的标准联系起来才能体现其内在价值，是呈现于人类的审美与道德的价值，这种审美的愉悦与道德的评价恰恰体现了人的尺度，是人认识自然的一种体现。否则，孤立的自然仅仅具有本体论的意义，不具有认识论的意义。因为我们只能从本体论上解说，自然是否存在，确定自然存在的优先性，却不能解说自然的认识论的意义。认识活动的发生要有认识主体与认识客体，而认识主体就是人，仅仅存在认识客体的认识活动并不是一个完整的认识过程。只有当主体去认识客体自然，自然才能呈现不同的内在价值。由此可见，人的尺度赋予了自然认识论的意义，自然的认识论意义恰恰体现了自然的内在价值。同时，生态社会主义社会也反对技术中心主义的做法，将一切问题技术化，或者秉承一种技术悲观主义的态度，无视制度的根源，为资本主义社会的经济危机寻找借口，或者秉承一种技术乐观主义的态度，认为技术是万能的，技术的进步能够解决一切社会问题，生态危机也必然会伴着技术的革新迎刃而解。它合理地看待科学技术在经济增长与环境保护中的作用，充分发挥其积极作用。

其次，生态社会主义社会实现了环境保护与经济发展的齐头并进。生态社会并不是反对经济的增长，而是不片面强调经济的增长，要求经济的增长规模和增长速度不能违背生态可持续发展的要求。不同于资本主义社会片面追求生产力的发展和科学技术的革新，以牺牲人类赖以生存的地球环境为代价，将无限制地发展与增长作为唯一的社会目标，只强调量化目标的提高，以扩张的生产促进消费，又以异化的消费督促生产，形成生产与消费的恶性循环，而对自然环境、人们的真实需求漠不关心。生态社会主义社会既倡导环境的保护，又要求经济的增长，增加财富与保护环境同等重要，通过环境保护为经济增长提供良好的外部环境，通过经济增长促进地球环境的良性发展，两者是相互作用、相互促进的。它既不追求通过经济的零增长的方式，片面地使人们的生活适应自然的本性和规则，把自然置于中心地位；又不赞成用严重的环境问题换取经济的增长，而是通过技术进步实现环境保护与经济增长的齐头并进，使得经济的增长成为一种理性的、符合生态要求的增长。

（三）生态自治主义

生态自治主义是依据生态中心主义的价值诉求建立起来的生态社会，它不仅是与生态社会主义并列的未来绿色社会的基本范型，同时也是生态政治学的主流派别。学术界从不同的角度对生态自治主义予以界定。北京大学的郇庆治教授在《绿色乌托邦：生态自治主义述评》中率先对生态自治主义进行了全面阐述。他认为，生态自治主义是 20 世纪 80 年代在西方国家兴起的、用以指导欧洲绿色运动的理论思潮，有的主张甚至成为欧洲绿党的政治纲领。它对人类环境问题的根源进行了社会结构的分析和文化意识的阐释，并提出建立一个以生态原则和地方自治为基础、超越现代民族国家的、人与自然和谐共处的生态理想国。它以资源保护运动、人类福利生态学、保存主义理论和动物自由理论为思想渊源，以由内在价值论确立的生态中心主义作为理论基础，以生态寺院主义和生物区域主义两个主要流派最具代表性。它对生态危机的成因、未来绿色社会的设计和实现路径提出了独特的见解。^①有的学者强调了生态自治主义的哲学基础是生态中心主义，认为它是以动物的解放与权利说、生物中心主义和生态中心伦理作为理论基础形成的思想流派。在经济上，反对经济增长和过度生产与过度消费的生活方式，强调经济的增长与生态要求水火不相容。在伦理上，赋予自然以内在价值，强调人与自然的平等和自然的道德化。在政治上，通过传统的选举和组建政党的方式参政议政，积极宣称生态主张，推行生态政策，反对激进的暴力革命方式，试图通过一种温和的文化变革，改变人们不合理的生活方式和价值观念来实现绿色社会的理想。^②有的学者通过将生态自治主义与生态社会主义加以对比的方式对其进行界定，认为它以无政府主义为政治理论基础，以改良主义为政治实践，以后现代主义为文化价值观，以生态中心主义为哲学基础，从而表现出与以社会主义为政治理论基础、以激进主义为政治实践、以现代主义为价值观、以人类中心主义为哲学基础的生态社会主义的对立。^③

　　基于以上界定，可以看出生态自治主义是一个原生态的自然范型，它以自然的内在价值与权利为立足点，强调了整个生物圈内自然与非自然存在、人类与非人类存在利益的相关性和一致性，试图通过温和的文化变革走向绿色社会。在社会组织模式上，它以自然的生态结构为范型，将自然的生态模式加以扩展，扩大到整个人类社会的组织形式，使其成为一种合乎自然规则的社会形式。在社会组织形式上，它实行分散化的、超越国家和民族的地方自治，以生态社区为基本的组织形式，每个社会实行自主管理，根据成员的基本需求合理地发展生产和发展地方经济。在政治制度上，它推行地方自治的基层民主制度，消除权力的高度集中化，保证每一个人对生态社区的经济管理和社会事务有充分的参与权和决策权，保证民众的社会利益与生态利益的协调统一，促进人与自然的和谐共生。在实现路径上，它提倡通过示范的作用——"温和的形象预示法"，以点带面、由局部带动整体，循序渐进地

① 郇庆治：《绿色乌托邦：生态自治主义述评》，《政治学研究》1997年第4期。
② 王春荣：《生态自治主义及其哲学基础》，《吉林省行政学院学报》2006年第1期。
③ 刘艳：《生态自治主义与生态社会主义辨析》，《社会主义研究》2004年第2期。

实现生态社会。

三、生态自治主义的建构

本顿作为英国生态学马克思主义流派中具有生态中心主义倾向的代表人物，并没有具体论述社会主义与生态中心主义结合的具体路径，但在其主编的《马克思主义的绿化》中，他详细介绍了罗宾·埃克斯利的《社会主义和生态中心主义：走向一种新的融合》一文，因为埃克斯利和他同样是生态中心主义的倡导者，他想借此文来表达其生态自治主义的建构。

（一）生态危机对马克思主义的挑战

埃克斯利指出，面对生态危机，马克思主义的解决方案可以分为正统的马克思主义和人道的马克思主义两种倾向，前者自始至终坚持人类中心主义的立场，而后者针对环境问题进行积极的生态回应，试图调和人类与非人存在之间的对抗关系。

1. 正统的马克思主义

正统的马克思主义将环境问题归于一般的社会问题，将生产关系的革命性变革视为一般的解决方案，因为资本只服务于它的所有者和控制者的利益，而不是为整个社会生产者的利益服务，这种私人资本积累的动力引起了资源的枯竭和环境的污染。同时人类借助技术的发展和进步，最终实现对自然的完全控制，这种控制不仅有利于资产阶级，而且惠及每一个人，即使自然成为越来越被驯服的对象，因为人类的发展取决于不断提高的控制和支配自然的能力以及科学技术的进步，因此，他们从人类中心主义的立场出发，以工具价值为尺度对非人存在进行评价和保护，将自然的限制视为人类发展的不必要约束，只是一味地用共产主义条件下对自然与社会的平等支配来取代资本主义条件下对自然和社会的不平等支配。与此同时，正统马克思主义者始终坚信，无论在社会方面还是环境方面，工人阶级始终是革命变革的中坚力量，依然占据着承担整个制度变革责任的重要位置。[①]

2. 人道的马克思主义

人道主义马克思主义要求以历史分析的方法，重新审视马克思主义的技

---

① Ted Benton, *The Greening of Marxism*, The Guilford Press, 1996, pp. 266 - 267.

术乐观主义和19世纪的物质进步观，无产阶级对资本主义生产力的使用并无助于生态危机的解决，而仅仅意味着无产阶级夺取了统治机器，人们充满希望的生产力的发展已经严重地威胁到社会的生态支持系统。这种路径的追溯可以在马克思的早期著作中找到答案，尤其是马克思关于人与自然关系的论述。生态危机是人类与自然之间异化的证据，是实现人类解放战略的绊脚石，它可以用马克思主义的方式加以解决，但是资本主义不仅仅只是一种单纯的财产关系，还是内涵生产力与生产关系的生产方式，要想解决生态危机，社会主义国家必须抛弃资本主义的生产方式，推行社会主义的生产方式。[1]

3. 生态中心主义立场的回应

从人类中心主义立场出发去看待这两种倾向，埃克斯利认为，它们只是加剧了工具主义和人类中心主义地看待自然的方式，而无助于问题的解决。正确的做法应该是，人类应该按照各种各样的方式与非人的世界联系在一起。虽然世界上的一切实体都具有相对的独立性，但自然界并不存在不可逾越的鸿沟，人类应该积极地建立与自然界的联系。他进一步指出，未来的绿色社会不是要人类借助于科学技术的发展来扩大对非人自然的控制和支配，而将是一个个人自治的社会，通过个人有意识地行动来实现自己，并将非人的自然视为人类自我的延伸，视为人类无机身体的一部分，进而实现人类与自然之间的统一。而不是像人道的马克思主义追求的那样，将人类的解放建立在借助于技术对外部自然的征服之上，使人类成为至高无上的存在者。正如本顿看到的，非人的自然是一种外部力量，它具有很大的威胁性和约束性，需要在持续的、长久的历史过程中才能克服这种威胁性和制约性。[2]

在他看来，人类与自然的和解，并不意味着将非人存在物消解或者人化，而是采取一种全新的方式对生物圈中的非人存在物的相对独立性和独特存在样式予以认可，承认它们每一个的存在价值与意义，是一种与自然的理性和解。生态中心主义的政治理想是"全面的解放"，即将一切存在物的发展的自由最大化，无论是在社会关系中还是在生态关系中，都能充分地得以

---

① Ted Benton, *The Greening of Marxism*, The Guilford Press, 1996, p. 279.

② Ted Benton, "Humanism vs. Speciesism? Mars on Humans and Animals", *Radical Philosophy*, Autumn, 1988, p. 7.

理解，生物圈中具有相对独立性的各个部分的发展都与系统本身的发展处于密切的关联之中。他指出，"鉴于人类生活和文化的繁荣与以低物质能量为基础的人类生活方式的相容性，非人类存在物的繁荣也需要一种这样的人类生活方式，为了满足这个要求，我们需要将自己的生活体验作为自然基本循环过程的一部分，并且或多或少的要和这一循环过程齐头并进，协调一致，而不是极力想通过消除它的干扰而全面超越非人世界。"①

（二）生态自治主义的理论构想

本顿的生态自治主义构想既要克服资本主义生产方式存在的弊端，也要解决好现实社会主义国家面临的高度集权化的官僚体制、"唯生产力论"和工人阶级作为革命变革中坚力量的挑战，从人类中心主义的视角构建一个全新的绿色生态社会。

首先，生态自治主义社会承认自然的内在价值和权利，实现非人自然与人类的共同平等发展。基于生态中心主义的价值尺度，生态自治主义将人类和非人的自然都视为生物圈系统中具有内在联系的基本要素，在这一整体之中，具有自我更新能力的非人自然与周边环境构成的生态系统和人类一样被赋予了内在价值和道德价值，既承认人类对于非人自然的价值，又承认非人自然的内在价值，更承认人类与非人自然的共同价值。而不是仅仅将非人的自然作为一种资源的储备库，用来满足人类的需求，表征出一种唯一的工具主义价值。人类作为生物圈的组成要素，并不具有超越他物的重要位置和优先地位，整个世界是由各种存在物与其生存环境构成的整体，人类只是这一整体中的一个存在环节或者一种生命形式，它和非人自然拥有同样平等的地位。人类必须修正自身的认知视角，改变以自己作为尺度和标准去征服其他非人存在物的做法，它对于非人存在物的适应比征服更重要。生物圈的发展既不是由人类的发展决定的，也不是由非人存在物自然的发展决定的，而是两者相互协调共同发展的结果。当人类的利益与非人的自然的利益发生冲突时，应该充分考虑到不能牺牲自然的利益来换取个人利益。同样当人类的利益与生物圈的整体利益发生矛盾时，应该放弃人类的个人利益，服从于生物圈发展的整体利益，因为生态自治主义既赞成人类的繁荣，也赞成非人自然

---

① Ted Benton, *The Greening of Marxism*, The Guilford Press, 1996, p. 282.

的繁荣，更重视整个生物圈的繁荣。生态自治主义社会涵盖了"生态社会主义的自主性、健康和福利的规范，在一个更宽泛的生态框架中寻求所有生命形式的彼此繁荣，这种视角既没有贬低人类的活动，也没有否认人类对生态进化过程所施加的影响，而是寻求一种更高的生活方式，这是一种能够运用我们创造的技术和容许人类和非人类存在持续发展的生活方式"。①

其次，生态自治主义社会坚持用生态理性取代经济理性，破除传统的"唯生产力论"，实现生态可持续发展。传统的社会主义的种种弊端使得它在社会解放运动中不再具有优势地位，其中最突出的就是"唯生产力论"，片面追求生产力的发展和经济的增长，将社会领域的各个要素加以量化，量化为成本的计算、利润的获得和资本的积累，遵循经济理性组织社会生产活动，不是按照人们的真实需要进行生产，其结果是不能满足人们的真实需要，造成虚假需要和异化消费。经济理性作为核心的生产组织原则，它要求超越自然的制约无限扩大生产规模，发展生产力，违背了生产发展中内含的生态要求，因此，社会生产是一种只注重经济利益忽视生态利益的畸形失衡生产。生态自治主义社会按照生态理性组织社会生产，在生产过程中，充分考虑到自然的极限对生产过程的制约，遵循生产力发展过程中的生态要求，并将生产力的发展放在一定的社会环境与特定的自然环境中加以考察，使生产过程和生产力的发展具有明确的生态方向。将社会的、政治的、经济的、生态的、道德的标准加以整合，形成一种综合的生态理性标准，始终关注自然良性循环的持久性，用其取代只关注生产力发展的经济理性，使社会的生产既能满足人们的真实需要，又符合社会的生态需求，最终实现社会的生态可持续发展，走向一个自由、平等、民主、正义和繁荣的绿色社会。

（三）生态自治主义的实现路径——温和的形象预示法

生态自治主义致力于生态中心主义与社会主义的结合，以实现未来的绿色社会。由于它对于生态危机根源的分析、对生态社会的政治构想与生态社会主义存在很大差异，因而它的实现路径——温和的形象预示法——也与众不同。

生态自治主义以生态中心主义为理论基础，主要是从价值观念的角度对

----

① Ted Benton, *The Greening of Marxism*, The Guilford Press, 1996, p. 286.

生态危机进行分析。在本顿看来，并不是制度的原因，而是观念的原因造成了生态危机，这一观念具体体现在历史发展进程中根深蒂固的支配自然的观念，以及与之相联系的工业主义的意识形态。在这种观念的支配下，认为人类与自然不能和谐共生，只是处于利用与被利用、改造与被改造的对立关系之中。自然对人类而言，成为一种只有工具价值的存在物，自然的极限成为对人类利用改造自然能力的一种限制。观念的原因只能通过观念的变革得以实现，只能通过改变人们的意识形态才能消除生态危机，这些需要变革的观念意识形态包括人们的价值观念、道德标准、思想认识等。在此基础上，逐步形成自觉的生态观念和生态意识，重新定位人与非人自然在生物圈中的地位与关系。不仅承认自然的内在价值与权利，承认人类与非人自然之间的平等关系，更要让人类与非人自然共同演进发展，通过多种途径满足人类的基本需要，并按照一种亲力亲为地、审美地、理性地满足基本需求而不造成环境破坏的方式从事必要的维持生命的工作，使人与自然一荣俱荣，一损俱损。①

从个人的层次而言，人们会在观念的支配下采取相应的行动，行动的付诸实践反过来又会深化对观念的理解。在自觉的生态观念的支配下，人们秉承善待自然的理念，就会改变对待自然的粗暴方式，而是以合作性的和非掠夺性的方式对待自然，将自然视为与自身发展息息相关的部分，在实现个人利益的同时充分考虑自然的整体利益，将自身与非人的自然视为利益与共的存在体。同时人类还会自觉地改变一些违背生态要求的、不合理的生活方式和行为习惯，形成以观念指导行动、以行动深化观念的良性循环，通过观念的变革消除生态危机的根源。

从社会的层次而言，生态自治主义不相信政党政治，因为政治权力的集中会导致集权与专制，而政党总是某一集团利益的代表，总会掺杂着各种利益的均衡与妥协，也不相信传统的革命变革，因为革命变革总是包含着暴力和压迫的因素，不能真正实现革命所允诺的目标。只有建立在个体基础上的、超越国家和民族的生态自治社区才是最理想的政治组织形式。个体之间通过亲密的人际交往，在共同体成员身份认同的社会关系的基础上，形成一

① Ted Benton, "Humanism vs. Speciesism? Mars on Humans and Animals", *Radical Philosophy*, Autumn, 1988, p. 242.

种集体的共同感。在此基础上，建立一些具有不同地方生态特色的自治生态样板社区，充分发挥其示范作用，逐渐改变个人的不良生活方式，形成一种良性的生态生活方式和生活习惯，不必借助于暴力的革命手段，依靠一种温和的、缓慢的渐进方式，由点到面、由局部到整体、由个人到社会、由观念到制度实现变革。

这种将依靠生态样板社区的示范作用和个人观念的变革来实现人与自然和谐共生的生态社会的方法，被称为"形象预示法"。① 在美国兴起的致力于摆脱现存国家统治的第四世界运动是这种方法在现实中的应用。生活在美国宾夕法尼亚州的土著居民奥色治人建立了一种原生态的村落，居住木头搭建的房子，使用松油灯照明，提倡清淡饮食，尊重非人的自然，反对对生命的奴役，拒绝工业化造成的污染，排斥现代性，过着一种自我管理、自给自足、返璞归真的田园农耕生活，并成立了草根阶级的"村庄社会主义"。② 这种方法包含着个人观念的变革和生态样板社区的示范两个环节，在此基础上超越资本主义制度和传统的社会主义制度，实现生态自治主义的绿色社会。因为"环境的教育是人们了解自然的最好方法，也是解决生态问题的最好办法。"③

（四）理论实质

1. 以生态中心主义为价值维度

本顿的生态社会主义构想以生态中心主义为基本原则，对人和自然的关系进行重新界定。他将人类视为整个生物圈内的普通一员，强调了人与自然之间的平等关系，无论是人类存在物，还是非人存在物，都同样具有不可忽视的内在价值属性，人的利益与生物圈的整体利益和生物圈内其他物种的利益是密切相关的，人在实现自身利益的同时要充分考虑生物圈的整体利益与非人存在物的利益。在此基础上，重塑了人的生态价值观。

首先，本顿的生态社会主义遵循了生态中心主义生态优先性、生物平等性和生态整体性的基本原则，重新界定了人与自然的关系。它具有一种未雨绸缪的生态理念，它不是强调对已经破坏的自然环境进行修复，而是倡导人

---

① 倪瑞华：《英国生态学马克思主义研究》，人民出版社 2011 年版，第 185 页。
② 倪瑞华：《英国生态学马克思主义研究》，人民出版社 2011 年版，第 185 页。
③ 倪瑞华：《英国生态学马克思主义研究》，人民出版社 2011 年版，第 168 页。

们依据自然的基本规则组织社会生活，建立一种模拟生态系统的社会——生态社群或者生态样板示范区，实现社会生活的自然化与生态化，使人们生活在一种充满生态和谐的绿色社会中。它强调生物圈的平等主义原则，认同包括非人存在物在内的全体成员的价值，人类应该尊重非人存在物的权利，不能以工具主义的态度对待自然，维护生物圈内人与非人存在物、人与人、非人存在物与非人存在物之间的平等与和谐关系，反对任何形式的生态压迫与剥削。将整个生物圈和生态系统视为一个整体，人类、自然和其他非人存在物是这个有机整体不可或缺的组成部分，它们之间相互联系、相互影响、相互制约，共同维护生物圈的平衡性和稳定性。它具有一种整体主义的视角，依据人对自然环境的影响判断人类行为的道德价值，依据人类与自然界各个成员之间所具有的历时性与共时性的关系，整体考虑包括人在内的生态系统中各个成员之间的关系，主张人与自然的平等，关注自然的利益与人类个体利益之间的协调发展，限制人的虚无理性，反对从人的需要出发去利用和改造自然的做法。

其次，本顿的生态社会主义构想倡导的观念变革体现了以生态中心主义为基点对人的生态价值观的重塑。在他看来，生态社会主义需要构建一种以人与自然的新型关系——平等关系为主导的生态价值观。这种生态价值观试图通过批判和超越强调人类价值的传统价值观，倡导生态中心主义的自然价值观，将价值扩展到整个自然界和生态系统。他基于罗尔斯顿的自然价值论区分表层自然（我们周围可以观察到的世界，我们可以体验到的生态系统的特征）和深层自然（我们无法直接观察到的），界定了自然的工具价值、内在价值和系统价值。通过生态社会主义消除自然的工具价值，实现自然的内在价值和系统价值。这种生态价值观拓展了环境平等的范围——从人与人到人与自然，不仅强调了人与人的平等，更强调了人与自然的平等，树立善待自然、尊重自然、适应自然、保护自然的新观念。这种生态价值观倡导一种人与自然和谐共生、永续发展的持续发展观，它指向人与自然、人与社会、人与生态环境之间的协调发展，它兼顾环境、经济和社会三者的利益，秉承生态可持续、经济可持续与社会可持续的理念，实现人—自然—社会三大系统的共生发展。

2. 以生态自治主义为表现形式

由于本顿的生态社会主义以生态中心主义为价值维度，使得他在理论逻辑上由生态社会主义走向了生态自治主义，无论是理论上、实践上还是价值取向上，都呈现了生态自治主义的基本特征。

首先，本顿以生态中心主义为哲学基础，将自己的基本理论原则与马克思主义结合在一起，形成生态中心主义的马克思主义，将生态危机的根源归结于观念，尤其是在人类历史发展过程中形成的、由来已久的支配自然的观念，这是生态危机产生的深层根源。与之联系在一起的还有工业主义的意识形态、人类中心主义的价值观念，导致了人类对自然的工具主义态度，人与自然之间的关系成为利用与被利用的关系。

其次，在解决生态危机的路径选择上，本顿从主观方面着手，反对激进的暴力革命方式，倡导一种温和的、具有浓厚改良主义色彩的思想变革，即在不改变社会制度的前提下，通过观念的变革消除生态危机，实现人们的道德标准、心理结构和价值观念的根本变革，树立自觉的生态意识，还通过建立生态样板区或生态示范区的方式，改变人们不合理的生活方式和生活习惯，双管齐下，以观念和示范的力量加快推进绿色社会的现实化。在经济实践上，反对经济增长和过度生产与过度消费的生活方式，反对经济的快速与超速发展，反对"唯生产力"的发展模式，强调经济的增长与生态要求水火不相容。在政治实践上，以基层民主、分权化和非暴力为基本社会原则，通过推行地方的基层民主制来保证每个人充分行使自己的权利，每个人拥有选择生态的生活方式和生态的社会组织形式的权利。因为生态社会的建设关涉到每个人的切身利益，所以需要每个人的直接参与和管理。只有在自觉的生态意识的指导下，积极地参与到社会事务的管理和决策中，才能使各项生态原则得以付诸实践。为了防止传统社会主义高度集权的政治官僚体制造成的环境问题，生态社会主义实行权力分化的社会政治原则，遵循自由、平等、民主、合作和正义等基本价值观念。通过权力的分散化有效地促进社会的效率与安全，人们认识到自己的社会责任，以便更加自觉地规范自己的行为，对生态社会的发展发挥积极作用。这显然是一个以生态原则和地方自治为基础、超越现代民族国家的、人与自然和谐共处的生态理想国——生态自治主义。

最后，在价值取向上，本顿的生态社会主义最终实现的绿色社会是一种具有浓厚后现代主义色彩的社会。它具有后现代主义反传统、反体系、反本质主义、反宏大叙事的基本特征，超越了国家和民族，取消了人对自然的占有、支配和统治，是一个强调生态原则和地方自治、强调人与自然的平等和谐共生的社会，是一个强调人类适应、尊重、善待自然的社会。这个绿色社会的基本要求就是个体化：个体化理念的形成、个体化行为的养成、个体化意识的增强、个体化素质的提高、个体化行动的践行……个人成为社会发展的核心要素，成为生态和谐社会的主体。

　　基于以上分析可以看出，本顿的生态社会主义实质上是一种生态自治主义，它是一个原生态的自然范型，以自然的内在价值与权利为立足点，强调整个生物圈内自然与非自然存在、人类与非人类存在利益的相关性和一致性，试图通过温和的思想文化变革走向绿色社会。在社会组织模式上，它以自然的生态结构为范型，将自然的生态模式加以扩展，扩大到整个人类社会的组织形式，使其成为一种合乎自然规则的社会形式。在社会组织形式上，它实行分散化的、超越国家和民族的地方自治，以生态社区为基本的组织形式，每个社会实行自主管理，根据成员的基本需求合理地发展生产和地方经济。在政治制度上，它推行地方自治的基层民主制度，消除权力的高度集中化，保证每一个人对生态社区的经济管理和社会事务有充分的参与权和决策权，保证民众的社会利益与生态利益的协调统一，促进人与自然的和谐共生。在实现路径上，它提倡通过示范的作用——"温和的形象预示法"，以点带面、循序渐进地实现生态社会。

第五章　本顿与格伦德曼的论争

　　本顿基于生态中心论的价值观建立了生态学马克思主义的思想体系。他依据马克思历史唯物主义理论的"生态空场",从生态学的维度对历史唯物主义进行了批判与重建,并在重新解读"自然极限"的基础上,试图实现自然极限与人类解放的统一。通过对当代资本主义社会和现实社会主义社会的生态反思,他将生态中心主义与社会主义进行融合,设想了未来绿色社会的政治图景——生态自治主义。本顿的上述思想遭到格伦德曼的批判和质疑,他们就生态问题的界定、马克思历史唯物主义的生态维度、支配自然还是适应自然、技术革新等问题进行了激烈的争论。

　　瑞尼尔·格伦德曼是英国阿斯顿大学语言和社会科系社会学教授,主要研究社会和政治理论、科学社会学、技术、风险与全球环境问题。本顿1989年在《新左派评论》发表了《马克思主义与自然的极限:一种生态批判和重建》一文,认为马克思的历史唯物主义与生态学之间存在断裂,他的哲学和历史理论与其政治经济学的基本概念之间存在缝隙,需要从生态学的维度来重建历史唯物主义。格伦德曼在1991年的《新左派评论》发表《生态学对马克思主义的挑战》对本顿的思想进行积极地回应,并且出版了生态学马克思主义的专著《马克思主义与生态学》。他提出,马克思的生态思想能够为分析生态问题提供深刻的洞见,完全可以在马克思历史唯物主义的理论框架之内来分析和解决生态问题;从生存论、对待自然的理性态度、价值论和人类解放四个维度重新解读马克思的"支配自然",赋予"支配自然"积极的意义;并深入考察了马克思自然观发展与运用的条件,重新恢复了马克思自然观的人类中心主义视角,这是格伦德曼对生态学马克思主义的重大贡献。在此基础上，他指出了本顿的思想存在的问题：第一，他通常把生态问题还原为自然极限的问题，这使他看不见生态问题的多样性——即污染和其他多种原因。第二，在这一问题的简化中，没有充分论述马克思主义者和生态主义者之间在紧急关头的真正争端。第三，最令人担忧的是，本顿自己似乎陷入生态推理的形式，他批评马克思主义对自然采取了一种普罗米修斯主义的态度，并宣称马克思是 19 世纪自发的意识形态的受害者，即工业主义和进步，而他似乎是 20 世纪晚期自发的意识形态——生态浪漫主义的受害者。①

　　针对格伦德曼以《生态学对马克思主义的挑战》一文对自己理论的回应，本顿于 1992 年在《新左派评论》上发表《生态学、社会主义和支配自然：与格伦德曼商榷》，从生态问题的界定、劳动过程的改造能力、技术革新的生态意蕴、自然的审美价值等方面对格伦德曼的挑战进行有力地再回应。本顿肯定了格伦德曼的论证对左翼理论家而言具有很大的理论价值，克服了生态中心主义阵营中许多草率的思想，并对很多概念进行澄清，尤其是他关于支配自然的积极解读。但他也尖锐地指出，格伦德曼的论证存在理论错误，他应该对这一错误负责。一是因为他的《马克思主义与自然的极限：一种生态批判和重建》一文过于抽象，二是因为他的论证本身固有的一些困难。本顿介绍了回应格伦德曼的逻辑思路：尽可能地遵循格伦德曼解释的顺序安排给予答复，尤其集中在关于劳动过程的概念和支配自然的比喻，并以对格伦德曼对生态中心主义的批判和对自然的浪漫主义的、伤感的态度等问题的考察结束。并再次重申了他的目的："我的态度几乎全部与重新考察马克思政治经济学中的基本概念相关联，使得它们与广泛历史唯物主义的生态友好的方面更好地结合。换句话说，我的目标是获得关于生态危机产生和人类社会实践对自然的反目的影响的更好的解释性把握。"②

---

　　① Reiner Grundmann, "The Ecological Challenge to Marxism", *New Left Review*, Vol. 187, 1991, p. 120.

　　② Ted Benton, "Ecology, Socialism and The Mastery of Nature: A Reply to Reiner Grundmann", *New Left Review*, Vol. 194, 1992, p. 57.

第一节 生态问题的界定

一、什么是生态问题?

(一)格伦德曼对生态问题的界定

在格伦德曼看来,本顿对生态问题的界定稍显随意。在实际的论述中,似乎只是认为资源的消耗和人口的增长是最紧迫的问题(至少对马克思主义理论而言),因此,他的这样一种分析方式并没有对生态问题的界定提供更多的内容。格伦德曼批判了本顿的粗略简单界定之后,他以生态问题的界定为起点开始他的理论研究。

在《生态学对马克思主义的挑战》和《马克思主义和生态学》中,格伦德曼首先区分了马克思主义回应生态学挑战的三种思想倾向。第一种是不赞成马克思主义者的回应:他们抛弃了马克思理论的核心要素,宣称在马克思的理论框架之中不可能解决生态学提出的新问题,鲁道夫·巴赫是典型代表。第二种是正统马克思主义倾向:他们始终以保卫马克思理论的主体核心要素为己任。第三种倾向介于上述两种倾向之间,既承认生态学实际上对马克思主义提出了一种严重的挑战,同时又认可在马克思的思想之中包含着对这种挑战的现成答案。这种倾向似乎表明马克思是一名绿色理论家。他根据这三种倾向却很难划归本顿的思想归属。因为本顿在一些文章中提到,在马克思历史唯物主义的全部主题中实际上有很多与生态视角相容的地方,但他也表明历史唯物主义必须被重构和重建。所以他主要关注的是强调马克思恩格斯没有充分考察自然施加于人类和社会发展的极限。根据本顿的观点,马克思的概念夸大了生产型劳动过程的潜在改造特性,而没有充分理论化或者忽视了它们易于受到自然假定的或者相对不受操控的条件和极限的各个方面。历史唯物主义的基本概念如果没有歪曲的话,那么它能够被看作是一种生态方法的提议,但同时在马克思主义和生态主义者之间存在诸多的不信任,悖论由此产生。本顿对这一悖论的解决是强调马克思主义思想的模棱两可性。

为了纠正本顿对马克思主义思想"模棱两可性"的误解,格伦德曼试图确立马克思思想的生态意蕴。其基本思路是:他首先表明自己对生态问题的明确界定,然后比本顿以更广泛的方式叙述马克思的理论与生态问题的联系，并考察这一主张，即在人类劳动的自然改造方面，马克思持有夸大的观点。继而考察与普罗米修斯的态度紧密相关的支配自然的主题，并阐述两种不同的异化概念，最后提出他对这一悖论的可选择的解决方法。应该说，在这一理论思路中，生态问题的界定是格伦德曼理论研究的前提和基点，因为生态问题的定义和解释将直接决定着生态问题的解决方式。

格伦德曼根据一些学者的研究成果，认为生态问题至少包含如下八个因素：（空气、水）污染、地下水的消耗、有毒化学物的扩散、有毒废物的扩散、腐蚀现象、沙漠化、酸化、新化学物。现代生态伦理学家约翰·帕斯莫尔在《人类对自然应负的职责》中将这些问题简化为：污染、自然资源的消耗、物种的灭绝、荒漠的破坏、人口增长。在此基础上，格伦德曼把生态问题概括为污染、（可更新的和不可更新的）能源消耗和人口增长三类。其中人口问题可以在两种意义上被看作生态问题。第一，对污染和资源消耗而言，人口问题是最主要的问题，因为不断增长的人口必然需要原材料的更大程度的开发，或作为一种副作用需要污染技术的进一步发展。第二，人口增长就其本身而言能够被看作一个生态问题，也就是说，一个特定地方的不断增长的人口可能对人类存在物是不利的。这样，从第一种意义而言，人口增长是生态问题的原因；从第二种意义而言，人口增长是生态问题的一个例证。污染自身加重了由资源消耗和人口增长引起的错综复杂的问题。① 因此对马克思主义理论的挑战比本顿的双重建议更加有力。格伦德曼还进一步指出，正因为本顿没有注意到各类污染问题，所以他没能合理地解释生态问题与马克思思想的关系，才会导致上述悖论。

与此同时，格伦德曼也认识到了既定社会中的文化价值系统对生态问题的界定会产生一定的影响。随着文化价值系统的变化，生态问题的界定也会随之发生变化，所以生态问题的界定呈现文化的相对性。但是，可以确定的是，生态问题是现代任何社会形态都会面对的一个问题，生态问题是现代社会的一个基本特征，是必须要经历和解决的。在解决生态问题的过程中，这一问题可能不会被完全消除，而仅仅是被减少、改变或者替代。②

---

① Reiner Grundmann, "The Ecological Challenge to Marxism", *New Left Review*, Vol. 187, 1991, p. 105.

② Reiner Grundmann, "The Ecological Challenge to Marxism", *New Left Review*, Vol. 187, 1991, p. 106.

（二）本顿的回应

格伦德曼在《生态学对马克思主义的挑战》和《马克思主义与生态学》中对本顿的指责有二：第一，批评本顿没有充分描述生态问题的特征，仅仅假定资源消耗和人口增长是最紧迫的问题，忽略了污染问题。而他的思路是从提出一些更广泛的生态问题开始，通过把它们归之于一些更加普遍的范畴而把生态问题简化为污染、自然的损耗和人口增长。本顿认为，他并没有忽略污染，只是更加强调能源消耗和人口问题。由于古典政治经济学的争论，尤其是和马尔萨斯的争论并没有集中把人口问题和潜在资源稀缺性作为阻碍资本主义发展的限制因素，又加上马克思质疑自然极限的争论，因此，本顿提出劳动过程概念的重建，以此来强调自然介入生产的非意向性结果，这一概念对他的论证非常重要。[1] 他关于非意向性结果的例证都包含在格伦德曼"污染"术语之下的生态问题的每一种类型，如这些非意向性结果可能是附加原材料和其残留物、未使用能源的释放、水的供应、大气条件和气候的可变因素等的结果。

第二，格伦德曼指责本顿通过把生态问题简化为自然的极限问题而不承认污染问题，由此导致本顿无力充分说明马克思和环境主义者之间的真正分歧。本顿指出，他注意到与人口问题和资源的稀缺性相比，人口问题并不只是一种自然限制。生态系统有一种吸收各种物理化学废物的能力，但是当吸收力达到极限时这就会演变成一种生态问题，生态系统会受到反向的影响。因此生态问题的这两个范畴被看作自然的极限的问题。[2] 污染问题也是如此，他对于自然限制的强调实际上并没有超出污染的界限，污染同样也是一种生态问题，当污染物的排放量超过了生态系统的吸纳能力的极限时，同样会产生生态问题，因此，在本顿看来，对自然极限的强调既没有简化生态问题，也没有否认污染问题，所有的生态问题与自然的极限都存在一定的直接相关性，生态问题是由于超过自然所能承受的极限而引起的。

当然，本顿也承认，他在讨论自然介入的非意向性结果时，的确没有使

---

[1] Ted Benton, "Ecology, Socialism and The Mastery of Nature: A Reply to Reiner Grundmann", *New Left Review*, Vol. 194, 1992, p. 57.

[2] Ted Benton, "Ecology, Socialism and The Mastery of Nature: A Reply to Reiner Grundmann", *New Left Review*, Vol. 194, 1992, p. 57.

用"污染"一词也是真实的，但是他这么做是有原因的，即与他试图发展马克思的政治经济学批判有密切关联，他并不想把用 20 世纪的术语界定的生态问题概念强加于马克思身上，而使得马克思的思想中暴露出一些不足。① 生态问题是一个社会产物，它的界定受到各种因素的影响，这点格伦德曼也是承认的，他对我们关于什么是生态问题和什么被看作是污染的观点容易受到巨大的历史和文化变化的影响给予了充分肯定，通过引证玛丽·道格拉斯的观点，这一点已经非常明确了。

本顿再次重申，他的论证通过考察需要纠正的马克思自身理论观点的内在张力和矛盾来为当代生态思考提供有价值的资源。因此，关于这个有争议的污染问题，马克思的不足是他将生产条件和处于彼此联系中的自然介入的非意向性结果加以概念化和理论化，这使得他在关于再生产的一般论述中，对再生产的生产条件（与生产方式相区别）的劳动理论化不足。本顿指出，在常见的术语中，污染可能侵犯文化价值，但是从政治经济学的观点看，污染也具有生态重要性，因为任何具体的劳动过程可能侵蚀或破坏它自身的持续性条件，而辅助的经济活动需要恢复这些条件。他之所以没有使用污染一词主要是因为想避免来自其价值含义相对性的混乱。②

本顿认为，既然人口问题、资源的损耗、污染都与自然的极限问题相关联，那么关于自然限制可以形成进一步的观点，即历史唯物主义对于其被概念化的方式具有非常明显的贡献，而且格伦德曼本人在人口问题和自然资源稀缺性的论述中也接受自然限制这一概念的使用。他指出，在环境主义者中广泛流传一种观点，即生物圈作为系统中非常复杂的系统对人类的影响有一种特定的适应能力，但我们地球的生命支撑系统被限制在它的适应能力之中。这些极限确定了与自然相联系的人类活动范围的外部界限。也就是说，自然的极限确立了与自然相联系的人类活动的外部界限。如前所述，"自然的极限"概念是本顿的一个重要概念，他试图以这个概念为核心来分析生态问题。他认为，限制的增长既不能简单地被概念化为社会的极限，也不能被简单地概念化为自然的限制，而是在这一过程中人类社会活动、自然力与

---

① Ted Benton, "Ecology, Socialism and The Mastery of Nature: A Reply to Reiner Grundmann", *New Left Review*, Vol. 194, 1992, p. 57.

② Ted Benton, "Ecology, Socialism and The Mastery of Nature: A Reply to Reiner Grundmann", *New Left Review*, Vol. 194, 1992, p. 57.

机械机制确定的组合形式而产生的结果。换句话说，自然的极限不能独立于它们出于其中的社会历史过程而被充分概念化。本顿承认，每一种社会经济生活形式都有其特定的与其自身的背景条件、资源原料、能量源泉和自然介入的非意向性结果相互联系的模式和动力机制，任何社会经济生活形式的生态问题必须被理论化为这一自然与社会联合的具体结构的结果。① 他试图通过合并生态可变因素的方式对劳动过程概念和生产方式再次理论化的重要后果进行分析，从而提供一种概念化外部限制的选择。

本顿通过对生态问题的界定，将生态问题与自然的极限联系起来，并以自然与社会对接的路径来分析生态问题，将其看作是自然与社会的具体连接形式非理论化所造成的后果，从而恢复马克思历史唯物主义作为分析和解释生态问题的概念工具的有效性。

二、生态危机的成因

（一）格伦德曼的五因说

格伦德曼在确立了什么是生态问题之后，继而进一步分析生态问题产生的原因。在《马克思主义和生态学》中，他把来自经济和社会理论不同学科的解释整合在一起，列举了五个方面的原因：人类行为的非意向性结果、技术（具有重要影响的工业意外事件）、经济增长、成本外在化、导致集体不合理性的个体合理性（格伦德曼有时称为"集体悲剧"或"公地的悲剧"②）。格伦德曼指出，单一的原因并不能直接导致生态问题，如人类行为的非意向性后果并不必然导致生态问题，只有它们在特定的联合或者一致中才导致生态问题。但是，通过进一步的考察，似乎技术是所有原因中最关键的原因，它在另外的逻辑层次上超越了其他的原因：生态破坏行为在工具中得以体现。除了技术之外的四个原因还可以依据时间的尺度进一步分类：经济增长和成本外在化属于自觉行为；人类行为的非意向性后果、导致集体不合理性的个体合理性属于非自觉行为，它主要凸显了人类计划能力的局限

---

① Ted Benton, "Ecology, Socialism and The Mastery of Nature: A Reply to Reiner Grundmann", *New Left Review*, Vol. 194, 1992, p. 58.
② Reiner Grundmann, *Marxism and Ecology*, Oxford University Press, 1991, p. 32.

性，是人类自觉行动的消极作用的产物。[①]

1. 人类行为的非意向性后果

格伦德曼认为，人类有目的、有意识的活动总会伴随着一系列非意向性的后果，而且往往会将人类的目的和意图消融在非意向性的后果之中，这是现代技术社会的一般特征。[②] 为了深入阐述这一原因，他借鉴了结构功能主义理论家默顿关于非意向性的后果的分类。默顿区分了功能性后果、功能失常型后果和功能完全不相关性后果。导致生态问题的人类行为的非意向性后果属于功能失常型后果。格伦德曼对功能失常的原因也进行了分析：或者是由于某一方面知识的欠缺而导致合理预期的范围过窄，或者是由于对以往经验的过分依赖，或者是由于过分关注直接的经济利益而导致的鼠目寸光，或者是由于预期本身对行为的反馈作用。[③] 实际上，这些都是由于行动主体过分关注行动的直接后果和行动过程中不完备的知识储备造成的。

2. 技术（伴随一系列重要影响的工业意外事件）

格伦德曼在对技术（伴随一系列重要影响的工业意外事件）进行分析时，借用了佩罗的基本概念：线性的系统、复杂的系统、弱小的耦合、强大的耦合。弱小的耦合系统由于能够对变化引起的各种干扰、压力和缺陷进行吸纳，所以较少导致系统意外，线性过程也是如此。但是能够快速应对各种干扰、压力和缺陷快速应对，却也可能为此付出巨大的代价。虽然对于意外事件的应对，两类系统各有利弊，但是如果两类系统交织在一起，那么意外事件就是不可避免的了。意外事件是现代社会中的正常问题，而这些意外事件的罪魁祸首就是现代技术使用的衍生物。佩罗列举分析了核能、石化、船舶、航空、基因工程、太空飞行、采矿、武器制造等一系列现代工艺，并依据它们所导致的意外事件的灾难程度进行分门别类：应该禁止核武器的制造和核能，应该严格限制基因工程（DNA）和航海，应该隔离和改进石化、船舶、航空、太空飞行、采矿。[④] 根据佩罗的分析，格伦德曼认为，现代技术的使用依赖于自然环境和自然资源，以现代技术为核心的现代社会存在各类高风险系统，意外事件在所难免，这些意外事件对生态环境的影响是不可

---

① 陈学明：《谁是罪魁祸首——追寻生态危机的根源》，人民出版社 2012 年版，第 328—356 页。
② Reiner Grundmann, *Marxism and Ecology*, Oxford University Press, 1991, p. 31.
③ Reiner Grundmann, *Marxism and Ecology*, Oxford University Press, 1991, pp. 31 – 33.
④ Reiner Grundmann, *Marxism and Ecology*, Oxford University Press, 1991, p. 35.

避免和无法控制的。

3. 经济增长

在所有导致生态问题的因素中，经济增长是最直接的因素。现代社会的生态问题在很大程度上根源于人类的传统发展模式、支持这种发展模式的传统发展观以及与之相适应的传统价值观。传统的发展模式以物质财富的巨大增长为核心，传统的发展观误导人们对自然资源进行无限度、无休止地掠夺和开发，当经济的增长超越了生态环境的承载能力时，生态问题应运而生。传统的价值观想当然认为支撑人类物质财富增长的自然资源是取之不尽、用之不竭的，而且自然环境对于人类带来的污染拥有无限的吸纳和净化能力，自然界仅仅是人类的无偿消费对象。对于这一点，格伦德曼也有充分的认识，他强调了经济增长与生态问题之间的直观联系。在现代生活中，工业生产方式充当了经济增长的实现手段，工业增长水平对资源和环境产生了双重影响。工业水平的低增长需要较少数量的自然资源，对自然环境的破坏力也较小；工业水平的高增长则需要更多数量的自然资源，对自然环境的破坏力足以导致灾难深重的生态问题。"二战后，美国经济中技术的广泛使用不仅带来126%的GNP的增长，而且也产生了1260%的环境污染"，[1] 这清楚地表明了经济的增长对资源和环境的影响，经济的巨大发展是以环境的严重污染为代价的。

4. 成本外在化

成本外在化本来是一个经济学的术语，是指企业之间以市场为中介进行交易和协调的经济活动，企业把自身承担的成本转移到外部，减少自身负担的成本，以此来实现盈利。它可能出现双赢、双输、企业赢、外部赢四种后果，当然理想的结果是双赢。作为生态问题产生的一个原因，它是格伦德曼取之于学者皮戈的概念——"私人资本外在化"，是用来表述生态问题与市场原则之间关系的一个概念，意思是将经济活动对建筑物、植物和其他公共设施的依赖和影响排除在成本计算之外。[2] 也就是把自然提供的资源、环境等条件看作是在市场原则支配下可以进行交换的商品，在计算成本时是忽略不计的，以牺牲自然环境来换取更大的利润，这势必会导致自然环境的

---

① Reiner Grundmann, *Marxism and Ecology*, Oxford University Press, 1991, p. 37.

② Reiner Grundmann, *Marxism and Ecology*, Oxford University Press, 1991, p. 37.

破坏。

5. 导致集体不合理性的个体合理性（"公地的悲剧"）

"公地的悲剧"是美国学者哈丁 1968 年在《公地的悲剧》中提出来的，众多资源的拥有者如果不合理地限制自己对资源使用权，在资源总量确定的情况下，就会导致资源的过度使用甚至枯竭。海洋过度捕捞、草场过度放牧都属于这种情况。格伦德曼借用这一概念来表征生态问题与财产制度的关系。他指出，社会主义国家与资本主义国家相比具有财产制度上的优势，它的生产目的不是攫取高额利润，它不会热衷于引进能提高工业水平的危险技术，而且由于国家的计划协调，个体的企业也不会把成本转嫁到环境中去，因此，社会主义国家理论上和实践上导致生态问题的概率小一些。但事实并非如此。"集体中的自由会把一切引向毁灭"①，社会主义国家的公共财产制度并不能必然地避免生态问题的产生，原因如下：社会主义国家虽然不以追求利润为生产目的，但是它也要提高经济效率，最终也会引进高风险系统的技术，这会引发生态问题；国家计划也会引起非意向性的后果；集体所有权会导致"公地的悲剧"。具体到社会主义国家苏联，它的定价制度和部门主义虽然具有明确的环保意识，但是并非环保至上；与环境相关的法律存在有法不依、执法不严等薄弱环节；苏联民众始终保持一种乐观主义的态度，深信自然资源是取之不尽、用之不竭的。② 这就说明，不论是资本主义国家还是社会主义国家都会产生生态问题，生态问题是他们始终要面对的一个根本问题。

格伦德曼一再强调，生态问题的原因是多方面的，不能仅仅用一种单一的原因来解读生态问题，上述五个原因相互作用，共同导致了生态问题的产生，因为一种简单的因果联系不能确立所有的生态问题，在源头上消除它们几乎是不可能的，而且原因的多样性也导致了解决方法的多样性，任何一种简单的解决方法都是无效的。在理论构建上，他界定生态问题、分析生态问题原因的主要目的是将生态问题与马克思主义联系起来，研究两者之间的关系是否如本顿所言——马克思主义存在着一定的生态学理论空场。

---

① Reiner Grundmann, *Marxism and Ecology*, Oxford University Press, 1991, p. 40.

② Reiner Grundmann, *Marxism and Ecology*, Oxford University Press, 1991, p. 43.

（二）本顿的"二因说"

本顿以自然主义理论为基础，主要是从人们的思想道德标准和价值观念的维度对资本主义社会的生态危机进行诊断，认为支配自然的观念和工业主义的意识形态是生态危机产生的根源。

1. 支配自然的观念

本顿以非还原论的自然主义为基础分析资本主义社会生态危机的成因。在他看来，自然界是人赖以生存和发展的外部环境，必须具有一种先在性，这是一个先决条件，因此，人首先表现为一个自然存在物，在自然中生活，受到客观自然规律的制约。但是，人又不仅仅是一个自然存在物，还是一个社会存在物，具有理性，能够自由选择，会使用语言进行交流，带有各种文化特征。这完全不同于还原论的自然主义仅仅将人看作一个自私自利的存在物，以实现个人利益为自身社会活动的出发点。本顿在承认人的自然属性的基础上，更加强调人的社会文化特征，但是他的观点又是不彻底的。因为，在他看来具有文化特征的人仍然是自私自利的，这种私欲进而表现为一种对人之外的他物的占有、支配和控制，也就表现为对自然的控制和支配。

当人类面对自然的时候，这种支配和控制的欲望油然而生，人类把自然仅仅视为一种工具，忽视自然的内在价值，以一种工具主义的态度利用和改造自然。并在这一过程中无限扩大人的能力，高扬人的内在价值，以一种世界主宰者的态度自居，逐步演化成一种人类中心主义的立场，以是否有利于人的活动来衡量人之外所有事物的价值，以是否对人具有有用性来取舍事物。这种态度在社会理性化进程中一度发挥了重要的作用，使人从自然的蒙昧中摆脱出来，成为真正意义上的理性人，但是伴随着这一进程的推进，对自然的工具主义态度和人类中心主义的立场被无限放大，成为一种最高的标准，工业文明社会的灾难便接踵而至。由于人类无限制地生产和消费，造成了大量资源的浪费、能源的枯竭和环境污染的加剧，引发了各种各样的环境问题——全球气候变暖、土地沙化、生物多样性减少等，同时又加上人口数量的急剧膨胀，使得地球的承载力下降，自然的极限被突破，生态危机爆发。

显然，按照本顿的思想逻辑，生态危机产生的直接原因是观念的原因，即根深蒂固的支配自然的观念。实际上支配自然的观念由来已久，这一分析并非本顿的独创，在他之前的生态学马克思主义理论家威廉·莱斯在其

《自然的控制》一书中就追溯了这一观念的历史发展。莱斯认为根深蒂固的"支配自然"观念由来已久，最早可以追溯到古希腊神话，许多神话故事展现了人们试图通过制造工具和使用工具实现对自然的支配和控制，这种对自然的控制是和对自然的崇拜混杂在一起的。古代的自然观不同于现代的自然观，现代的自然是人们改造和利用的客观对象，并且这种改造和利用是以实现人类的利益为出发点。而古代的自然是一个活生生的、有生命的神圣存在物，人们没有自发地改造和利用自然的意识，更多的是一种尊重和敬畏的观念，想探索自然的奥秘，破解关于自然的惊异。虽然"像代达罗斯和流传在不同文化中的许多神话一样，它们描绘了一种由工具引起的恐惧和渴求的矛盾情绪，这种工具人们已经发明，并用来改变他们现实的命运"，但是"没有一个人真正地'控制了'为控制自然而发明的那些非常复杂的工具"。①

中世纪基督教神学时期，支配自然的观念有着宗教神学的根源。《旧约圣经·创世纪》讲述了上帝创世的故事，上帝用六天的时间不仅区分了光明与黑暗，分开了海洋和陆地，而且创造了天上飞的、地上跑的和水里游的，还根据自己的形象创造了他最钟爱的人类。上帝赋予人类自由意识来表达对人类的偏爱，把自然界一切都交给人类来管理和统治。这一创世过程确立了上帝对整个宇宙的至高无上的统治权，而人类则成为上帝在地球实施统治的代言人，人类由于分享了上帝的绝对统治权而成为地球的主人，其中包含着对自然的控制权、支配权、统治权、管理权和征服权。基督教神学确立的这种对自然的权力一直流传至今。

伴随着文艺复兴时期自然巫术理论的发展，支配自然的观念也获得了更加明确的内涵。以炼金术、占卜术为代表的自然巫术使人们自由地深入到自然的内部探寻自然的奥秘，挖掘出自然蕴含的神秘力量。巫师们拥有神一般的力量，它们将神话、宗教与哲学交织在一起，借助于科学技术的发展，展现人类征服自然的无穷潜力。"自然巫术是这样一种东西，它注视着自然和天上的所有事物的优点，并细心地研究它们的有序过程，以此来认识自然深藏的和隐秘的力量……那些认为从事巫术是超越或者对抗自然的认识是错误

---

① ［加］威廉·莱斯：《自然的控制》，岳长龄译，重庆出版社2007年版，第24页。

的，它们是自然的派生物，并且与自然协调一致。"①

近代培根的自然观奠定了现代支配自然观念的哲学基础。他把自己的哲学任务界定为研究自然，发现自然固有的规律，以便征服自然，为人类谋福利。在《新工具》的序言中，培根旗帜鲜明地提出了研究目的是为人类的知识开辟新的道路，给人的理解以帮助，以便在行动中来支配自然。"我们的目的是给理解力开辟一条新的道路，当好指路的一个向导"，② 为此就必须破除迷信，还必须以真正的归纳法对人的知识进行全面改造，据此，培根批判了三种错误：一是妄自尊大的错误，即认为自然法则早已为人们所认识，这种做法固然能赢得人们相信，却也同样有效的压熄和停止了人们的探讨；二是悲观失望的错误，即断言绝对没有任何事物是可解的，这种途径推进了理性对质的要求，但也是不可取的；三是在二者之间采取了折衷的立场，这种做法的错误在于"不曾应用什么规矩绳墨，而把一切诉诸艰苦的思维"。在此基础上，培根旗帜鲜明地提出了自己的看法："建立一系列通过准确性循序渐进的阶梯……我要直接以感官知觉为起点，另外开拓一条新的准确的道路，让心灵循意行进"，③ 即认识自然时，要借助科学归纳的方法，在行动中真正实现对自然的征服。培根通过一种非宗教的形式为科学技术的辩护，并试图把宗教和科学结合起来，用科学技术恢复人对创造物的真正意义上的统治——摆脱了上帝绝对统治的一种统治，实现支配自然观念的世俗化，使人们广泛接受新的支配自然的观念。培根尤其强调了知识的进步对于人类改造自然的巨大作用，知识是掌握自然奥秘的巨大手段，是通过认识自然而驾驭自然的巨大力量——知识就是力量。

由于控制自然的观念支配着人的行为，人的生产和消费行为无视自然的内在价值和自然的有限性，将自然资源看作是取之不尽、用之不竭的宝库，忽略了自然带给我们的审美、道德和情感的因素。当人的行为超越了自然所能承受的限度时，自然就开始对人类进行报复，以生态危机回馈人类。

2. 工业主义的意识形态

本顿认为，除了支配自然的观念之外，还流行着一种占主导地位的意识

---

① ［加］威廉·莱斯：《自然的控制》，岳长龄译，重庆出版社2007年版，第34页。

② ［英］培根：《新工具》，许宝骙译，商务印书馆1990年版，第4页。

③ ［英］培根：《新工具》，许宝骙译，商务印书馆1990年版，第6页。

形态——工业主义的意识形态。它是在资本主义工业化过程中自发形成的一种借助于产业革命实现资本主义技术变革、促进生产力发展的意识形态。资本主义的工业化以产业革命为开端，用大规模的机器大生产代替工场手工业，在社会经济的发展过程中逐渐取得支配地位，最终确立了占统治地位的资本主义生产方式，形成了以社会化的机器大生产作为物质条件、以生产资料的资本主义私人占有基础、以雇佣劳动为基本特征的社会经济制度。在本顿看来，这种意识形态是对资本主义社会特点的反应。

　　资本主义生产是以机器大工业为物质技术基础的社会化大生产，它以机器体系为基础，在不同的企业与部门之间、企业内部不同环节之间实行严密的分工协作。这种生产组织形式极大地提高了劳动生产率，促进了商品经济的发展，推进了科学技术的革新和应用，使整个资本主义生产力达到前所未有的发展高峰。资本主义生产的特点决定了其生产的直接目的和根本动机是追求剩余价值和超额利润，为此，他们千方百计地采取各种措施加强对工人的剥削、延长工人的劳动时间，增大工人的劳动强度、提高对工人的剥削程度，以便使工人在最短的时间里创造出更多的剩余价值。同时他们也想方设法地采用先进科学技术，扩大生产规模、开发新型产品、不断改善经营管理战略、提高劳动生产率。通过两个方面双管齐下来获得更多和更大的收益，对剩余价值和超额利润的追求成为推动资本主义生产发展的内在动力。然而，物极必反，资本家从个人利益出发安排和组织生产，忽略了他人利益和社会利益，这一生产目的又成为资本主义社会各种矛盾和罪恶的根源。工人劳动时间的延长的和劳动强度的增大、生产规模的扩大、劳动生产率的提高势必在无形之中增加原材料的使用和消耗，要想保证资本主义增殖生产的持续性，必须要有充足的自然资源和能源的供应。只有生产更多的商品才能获得更多的利润，更多商品的生产需要更多原材料的供应。在本顿看来，地球本身的承载力是有限的，存在自然的极限，在地球的承载范围之内，可以提供更多的资源和能源支撑资本主义社会化大生产的运转。但是一旦超过自然的极限，如果不适当地缩减生产，那么就会带来一系列社会问题。由于资本家自私自利的本性，不肯放弃对剩余价值和超额利润的追求，不会自觉地调整资本主义的生产组织形式，长此以往，生产成为目的，消费成为扩大再生产的手段，形成一种恶性循环，最终会造成难以承受的恶果。生态危机就是在工业主义意识形态和资本主义生产的双重压迫下爆发的。

资本家已经意识到环境问题对生产的制约性，为了缓解生态危机带来的不良后果，他们也采取了一系列措施来保护环境、治理污染，实现良性的循环再生产，但这些解决措施是以大量资金的投入为前提的，资金的投入会直接影响到资本家个人利益的获得。首先，过多的将资金投入到环境治理方面，会直接减少资本家获得的剩余价值和超额利润的数量，环境的治理使他们不能获得更多的经济利益，这是他们所不能接受的事情，他们很难心甘情愿的为环境治理买单。其次，环境保护和治污排污的各种措施不能为他们带来直接的经济利益。在生产过程中，资本家通过投入大量的资金获取更多的收益，实现钱生钱的循环。但环保措施的实施不仅不能直接带来更多的经济收益，反而成为扩大收益的限制，因为这些环保措施会提高生产成本，限制生产规模，直接影响到各部门劳动生产率的提高，阻碍剩余价值和超额利润的获得。如何在资源有限的前提下继续获取剩余价值和实现利润的最大化呢？资本家开始向落后的第三世界发展中国家转嫁生态危机。他们在这些国家建立生产成本低，但是污染严重的大工业，将本国严禁使用的产品转运到落后国家，将治理环境成本进行转移，造成落后国家的环境问题雪上加霜。同时为了解决当地资源短缺的燃眉之急，他们从落后国家低价进口一些初级农业产品、木材和矿物等资源，同时向落后国家高价出口一些深加工的工业制成品，通过低买高卖的方式获得更多经济利益。上述种种措施使得落后国家在遭受发达资本主义国家经济剥削的同时，也承受着生态剥削，因此，发达资本主义国家的经济剥削本质上也是一种无形的生态剥削。

本顿基于资本主义生产的目的和资本主义经济剥削的实质，在理论上衍生出一种工业主义意识形态，这种意识形态内含着一种资本的逻辑与自然的逻辑的内在对抗性，呈现出对环境的非友好性。遵循资本的逻辑就会瓦解自然的逻辑，超越自然的极限，服从资本主义的生产目的就会造成对环境的破坏性；而遵循自然的逻辑就会限制生产规模，增加生产成本，影响资本家的经济利益，摧毁资本主义生产的内在动力。也就是说，工业主义的意识形态和自然的极限思想是不能兼容的。本顿从生态中心主义的价值观出发，恰恰是要恢复自然的内在价值，承认自然极限的客观性，实现生物圈中人与自然的平等，这就决定了他必须要破除这种资本主义社会中占主导地位的工业主义意识形态。

第二节　对马克思"人类中心主义"的态度

针对本顿从生态维度对马克思历史唯物主义的批判与建构，实现马克思主义的绿化，格伦德曼提出重返马克思人类中心主义的立场，深入挖掘马克思主义的生态意蕴，倡导在历史唯物主义的框架内分析生态问题，肯定了马克思的思想能够为生态问题的解决提供深刻的洞见，并为马克思人类中心主义立场进行了积极辩护。本顿强烈批判了马克思的人类中心主义，强调了马克思劳动过程概念中被生产改造型劳动过程淹没的生态调节型劳动过程，突出了劳动过程的意向性结构。

一、格伦德曼为马克思的"人类中心主义"辩护

生态中心主义与人类中心主义是在人与自然关系问题上的两种对立观点。生态中心主义是生态伦理的一种理论形态——非人类中心主义，它承认自然的内在价值，强调生物圈的平等主义原则，倡导一种总体主义的方法论原则。人类中心主义是被广泛使用的一种价值尺度，它以人作为价值判断的主体，把人的利益作为道德判断的尺度。其发展经历了以宇宙为中心的宇宙人类中心主义、以神为中心的神学人类中心主义、强调人对自然的改造与控制的传统人类中心主义（强人类中心主义）和强调人对自然的适度利用的现代人类中心主义（弱人类中心主义）四种理论形态。

格伦德曼以生态平衡为例对生态中心主义和人类中心主义进行对比。他指出，生态中心主义者拒绝所有关于控制自然的话题，他们要求在一个对象的工具价值和内在价值之间做出选择，如果丢弃内在价值的话会导致对自然的破坏。但是这种做法自身却陷入了矛盾。原因在于：一方面，一个人能够把工具价值归于一个对象，而无需否认它具有超出利用价值的内在价值，仅仅把内在价值归于对象的话反而限制了对象被利用的方式，对象的价值具有多样性，不能仅仅强调的它的内在价值而否认了其他的价值属性和价值存在，这是一种非此即彼的知性思维方式，更不能以内在价值的利用否认对象其他价值利用的有效性；另一方面，对象内在价值与自然的破坏之间不存在着必然的因果关系，为了不破坏性地利用自然，所以把内在价值归于自然，这样一种因果关系在逻辑上没有必然性。要做到合理利用自然有多种多样的

途径，以承认自然的内在价值为前提，可以达到不破坏自然的目的。除此之外，我们可以从人的角度来进行考虑，人类有节制地、理性地对待自然同样也可以实现保护自然的目的。而这恰恰是人类中心主义的观点。生态中心主义者仅仅从客体自然的角度来考虑对自然的保护，没有从主体的角度来考察，未免有失偏颇。

同时，生态中心主义通常要求人类的行为要适应自然、尊重自然规律、遵从自然平衡。反思一下这种要求是否合理，这一要求的实现必须要首先确立自然的规律、自然的平衡、自然的本性。自然的规律、自然的平衡、自然的本性都属于自然在没有被破坏之前的标准状态。什么是自然的标准状态？生态中心主义者可能主张，自然的标准状态是一种和谐。可是自然为什么以一种和谐的方式活动，或者自然为什么总是美丽的？不是人类把美丽的规则引入自然吗？因而，它们的确立要关涉主体人，即人按照自身的需要和利益来确立。正如马克思在《巴黎手稿》中指出的一样，人类根据美丽的规则形成对象。而不以人为出发点，是无法确立自然的标准状态的。虽然从怀疑论的角度，对于自然规律究竟是自然客观具有的，还是人类在认识改造自然的时候赋予自然的？这是一个处于争议之中的问题。但是无论结果如何，这两者都要关涉人类。因为客观的规律需要等待人类来认识和利用，不与认知主体发生关联而独立存在的规律是没有任何意义的，人类主观地赋予自然界的规律更直接与人相关联。也就是说，自然标准状态的界定是一种与人类相关的行为，是一种与社会需要、快乐和欲望有关的人类界定。

自然的常态本身也具有多样性和复杂性，对于一种生态平衡系统的确立，我们很难简单地界定究竟哪一种状态才是真正意义上的自然常态。例如，一条河流由于洗洁剂的污染导致鱼儿无法存活，但是除了鱼类之外，其他的动物和植物（海藻）非常旺盛。面对这种情况，污染之前的河流还是污染之后的河流才是自然的标准状态呢？哪一种状态才算维持了自然的标准状态而不是破坏了它们？生态中心主义者可能会说，如果河流自身的能力不能恢复到之前的标准的状态，那么其生态系统就是失衡的。但在这样的争论中，它将只能揭示对更高级生活有机体的偏爱，而将低等的动物，如昆虫和细菌等排除在生态关注之外，这本身就违反了他们所倡导的生态平等原则。阿尔贝特·施韦泽试图始终如一地捍卫舌蝇、飞翔和瘤结的生活权利，尽管这种在道德和宗教方面激进的观点使得人类活动过程受限。格伦德曼进一步推进这一论证，以正在干涸的河流为例。河水干涸之后，仍然以沙滩、岩石、植物、昆虫、两栖动物、爬行动物和哺乳动物的形式拥有自然。生态中心主义者可能坚持认为，自然的多样性和复杂性正在被破坏。但这里面含蓄地包含着一种人类中心主义的观点，即人类有兴趣来保持自然的复杂性与多样性。

因此，格伦德曼得出结论：任何生态中心主义的方法一定是前后矛盾的，除非它采取了一种神秘的立场。因为它假装仅从自然的立场界定生态问题，它从所有的人类活动应该适应自然和自然规律这一假设开始，而这一假设必定与人类相关。也就是说，生态中心主义的理念背后必然包含着一种人类中心主义的出发点。人类兴趣背后的这种目的或者是一种审美的，或者纯粹自私的性格，或者他们来自于人类对环境的普遍关注。如果没有以一种狭隘的、经济的和短期的方式设想这种自私的目的，那么所有的标准能被简化为这一范畴。①

当然，格伦德曼也承认生态中心主义也具有合理性的一面，它深刻地揭示了近代人类的经济行为对自然的冲击力和破坏力，这一点是值得肯定的。但这种揭示是以排斥人类中心主义为目的的。生态中心主义认识到了人类经济行为中的短期合理性，但错误地将短期合理性等同于合理性本身，进而把所有的人类看作是目光短浅的，在逻辑上拒绝把人类中心主义的方法作为解决生态问题的指导，人类的需要不能被看作生态政治的标准。

在分析了生态中心主义具有合理性与缺陷的基础上，格伦德曼确立了人类中心主义的视角。他指出，人类中心主义并不必然带来生态问题，它有可能带来自然界的生机勃勃。② 也就是说，人类中心主义的观点非常有可能关注自然的繁荣，它绝不会成为引起生态问题趋向的帮凶。人类中心主义方法最大的优点在于提供了一种评价生态问题的参照点，这能以不同的方式加以界定，这里的"人类"包括现在生活的人类个体、社会、人类或未来的一

① Reiner Grundmann, "The Ecological Challenge to Marxism", *New Left Review*, Vol. 187, 1991, p. 115.
② Reiner Grundmann, "The Ecological Challenge to Marxism", *New Left Review*, Vol. 187, 1991, p. 114.

代。无论如何界定它，它确立了一种如何断定现存的生态现象的清楚标准。[①] 格伦德曼认为，马克思是一个人类中心主义者，他有人类中心主义的世界观，主要体现在马克思关于自然、自然与人的关系的论述中。

在格伦德曼看来，马克思的自然观具有现代性。马克思指出，"自然是非人格化的，自然自身没有目的，是人把自身的目的强加于自然"，[②] 这一界定与现代社会自然观的界定有一致性。现代自然观的确立得益于但丁和皮戈，他们打破了以往关于人的作用和地位永恒变化的传统观念，形成了人类积极改变自身和改变自然界的观念，把自然看作能够满足人类的需要和愿望的有用客体。这种思想传统深深影响了马克思，使他把科学技术和人的本质的实现联系在一起。[③] 格伦德曼指出，根据马克思的自然观，可以看出，他更加强调自然的工具价值，而忽略了自然的内在价值。但马克思并非没有认识到自然的内在价值，他清楚地认识到自然对于人类劳动生产过程的必要性，自然为一切生产活动提供物质资料，没有自然的帮助，人类寸步难行。那么，如何理解马克思所强调的自然的工具价值才能体现出他的人类中心主义视角，格伦德曼做出了进一步地解读，扩大了自然工具价值的内涵。他认为，自然的工具性价值包含审美的、娱乐的、文化的、道德的等一些其他要素。这种包含多种要素的工具价值有可能萌生一种生态意识，促使人们依据生态意识、立足社会现实和现代科学成果构建一种生态标准，并以此生态标准为尺度去展开生态批判。[④] 正是在这个意义上，马克思强调了自然与人的密切关系，自然是人的无机身体，如果人类要繁荣，这个身体必须也繁荣，人与自然是共生共荣的，这也表明了人类维护自然系统的生态平衡与维持自身的生存和发展具有一致性。

在此基础上，格伦德曼分析了马克思关于自然与人的关系的理论。他指出，一定要把马克思的思想和其他人关于这一理论的观点严格区分开来。关于自然与人的关系的争论存在两种主导性的观点：一种认为自然和人是和谐相处的，另一种认为自然和人是相互冲突的。和谐相处的理想状态令人向

---

① Reiner Grundmann, "The Ecological Challenge to Marxism", *New Left Review*, Vol. 187, 1991, p. 112.

② Reiner Grundmann, *Marxism and Ecology*, Oxford University Press, 1991, p. 62.

③ Reiner Grundmann, *Marxism and Ecology*, Oxford University Press, 1991, p. 59.

④ Reiner Grundmann, *Marxism and Ecology*, Oxford University Press, 1991, pp. 96 – 97.

往，但现实总是残酷的，自然与人总是充满斗争的。但这两种观点各执一端，都具有很大的片面性，马克思的理论超越了上述两种观点，他在《德意志意识形态》中强调，"人与自然既统一又斗争"。这种辩证的关系需要借助于劳动过程来实现，即以人与自然的物质代谢为中介。

格伦德曼把马克思的一些思想与当代一些关于生态问题的辩论联系起来，并在马克思的著作中找到的三种方法，所有这些方法都能与生态问题联系起来。第一种方法是资本主义生产方式的分析路径，第二种方法是把异化归罪于生态问题，第三种方法是对人与自然新陈代谢的分析路径。① 根据马克思资本主义生产方式、异化、人与自然新陈代谢的路径分析，格伦德曼突出和揭示了马克思的人类中心主义立场，确立了马克思主义和生态问题之间的联系，充分展示了马克思主义的生态维度，这有力地回击了本顿关于"马克思主义理论存在生态学空场"的论断，为其在马克思历史唯物主义的理论框架理解、分析和解决生态问题提供了有力的理论依据。

二、本顿强烈批判马克思的"人类中心主义"

本顿主要对马克思经济理论中一些存在问题的概念进行了分析，以清除这些概念中蕴含的一系列直接合并和模棱两可、以恢复人与自然之间双向互动的生态条件。劳动过程概念是他着重分析的一个概念，他的重要思路是劳动过程没有被充分理论化，与自然相关联的人类活动取决于条件、背景和中介的极限，它们没有被行为者改造或使用，而是在行为者的活动中被假设。② 格伦德曼无视本顿关于生产改造型劳动过程和生态调节型劳动过程的区分，认为马克思也意识到二者之间的差别，但本顿对于这种差别的重要性过于强调，并上升到理论的高度是没有必要的。本顿对两种类型的劳动过程中存在的意向性结构和非意向性结构进行了分析，重申生态调节型劳动过程对于构建马克思生态思想的重要性。

本顿非常赞成马克思对于劳动过程中人类改造能力的重视，因为在这一过程中，人类在尊重自然规律的基础上，能够有意识地操纵物质对象，并在

---

① Reiner Grundmann, *Marxism and Ecology*, Oxford University Press, 1991, p. 104.

② Ted Benton, "Ecology, Socialism and The Mastery of Nature: A Reply to Reiner Grundmann", *New Left Review*, Vol. 194, 1992, p. 59.

其中引起意向性的选择以展现人的目的和意图。例如工匠通过锯一块木头改变它的形状，工匠的技术作用于木头这种确定的物质材料形成一个具有意向性结构的劳动过程。一些唯心主义者和技术乐观主义者在其历史哲学理论中批判了这种作用于自然的意向性活动的特征，本顿由此构造出意向性结构的概念作为形成这种批判的方式，同时也作为发展可选择的劳动概念的一种方式。他认为，马克思劳动过程的意向性结构的范型是一种劳动使用某种工具在原材料中引起某种变化的范型。这种原材料已经经历了改造，现在实现了人类的目的，它拥有一种使用价值，劳动过程的目的是把原材料转变成使用价值。也就是说，通过人类的劳动改造原材料形成具有实用价值的产品，以此来体现人的劳动过程中的这种意向性结构——"原材料——改造——产品"，马克思把这种意向性结构作为一种普遍性的存在提出来，并非常重视这种广泛的意向性结构。本顿试图转向对其它形式的劳动过程的分析，即基本的占有和生态的调节。如许多在家务劳动标签下进行的活动——抚养孩子、保护健康、教育、培训和其他的活动——也是劳动过程，作为其预期的结果也有使用价值，但是没有产生"原材料——改造——产品"意向性结构。这些活动显然属于另外一种类型的劳动过程，即生态调节型劳动过程。在这种类型的劳动过程中，人类劳动主要专注于完善和维持一些有机变化发生的条件，例如：耕种、灌溉、使土地肥沃、除虫等，以便于使种子得到最佳的机会发芽、生长和稻谷、小麦等获得最大化产量。人类的劳动没有使得种子变成植物或者庄稼，但是确保了其自身产生有机变化的理想条件。[1]

本顿批判格伦德曼没有看到生产改造型和生态调节型劳动过程的重要差别，或者说马克思和格伦德曼都意识到了这种差别，但是没有充分认识到这种差别的重要性和重要意义，即它们是构建马克思生态理论的基本概念，而且人类的意向性结构有差别地根植于这两种类型之中或者与在这两种类型中的物理的、化学的和生物的条件、背景、中介相关联。例如，农作物有确定的气候耐受性，因此它们只能在某些地方生长，不能在其他地方生长。灌溉增加了进一步的限制，它们能依赖物种而生长，也依赖于当地的地质学特征。还有空间的限制，它们也是暂时性的条件——农作物是季节性的，气候

① Ted Benton, "Ecology, Socialism and the Mastery of Nature: A Reply to Reiner Grundmann", *New Left Review*, Vol. 194, 1992, p. 60.

也有季节性，它能把确定的时间规律强加于不同种类劳动工作的分布。他指出，相比之下木匠工作需要的时空条件相对不具体，木匠的劳动易受到有关强度、持续性和位置的调节形式的影响，一种广泛的生态条件将在农业劳动中限制它们。这是马克思已经提出但不能解决的农业资本积累模式中众所周知的不规则性，和一些现代农业系统的生态方面的影响一样，它们通过一种概念化的发展成为可以理解的。①

本顿进一步分析格伦德曼低估区分生产改造型劳动过程和生态调节型劳动过程的重要性，原因有二：第一，格伦德曼批判本顿否认生态调节型劳动过程的改造能力。本顿拒绝承认生态调节型的劳动过程自身是改造性的，因为准备好的土地完全不同于未接触的自然，农业生产是发生在准备好的土地上。在他看来，所有生态调节的一个历史前提条件是我们所谓的生态改造——烧毁或削减森林，建立灌溉水道，通过建立防波堤恢复海岸边界等——并没有被"原材料——改造——产品"的意向性结构吸收，它们并不依赖于作为人类生态调节活动的对象或条件的某一原始的、未接触的自然概念。由于本顿的生态调节概念非常明确地假定这种劳动过程发生在已经清除和准备好的土地上，并使用已经包含喂养和选择的过去劳动的种子和现有的动物，因此，他批判格伦德曼的观点不合时宜，格伦德曼的假定或多或少是一种社会组织的人类劳动和一系列条件、机械装置与过程相互作用的稳定的再生产模式，一些是先前各种人类劳动自身的成果。② 第二，格伦德曼认为本顿强调的自然对于背景条件、农场动物和农作物植物的生长施加极限或限制是混乱的和错误的，这一批评更加严厉和具有挑战性，因为他转到了支配自然和自然的极限等核心问题。③ 本顿认为，格伦德曼指出了技术革新将会推后自然施加的限制，如原材料的替代、新合成材料的发展、基因工程和信息技术等，而这些是与他的意图一致的，改造自然能力存在阻碍，人类不能随心所欲地对自然物质对象实施改造，这恰恰从否定的方面反证了自然的

① Ted Benton, "Ecology, Socialism and The Mastery of Nature: A Reply to Reiner Grundmann", *New Left Review*, Vol. 194, 1992, p. 60.

② Ted Benton, "Ecology, Socialism and The Mastery of Nature: A Reply to Reiner Grundmann", *New Left Review*, Vol. 194, 1992, p. 61.

③ Ted Benton, "Ecology, Socialism and The Mastery of Nature: A Reply to Reiner Grundmann", *New Left Review*, Vol. 194, 1992, p. 61.

极限对人类改造能力所施加的限制。

第三节 "支配自然"还是"适应自然"

格伦德曼深入分析了马克思的自然观,并对他所秉承的"支配自然"的观念进行了解读,赋予"支配自然"以积极的含义。在他看来,生态问题产生的原因并不是由"支配自然"的观念引起的,而是由于没有正确的"支配自然"或者对自然支配的不合理性,即不是由观念引起的,而是由行为(支配的方式不恰当)引起的。本顿将生态危机的根源归结为人类根深蒂固的"支配自然"的观念,并且认为马克思是这种观念的支持者和践行者,马克思的自然观是一种人类中心主义的自然观,他把人的规范和发明计划运用到自然活动之中,导致对自然的占有、侵犯和掠夺,生态问题的产生是自然对人类控制自然的报复。他提出以"适应自然"代替"支配自然"。

一、格伦德曼对"支配自然"观念的积极解读

格伦德曼公开承认马克思主张"支配自然",这一术语有多重表达方式:"control of nature""domination of nature""mastery of nature",它们所表达的含义基本上是一致的,可以替换使用,翻译成"支配自然"或者"控制自然"。虽然他不赞成生态中心主义者将其作为产生生态问题的根源,但是对于这一观念从古代到马克思的历史发展进程是认可的。他依据生态学马克思主义者莱斯对支配自然观念的历史发展梳理,从人类中心主义的视角解读了马克思支配自然观念的真实含义,并将这一观念与生态问题的分析和解决联系起来。

(一)支配自然的真实内涵

在《马克思主义和生态学》中,格伦德曼是从生态问题的界定开始研究马克思主义的。他所界定的三类生态问题——污染、能源的消耗和人口增长——主要是从社会的角度来界定的,生态问题主要是由社会因素引起的,所以生态问题的解决也必须在社会范围内才能得以解决。帕斯摩尔从比较宽泛的角度来界定生态问题:由于人类对待自然的现实后果引起的问题就是生

态问题。[①] 这一定义显然考虑到了自然本身也有产生生态问题的可能性，但格伦德曼认为，必须将人类对待自然的现实性后果与人类的利益联系起来，这种现实性的后果是对人类自身利益的一种损害，而不是为人类的现实活动带来积极的影响。人类对待自然有各种各样的方式，被生态中心主义者界定为生态危机原因的"支配自然"的观念只是人类对待自然的一种方式而已。因此，考察人类对待自然的方式是正确追寻生态问题根源的前提。

　　为了正确地理解人类对待自然的方式，必须以对自然的考察为先导，自然的属性对人类对待自然的方式会产生直接影响。格伦德曼认为，自然主义是关于生态研究的一种流行观点。厄克斯勒的自然主义设定了自然与社会的并列，并试图以社会规律适应自然规律来协调二者存在的矛盾，这就意味着从自然规律的观点解释社会，从生态规则中获得社会生活的规范和社会的组织原则。赫克尔提出"生态学"这一术语来表示分析有机体和其环境之间关系的科学，并宣称人类应该根据自然规律指导其生活。[②] 在格伦德曼看来，这种自然主义的世界观是一种生态中心主义的观点，并表现出一种政治化的趋势，即两者都把自然的权威和规律看作能够解决生态问题的新社会的基石。这种关于自然和生态问题的探讨都含有假设，而这些假设是以讨论者的背景为前提的，因而对自然的每一种描述都是其作者的一种建构，不是一个确定的主题而是一个争论的主题，只有与人发生关联的自然才具有意义。这种自然的自然被马克思称之为"第一自然"。

　　人类与动物相比具有很大的优越性，他能克服环境的制约性而在危险的环境中存活，如何存活？马克思的答案是：构建一个围绕人类的自然，称之为"第二自然"。这一人工的人造自然是他们与自然做斗争的必要性的体现，它是对人类在自然中、又要与自然斗争这一矛盾的适当解决。正如约翰·斯图亚特·米尔观察到的，自然的力量经常处于与人类敌对的位置，他必须通过力量和智慧从自然中夺取能为自己使用的东西。[③] 格伦德曼认为，马克思认识到了人与自然的双重关系：一方面，人类只有通过与自然的新陈

---

① 蔡华杰、林美萍：《控制自然与历史唯物主义的重构》，《武汉科技大学学报》2010 年第 6 期。

② Reiner Grundmann，"The Ecological Challenge to Marxism"，*New Left Review*，Vol. 187，1991，p. 115.

③ Reiner Grundmann，"The Ecological Challenge to Marxism"，*New Left Review*，Vol. 187，1991，p. 116.

代谢才能获得自己基本的物质生产和生活条件，人对自然具有依赖性，自然对人具有制约性；另一方面，人类以自己的利益和需要对自然进行占有、改造和利用，在劳动过程中，实现第一自然向第二自然的转变。

在格伦德曼看来，马克思的二重自然的思想来自于黑格尔和维科。黑格尔把物质世界叫做第一自然，它存在于人类之外，是一个无概念性的东西；人的世界是第二自然，它是在国家、政治、经济和法律等关系之中形成的，是绝对精神逻辑演进的一种具体形式。维科区分了自然史和人类史，认为人类史是人类自己创造的，而自然史是自然形成的。马克思剔除了黑格尔自然观中的唯心主义因素，恢复了第二自然与第一自然的关联性。第一自然是没有进入到人类实践活动领域的自然，它具有逻辑上的先在性和存在上的客观性，在人类进行实践改造活动之前就存在着。第二自然是进入到人类的实践活动领域、被人类的实践活动加以改造的自然，是带有人类劳动烙印的人化自然，它体现人对自然的两种基本形式——占有和改造。在人与自然的新陈代谢以及从第一自然到第二自然的转变中，马克思使用"支配自然"的概念。"更高形式的物质代谢要求使用特定的技艺，为了表征人类这种驾驭人之外的自然界的能力的这种特殊属性，马克思使用'支配自然'（domination of nature）一词"，① 这就是格伦德曼定义的马克思的"支配自然"。他认为，马克思已经给出了"支配自然"概念的最令人信服的表述，其"支配自然"的思想包含着积极的意义，人类确实在自然中生活并支配自然，但自然中的社会存在和他试图支配自然是可以共处的。

1. 支配自然是人与自然实现统一的选择

人与自然处于一种相互联系、相互作用的辩证统一关系之中。人类对自然具有依赖性，自然对人类具有制约性。人依赖于自然而生存，自然界为人的生存和发展提供了基本条件。通过提供衣服、食物、房屋、燃料等物质生活产品来维持人的基本生存需要，通过提供阳光、空气、动物、植物等来满足人的精神发展需要，人的精神生活和物质生活与自然界息息相关、密不可分。正如马克思所说的，人直接地是自然存在物，人是肉体的、有生命的、

---

① Reiner Grundmann, "The Ecological Challenge to Marxism", *New Left Review*, Vol. 187, 1991, p. 60.

现实的、感性的、对象性的存在物，他依靠自然而生活。① 自然的规律制约着人类的发展，人类既不能高居于自然之上，也不能远远超越于自然之外，他只能存在于自然之中，在自然的约束下生存和发展，脱离自然而独立存在的人类是难以想象的。

人的存在具有双重属性，不仅仅是一种受动性的自然存在物，还是一种能动性的社会存在物。自然对人的制约性与人对自然的能动性处于对抗交织之中，人为了获得高水平的发展和高质量的生存必须与自然进行持续不断的抗争，这种抗争的直接表现形式就是人要利用先进科学技术占有自然、改造自然、支配自然、管理自然，实现从自在自然向自为自然的转变。这种转变能够使人类逐步摆脱自然的限制性和自身的被动性，提高自身的发展空间，最终实现人的本质。因此，这种抗争是人类必须做出的选择，也是人类为了继续生存下去做出的必然选择。人既要在自然中获得生存，又要为了更好的生存与自然抗争，这种生存悖论的唯一解决就是要实现对自然的支配和控制，否则人就沦落为动物意义上的人，只能在地球的特定区域、特定气候中生存。这种选择是一种生存论选择，是人和动物的最根本区别。动物面对自然只能被动地适应自然，而不能能动地支配自然。为了实现人与自然的统一，唯一的选择就是支配自然，这是自然的先在性与人的能动性的高度统一。

2. 支配自然关涉人的利益和需要

格伦德曼指出，马克思的支配自然是具有价值属性的，描述的是人与自然之间的一种特定关系，"支配自然"重点不是"自然"而是"支配"。对马克思而言，支配概念只有在关涉兴趣和需要时才具有意义。支配作为一种能力，是指支配者（支配主体）按照给定的条件和目标，对支配对象（支配客体）施加影响的过程和行为，它主要涉及支配主体和支配客体两个方面。生态中心主义者过分看重这种能力所指向的支配客体，以及客体被支配以后对其自身所产生的后果，尤其是对客体自身产生的一些不良后果。因此，他们才把对自然的支配看作是生态问题产生的根深蒂固的根源，这显然强调了由于人类支配主体实施这种能力给支配客体带来了灾难性的后果。但在格伦德曼看来，这种仅仅强调对于支配客体产生负面影响的支配不是真正

———————

① 倪瑞华：《"支配自然"还是"适应自然"》，《思想战线》2010 年第 2 期。

意义上的支配，只有与支配主体的利益和需要相关联时才是真正意义上的支配。如上所述，由支配自然导致的所谓的生态问题不仅给自然带来巨大的灾难，而且对支配主体的影响更为严重，它导致人类社会生产和生活外部条件的破坏，直接导致了人类的生存危机。这种对支配主体和支配客体都产生负面后果的支配显然不是真正意义上的支配。对格伦德曼而言，当"支配"与人的需要和利益联系在一起时，它并不是一种毁灭支配客体的能力，更不是一种毁灭支配主体的能力，而是一种提升和促进支配主体的能力，是直接为支配主体的利益和目的服务的。

　　格伦德曼以希腊神话弥达斯的故事来具体说究竟什么是"真正的支配"。弗律癸亚的弥达斯国王从酒神那里获得一种点石成金的能力，能够让他触碰过的任何东西都变成金子。这一异能不仅体现了他的强大改造能力，而且也体现了他贪婪的本性。可是他万万没有想到，这种能力却带来了不堪设想的灾难性后果：他想吃的食物变成了金子，他想喝的水变成了金子，维持最基本的生存成为一种奢侈。甚至当他想爱抚自己的女儿时，女儿也变成了金子，亲情的交流都无法进行。所有触碰到的事物如他所愿都变成了金子，可是这一切对他而言没有任何意义，能够说他拥有真正的支配能力吗？这种能力既无法满足他的生存需要，也无法实现他对臣民的统治，反而变成了一种自我毁灭的能力。拥有并行使这种能力并不是真正意义上的支配，因为它没有给支配主体带来实际的利益，反而使其走向毁灭。在格伦德曼看来，只有能增强支配主体的力量，给他带来实际的利益，能满足他的目的的能力才是真正意义上的支配能力；反之，它没有增强支配主体的力量，没有给他带来实际的利益，不能满足他的目的，这不是真正意义上的支配。因此，"支配自然"的真正含义应该是通过对自然的支配增强人类的力量，给人类带来实际的利益，满足人类的目的。一个不能考虑其自然转变对社会造成的影响的支配根本不能被称为支配自然。

　　在上述分析的基础上，格伦德曼进一步指出，生态问题的产生并不是支配自然的后果，生态问题不仅造成了资源的枯竭和环境的破坏，而且给人类带来了巨大的生存危机。这种后果不是真正支配自然应该产生的后果，支配自然并不是生态问题产生的根源。他认为，人生活在自然中并支配自然，这并不是两个相互矛盾的命题。或许人们认为改造自然的后果引起生态问题，但是把这一论点继续向前推进就会发现，并非支配自然的行为引起了生态问题，而是支配自然的不合理的方式引起了生态问题，换言之，正是由于我们没有按照正确的方式支配自然才引发生态问题，支配自然应该成为我们解决生态问题的一个基本出发点。[①]

3. 支配自然与社会制度具有密切联系

在格伦德曼看来，马克思的支配自然和资本主义的支配自然存在本质的差别，资本主义方式的支配自然才是引起生态问题的罪魁祸首。资本主义的生产方式和生产目的决定了它在本质上是反生态的，为了攫取高额利润，满足民众虚假的需求和异化的消费，资本主义社会无限制地扩大生产规模，增加工人的劳动强度，这势必会加大对资源的开采和掠夺。当这种行为超过自然的极限时，自然界无力通过提供劳动资料来支撑整个资本主义生产的运转，就会产生严重的生态问题。资本主义制度的本质决定了它不可能实现对自然的真正支配。

格伦德曼把支配自然的观念与马克思的共产主义构想联系起来，他指出，马克思把其支配自然的概念与共产主义方案联系在一起：对他而言，共产主义是事件的一种状态，在其中人类能够充分地自我实现。所有自然和社会条件都是它们共同有意识控制的产物。因此，共产主义是对自然增加控制的过程的顶峰。[②] 既然生态问题的产生是由于人类还没真正的支配自然造成的，所以为了防止生态问题的产生，我们必须增强对自然的支配能力，只有共产主义社会实现人类对自然的真正意义的支配。马克思指出，"共产主义社会是联合起来的生产者，将合理地调节它们与自然之间的物质代谢，把它置于他们的共同控制之下，而不让它成为一种盲目的力量来统治自己。"[③]可以看出，马克思的支配自然是一种积极的力量，它与人全面发展和社会进步密切相联，共产主义社会是一个能够合理地支配然界的社会。因此，生态问题的解决是一种双重路径：不仅要实现社会制度的根本变革，还要实现支配自然的观念的变革。

通过将马克思的支配自然与人和自然的关系、人的利益需要、共产主义

---

① Reiner Grundmann, "The Ecological Challenge to Marxism", *New Left Review*, Vol. 187, 1991, p. 23.

② Reiner Grundmann, "The Ecological Challenge to Marxism", *New Left Review*, Vol. 187, 1991, p. 117.

③ 《马克思恩格斯全集》（第46卷），人民出版社2003年版，第928页。

社会联系起来，格伦德曼积极解读了马克思支配自然的观念，这不仅回应了本顿对马克思支配自然观念的指责，在理论上起到了正本清源的作用，而且还为人类解决生态问题确立了基本方向。

（二）友善地对待自然——人道地占有自然与理性地支配自然

根据格伦德曼关于生态问题的界定，生态问题是由人类对待自然的方式引起的，而不是由人类对自然的支配引起的，那么人对待自然的方式有哪些？依据人类对待自然的态度可以分为三种方式：敬畏、友善、粗暴，这三种方式与不同的社会制度之间有一种对应的关系。一般而言，远古的原始社会对自然是一种敬畏的方式，资本主义社会和现实社会主义社会对自然是粗暴的方式，未来共产主义社会对自然是友善的方式，但不是一种完全的对应关系。在远古的前文明时代以及原始社会的农业文明时代，由于受制于人类自身的条件和社会生产力的发展水平，在神话世界观和原始宗教的教养下，人们对自然界充满了惊异和敬畏，自然奥秘难以破解，自然规律没被发现，对自然现象的解释充满神秘主义色彩。在这种方式下，人类显然不能支配自然，人与自然之间保持着距离。资本主义社会和现实社会主义社会的工业文明时代，社会生产力获得长足发展，科学技术突飞猛进，人们的自我意识和自由理性充分实现，人们为了实现自己的利益和需要，开始粗暴地对待自然，对自然进行无限制地掠夺和破坏。人们自以为充分地实现了对自然的支配，实际上导致了自然对人类的报复，产生了严重的环境问题，在这种粗暴的方式下，自然是不受控制的，它以其人之道还治其人之身。在未来的共产主义社会，实现了人的全面自由发展，确证了人的自由性和创造性的本质，自然不再是人类实现自身目的的工具，而是实现了内在价值和外在价值的统一，不仅能够成为人类增强自身力量的工具，而且以审美的、道德的、文化的价值丰富着人们的生活。人类真正实现了对自然的支配，人与自然和谐相处，其乐融融。

格伦德曼在论述中仅仅涉及了后两种方式，并分别通过具体的比喻来论证他的观点。弥达斯国王点石成金的能力成为一种自我毁灭的能力，音乐家用铁锤敲打自己的乐器，这些都与以粗暴的方式对待自然的态度相同；音乐家用娴熟的演奏技巧演奏乐器与以友善的方式对待自然的态度相同。人类以粗暴的方式对待自然，想当然地以为对自然拥有绝对的支配权，无视自然自身的客观规律，带来的是人与自然的双重毁灭。人类友善地对待自然，实现对自然的真正支配，带来的是人与自然的和谐相处。

如何友善地对待自然？格伦德曼认为，我们应该人道地占有自然，理性地支配自然，两者是相辅相成的。马克思区分了人与自然关系的两种基本形式：占有自然和改造自然，占有自然的方式和改造自然的态度决定着人与自然的关系能否达到统一。只有人道地占有自然，理性地支配并改造自然才能实现这种统一关系。人道地占有自然是要实现人的主体性与自然的先在性的统一。人道地占有自然确立了自然的先在性。人是自然界的一部分，自然界是人类维持生存、获得发展的基础，没有自然的存在，就没有人类的存在，人类只有依靠自然界才能生活。就像马克思指出的，在实践上，人的普遍性表现为把整个自然界变成人的无机身体，既包括人类的物质生活资料，也包括人类的精神生活资料。人类必须同自然界进行人道的交往，繁荣自己的无机身体，夯实自己的生命基础。人之所以能同自然发生物质和能量交换，不仅因为自然本身就是人的活动的对象化，而且因为自然也要同人发生关系。人并没有创造物质本身，人的创造能力离不开自然的预先存在。人道地占有自然确立了人的主体性。主体性是人类在对象性活动中确证人的本质力量，并从主体出发通过各种方式利用和改造客体，它是一种自主性、能动性和创造性。人类对自然的占有并不是一种无意识的或者潜意识的占有，而是一种有意识、有目的地占有，这种意识和目的是人的主体性的体现。人作为自然一部分不是自然的人，而是处于一定社会关系之中的社会的人，人的主体性不是来自人的自然性，而是来自人的社会性。人的社会性表现为：人是一个现实的人，是认识的主体、实践的主体、社会历史活动的主体，他在认识活动、实践活动和社会历史活动中不断地把外部自在的自然转变为自为的自然，实现从人的无机身体到人的有机身体的转变，展现自身的能动性和创造性。

理性地支配自然是要实现人的内在要求与自然的外部极限的统一。格伦德曼认为，"支配"与"控制"意义相同，是在认识对象特征和掌握对象发展规律的的基础上进行合理的支配。首先，要在尊重自然的外部极限和客观规律的基础上支配自然。真正的支配自然不是一种粗暴的方式，而是要在不断认识、发现、尊重和掌握自然规律的基础上，通过利用和改造自然为人类带来实际利益。无视自然限制和自然规律的支配是一种野蛮的破坏行为，既没有真正发挥人的主体性，给人类带来益处，也没有给自然带来福音，而是一种双重的自我毁灭。正如恩格斯指出的，"我们控制自然界，决不像征服者统治异族人那样，绝不是站在自然之外，相反地，我们连同我们的血、肉和头脑都是属于自然界和存在于自然界之中的，我们对自然的全部统治力量，就在于我们比其他一切生物都要强大，能够认识和正确的运用自然规律。"[1] 因此，理性地支配自然与尊重自然是完全一致的，只有尊重自然，才能支配自然，没有尊重的支配是一种野蛮的破坏。

其次，要从人的尺度出发，以主体的方式来支配自然，使自然按照人的方式存在。人与自然是一种相互依存和相互制约的关系，不仅是具有被动性的自然存在物，更是具有能动性的社会存在物，他可以依据自身的能动性调节人与自然之间的关系。为了更好地生存和发展，人类必须充分发挥自己的主体性，按照自身的内在要求去支配自然，使自己的目的和需要得以实现与满足。动物仅仅利用外部自然界，简单地用自己的存在在自然界中引起改变；而人则通过他所作出的改变来使自然界为自己的目的服务，来支配自然界。动物只是按照它所属的那个种的尺度和需要来建造，而人懂得按照任何一个种的尺度来进行生产，并且懂得处处都把内在的尺度运用于对象。

针对本顿对马克思历史唯物主义的绿色批判与建构，格伦德曼通过追溯"支配自然"观念的历史发展，论证了马克思的人类中心主义自然观，并赋予"支配自然"以积极的内涵，提出通过人道地占有自然、友善地对待自然实现对自然的真正支配。他进一步回答了本顿提出的问题——假定历史唯物主义的基本概念和生态的方法具有一致性，为什么马克思主义者和绿党之间存在着巨大的张力？在格伦德曼看来，这个问题必须回到支配自然的主题上。绿党抛弃了对待自然的普罗米修斯主义的态度，把它作为所有罪恶的原因，祈求一种与自然之间新的和谐关系，赞成一种世界的生态伦理的发展。还有一些激进的生态基质主义者甚至主张彻底决裂对待自然的现代方式，回归到一种返璞归真的简单生活模式，并肯定了这种回归的可能性。这两种解决方式他都不赞成，就这些方法而言，他只承认马克思历史唯物主义的分析方法和批判精神对解决这一问题的有效性，改造自然的适当形式必须通过历史存在的人类文化加以确立和界定。因此，这一悖论并不能用对马克思自然

---

① 《马克思恩格斯选集》（第4卷），人民出版社2012年版，第383—384页。

极限的不充分认知加以解释，根本问题在于本顿对这一悖论的解决缺乏相关论述。他通常把生态问题还原为自然极限的问题，这使得他看不见生态问题的多样性——污染和其他多种原因。他没有充分论述马克思主义者和生态主义者之间的真正争端。格伦德曼认为本顿已经陷入一种生态推理的困境，他是20世纪晚期自发的意识形态——生态浪漫主义——的受害者。①

二、本顿以"适应自然"代替"支配自然"

本顿认为，能否实现人与自然之间的和谐共生，取决于人类对待自然的态度，究竟是以粗暴的方式对待自然还是以友善的方式对待自然。以粗暴的方式对待自然会导致人与自然之间的敌对关系，二元思维模式下形成的支配自然的观念就是一个例证；以友善的方式对待自然会造就人与自然的和谐共生。本顿倡导对劳动过程中的生态调节型劳动过程加以持续关注，对劳动过程中相对的或绝对的非操控性条件或要素给予明确的理论确认，以此实现由适应自然到支配自然的转变。

本顿以马克思经济学中的基本概念作为切入点，重点分析了抽象的劳动过程概念。他依据劳动过程中的目的结构将直接占有、农业、手工业和工业四种劳动形式划分为生态调节型的劳动过程和生产改造型的劳动过程两种类型。针对马克思将生态调节型的劳动过程内含于生产改造型的劳动过程、片面夸大人类改造能力的无限性的做法，本顿将生态调节型的劳动过程从劳动过程中独立出来，并纳入到人们的视野之中，凸显对生态调节型劳动过程的持续关注，把马克思的劳动过程概念向生态学进一步推进。在他看来，这种劳动过程依赖于自然给定的条件和不受人类有意操控的自然条件的影响，以物质对象为实用价值的原材料基地，由自然规定的组织结构或者物理过程对对象进行改造变形。它主要适用于使变形的条件有效地进行，它们自身是有机的过程，相对不受意图改变的影响。劳动的时间和空间的分配很大程度上依据劳动过程的背景条件和有机发展过程的节奏来确定。这样一来，本顿就修正了马克思劳动过程概念的缺陷，使得生产过程的背景条件与生态调节型劳动过程持续性生产的连续相关性得以体现。

---

① Reiner Grundmann, "The Ecological Challenge to Marxism", *New Left Review*, Vol. 187, 1991, p. 120.

在本顿看来，对劳动过程中相对的或绝对的非操控性条件或要素给予明确的理论确认与对生态调节型劳动过程的持续关注是一脉相承的，这种持续关注就体现在要给予劳动过程中相对的或绝对的非操控性条件或要素以明确的理论认证。他指出，生产过程中的自然条件分为两类：一类是受到操控的自然条件，如生物技术、基因技术等；另一类是不可操控的自然条件，如季节条件、气候条件、地理条件、资源的地理分布等。马克思的劳动过程只是突出了劳动在价值产生过程中的重要作用，无视不可操控的自然条件对生产过程的影响，甚至于把这些自然条件归诸生产资料的范畴。本顿清楚地意识到了自然条件，尤其是那些相对的或者绝对的不可操控的自然条件对生产过程的制约作用，因此，他在将劳动过程二分的基础上，从理论上明确了这些不可操控的自然条件存在的客观性，以及它们在生产过程中发挥的作用。

第四节　技术进化观与技术革新的生态意蕴

格伦德曼指责本顿混淆了技术中的可行与可欲，没有看到技术革新的重要性，即人类可以通过科学技术的革新、技术水平的提高、先进技术的运用对抗自然的限制，使自然的限制对劳动过程的制约作用向后推迟，从获得更大的经济收益。他认为，技术不是对自然的支配而是对人与自然之间关系的支配，正是这种能力使得技术自身、人类社会关系与自然机制之间的调节处于共同控制之下，它构成了社会主义生态优势的特殊希望。

一、格伦德曼的技术进化思想

格伦德曼通过对比技术与科学的异同、区分技术与科学和系统与环境之间的差别来阐发自己的技术进化观，并以此为基础对马克思的技术思想进行深层解读，肯定了马克思不是一个技术决定论者。

（一）技术与科学

格伦德曼认为，"技术是一种可以以进化的方式构想的社会——物质实体"。[①] 技术与科学有何差别呢？他指出，科学是同质的、能够被很好地加

[①] Reiner Grundmann, *Marxism and Ecology*, Oxford University Press, 1991, p. 147.

以界定的领域，活动或者交流是这一领域的基本要素，因而通过交流与对话，意义是可以被传播的。与之相反，技术是一个异质的领域，它主要处理在物质层面上如何重新组合世界的问题。[1] 如何理解技术与科学之间的关系？格伦德曼认为，技术与科学之间的关系并非像常识告诉的人们那样，它们之间相互作用、相互影响，但是究竟是技术在先还是科学在先？这并不是一个只言片语就可以回答的简单问题，人们对这一问题的回答莫衷一是，见仁见智。对于两者之间的关系究竟是强调二者之间的区别，还是强调二者之间的联系呢？他认为，正确的做法是强调技术与科学之间的区别。为了阐明技术与科学之间的区别，格伦德曼引入了梅茵兹的系统与环境的概念。梅茵兹对社会系统和社会技术系统加以区分，在他看来，由于组成技术体系的部分不单单属于社会，所以不能把技术作为社会系统来理解。[2] 按照这一区分，技术显然不能归入社会系统，政治、经济和科学可以归入社会系统。根据韦伯和努曼对政治的分析、舍勒对经济与科学的分析，格伦德曼认为，政治、经济和科学是具有相对独立性的社会系统，而技术却不具备相对独立性和自治性，只能将之归于与系统不一样的环境。因而，最后的结论就是科学属于社会系统，而技术属于环境。如何区分系统和环境？能够归入系统的属于系统，不能归入系统的属于环境，所以一个系统都把其他系统和环境作为自身的环境。

（二）技术和系统与环境之间的关系

格伦德曼只所以引入系统与环境说明其技术观的原因有四：第一，马克思的文献为他提供了启发与依据；第二，鉴于之前分析生态问题的原因提到人类行为的无意识后果，我们不能假定人类的计划行为总是会获得成功，面对一些认识的盲区，可以站在观察者的立场采用进化论的模式进行尝试；第三，有一些技术本身的内在因素会在一些特殊的场合决定着技术的发展过程，系统与环境对于我们理解技术与技术发展史不只具有类比作用，有时就是技术发展史的内在规律；第四，对系统和环境加以区分，将技术归之于环境可以限制技术研究中的个人英雄主义观点。[3] 分别属于系统与环境的技术

①　Reiner Grundmann, *Marxism and Ecology*, Oxford University Press, 1991, pp. 147 – 148.

②　Reiner Grundmann, *Marxism and Ecology*, Oxford University Press, 1991, p. 148

③　Reiner Grundmann, *Marxism and Ecology*, Oxford University Press, 1991, pp. 156 – 157.

与政治、经济、科学之间存在怎样的关系？格伦德曼认为，首先，技术会受到政治、经济和科学的影响，它由社会劳动创造出来，表现为工具、设备和机器，其中既包含有物质的因素，也包含社会的因素。[①]　其次，政治、经济和科学的发展会考察技术的特性，技术会制约政治、经济和科学的发展，"政治要直面危险技术的合法性问题，经济热衷于能够带来最大利润的技术，科学研究要以技术设备和研究基金为基础"。[②]　因此，技术的发展一定要与政治、经济、科学的发展保持一致。由于受到各种因素的制约，一项技术一旦被选定，通常就会被使用很长时间，而一项新技术的发明与传播也需要漫长的时间，因此，技术革新并非一蹴而就的，而是一个不断传播扩散，最终到达饱和的过程，格伦德曼把技术的这一特性称之为"技术发展的惯性"。在他看来，技术的进化发展呈现一种"树状分支"的模式，这是他在借鉴皮尔锐思想的基础上提出的技术进化观。

（三）对马克思技术观的解读

格伦德曼依据自己的技术进化观对马克思的技术思想进行解读。在他看来，由于马克思将技术视为实现人与自然之间物质代谢过程的中介，视为人类生活和自我实现的条件，使得他热衷于技术的研究。按照格伦德曼的解读，马克思以两种方式研究技术：第一种是以历史的方式考察技术发展史，解释技术的历史变迁；第二种是以批判的方式考察推动技术变迁的各种要素，实现对技术的批判。[③]　他认为，在达尔文进化论的启发下，马克思以生物器官进化的方式类比技术的历史变迁，将技术的发展解释为一种进化现象，格伦德曼称之为"技术进化观"。在考察技术与政治、经济、科学之间的关系时，格伦德曼指出，"马克思是知道经济和科学上相互作用的，然而，相比于政治对技术的影响，他高估了科学与技术之间的相互作用。"[④]他认同马克思是一位经济决定论者，将经济作为推动社会发展的动力，他也认同马克思是一位社会决定论者，将社会制度看作历史变迁的主要因素。但是他不认同马克思是一位技术决定论者。在他看来，技术决定论可以分为逻

---

① Reiner Grundmann, *Marxism and Ecology*, Oxford University Press, 1991, p. 149.

② Reiner Grundmann, *Marxism and Ecology*, Oxford University Press, 1991, p. 151.

③ Reiner Grundmann, *Marxism and Ecology*, Oxford University Press, 1991, p. 111.

④ Reiner Grundmann, *Marxism and Ecology*, Oxford University Press, 1991, p. 153.

辑意义的决定论和历史意义的决定论，每一种类型又可以进一步分为强的意义的决定论和弱的意义的决定论。所谓逻辑意义的决定论是指从静态的角度看，技术决定其他一切社会因素。强的逻辑意义的技术决定论是指一种特定的技术只存在一种由之决定的社会形态与之相对应，弱的意义的技术决定论是指一种特定的技术存在一系列与之相对应的社会形态。历史意义的技术决定论是指从动态的角度看，技术是社会变迁的唯一驱动因素。格伦德曼认为，马克思在考察工匠技术奴隶社会和封建社会的关系时、在强调资本主义的先进技术可以为未来共产主义服务时表现出弱的逻辑意义的技术决定论，在考察资本主义与现代大机器生产的关系时表现出强的逻辑意义的技术决定论。马克思用生产力与生产关系的发展变化来揭示历史发展的基本规律，并没有进一步将生产力与生产关系还原为技术，也不是历史意义的技术决定论者。① 因此，格伦德曼得出结论："马克思不是一位首尾一致的技术决定论者，只是有几次他用技术决定论的论调来补充论证他的理由。"②

二、本顿的科学技术革新的生态意蕴

格伦德曼认为，虽然人的意识无法操控自然的限制，但是人类可以通过科学技术的革新、技术水平的提高、先进技术的运用对抗自然的限制，使自然的限制对劳动过程的制约作用向后推迟，从而获得更大的经济收益。本顿从技术革新的生态意蕴角度，对这一观点进行了答复。

（一）技术革新的局限性

本顿认为，格伦德曼坚持技术革新的重要性是正确的，社会的进步和生产的发展都离不开先进科学技术的运用，但他否认保持生态调节型劳动过程的现实性是错误的。本顿承认他的生态调节实践设定了许多条件，确实是从技术革新的具体历史进程中抽象出来的，但是不能仅仅局限于技术革新对历史进程发挥的作用，不能只从社会关系的角度来考察，还要考虑到这一技术革新的生态意蕴。他指出，农业劳动中包含着某些自然条件的不可操控性，这种不可操控性首先是一种相对的不可操控性。但由于我们可以对劳动过程中的社会技术组织加以调整，所以，这些自然条件是给定的，劳动过程要尽

① 陈学明：《谁是罪魁祸首：追寻生态危机的根源》，人民出版社 2012 年版，第 348—349 页。

② Reiner Grundmann, *Marxism and Ecology*, Oxford University Press, 1991, p. 162.

可能地适应这些不可操控的自然条件。他以北大不列颠山丘农场的社会经济和生态危机的争论为例进行证明。农场主通过增加羊群数量的方式来应对绵羊的低市场价格，由于地质学的限制，导致过度放牧，过度放牧正在威胁着这些农场主的生活，他们通过一系列举措来做出反应。给予地质学限制，导致了一连串的连锁反应：放牧密度的增长——山丘牧场的生态指数下降——降低将来动物的放牧质量。在本顿看来，对于特定的绵羊养殖社会技术组织，在资本主义经济中强加于农场主身上的经济计算形式与作为生态调节型劳动过程维持绵羊养殖需要的计算形式相互冲突矛盾。现行的生态条件、可获得土地的数量、放牧的质量等是饲养能繁殖的绵羊的一种生态自然限制。因此，对于目前劳动过程的社会技术组织而言，这些都是其中不可控的自然条件，它们决定着生态结果和经济效益，必须对这些自然条件加以适应，而不是运用技术革新加以改造。①

本顿认为，通过技术革新把自然的限制推后可能暂时会获得可观的经济收益，但是事实并非总是如此。根据上述例证，通过施肥或者引进新的牧草品种的方式来提高山丘放牧的质量是可能的，但是一种新的绵羊饲养技术的成功引进却涉及很多因素，如它在新环境中的耐受性问题、能否在一种密集的工场养殖方法中生存下来等。这些问题的解决取决于农业研究中的资金和优先权的偶然性，取决于有关问题本身的科学技术困难、特定的技术解决的有效性、农场主获得必要资本纳入其养殖实践等，它们环环相扣，密切相关，任何一个环节出现问题，都会影响技术革新的实际效果。本顿进一步指出，这种新形成的山丘养殖劳动过程中的社会技术组织将会面对一种新的社会经济和生态限制结构：施肥量可能会污染水的供应，放牧密度的增大可能会助长绵羊疾病和寄生虫的传播，或者在绵羊的社会行为中导致不可预见的变化，或者会遇到不可预料的恶劣天气条件，各种不可操控的自然条件对劳动过程的限制都有可能存在。但作为一种生态实践，劳动过程中存在的非意向性结构并不能被社会技术的改组所超越，新的技术革新相应地会产生新的限制，它以一种不同于生产改造型劳动过程的方式将人类劳动与其中不可操

---

① Ted Benton, "Ecology, Socialism and The Mastery of Nature: A Reply to Reiner Grundmann", *New Left Review*, No. 194, 1992, p. 62.

控自然条件有意地连接在一起。[①]

(二)技术革新的适应性

本顿反驳了格伦德曼支配自然的比喻，指出了技术支配的局限性。支配和控制自然的观念是生态问题产生的直接根源，这是本顿一直坚持的观点，这种意识形态使得西欧和东欧遭受巨大的经济损失和生态灾难，尤其是在苏联遗传学臭名昭著的李森科事件中发挥着作用。李森科在1848年列宁苏联农业科学研究学院的会议上致辞，以米丘林的名言"我们不能从自然中等待恩惠，我们必须从自然中夺取恩惠"开始，他指出："在他们的调查中，米丘林主义者把达尔文的进化论作为它们的基础。但是达尔文理论本身对处理社会主义农业的实际问题是绝对不充分的。这就是为什么当代苏联农业生物学的基础是按照米丘林和威廉的学说改造的达尔文主义，并由此转变为苏联的创造性的达尔文主义。……达尔文主义不仅被清除了其缺陷和错误，而且被提高到一个较高的水平，从一种主要解释有机世界的过去历史的科学转变成一种系统控制活生生的自然的有创造性的高效方式，使其为实际需要服务。"[②]

格伦德曼认为上述的"支配"不是真正意义上的掌握或者统治自然，统治自然不是破坏自然，自我毁灭的能力并不是一种统治，也就是说，对自然的支配和控制不能包含着毁灭或者通过不可预见的后果危及自身的存在。他通过形象的比喻来为真正意义上的"支配自然"辩护：我们对自然的支配关系就如同一个优秀的小提琴手对于乐器的熟练精通。本顿认为，发展这一比喻将有利于普遍的统治观念的探究。他指出了这一比喻存在的明显困难。其一，小提琴的演奏并不包含人和自然之间的物质代谢，也不能涵盖马克思所界定的人与自然关系的基本特征。小提琴演奏的时候，它被占有或者改变，它独立于与自然相关联的所有人类活动。其二，小提琴是一种人工制品，它通过被改造的自然材料来满足人类的目的，它是满足目的的工具或者手段，在这种意义上，我们能把自然想当然地看作一件实在的或潜在的手工

---

① Ted Benton, "Ecology, Socialism and The Mastery of Nature: A Reply to Reiner Grundmann", *New Left Review*, No. 194, 1992, p. 62.

② Ted Benton, "Ecology, Socialism and The Mastery of Nature: A Reply to Reiner Grundmann", *New Left Review*, No. 194, 1992, p. 63.

制品吗？显然不能。在与自然相关联的人类意向性活动中，劳动过程中涉及的某些自然条件、背景等的不可操控性表明，作为人类意志工具的自然概念是不连贯的。在这个比喻中，小提琴手对于乐器的熟练精通并不会产生自我毁灭的能力，并不能说明人与自然之间的这种支配的关系合法性与正当性，因此，格伦德曼的这比喻是一种无效的辩护。

在此基础上，本顿以技术对气候系统和太阳辐射能量的影响为例说明任何未来的技术必须要对这些不可控条件产生一种适应性，而不是依靠技术的革新去改变这些条件。他认为，人类要想在地球上保持连续性的生活，必须要以具有相对极限的一系列自然条件为前提，尽管在保持生存持续性的过程中，人类会通过一些行为对自己的生活进行安排和部署，这种部署是人类意图性结构的一种体现，它可能是预见性的和可控制的。但是这种情况与气候系统的不可操控性是不同的。大规模的全球气候系统与产生周期性模式、地球和时间的变化性、机械装置和过程的复杂性的结合等因素共同对人类技术控制设置一系列重要障碍。本顿指出，人类根本不能实现对太阳辐射和气候系统的完全控制。他借用罗伊·巴斯卡在《科学的实在主义理论》中关于开放与封闭系统区分的认知、科学技术意义的分析来加以说明。在巴斯卡看来，这个世界是有差别的，科学自身可能性的条件使得这个世界是分层的，即自然界对于大量可感知的事件是不可还原的。规律并不是经验一致性的陈述，而是描述了因果机制的趋势，它在观察者可得到的规则事件序列的形式中可能或者不可能被实现。实现技术控制需要和这种因果机制隔离，它们来自与其他机制相互作用的干扰事件。只有在封闭系统中才能引发或者调整这一机制产生可预料的或者预期的结果。本顿认为，巴斯卡的这种实用主义观点给予我们一种更清楚地思考人类调节自然时什么变化和什么不变的方式。无论我们探究的物质结构如何深入，它仍旧是在一个更深的结构层次上假设因果力量和结构的恒常性，并被深层次结构的自然所限制。[①]

（三）技术的可行性与可欲性

本顿反驳格伦德曼指责他混淆了技术中的可行与可欲。他认为，人类支配自然的工具主义概念和技术具有无限推迟自然限制的可能性，以及无限控

---

① Ted Benton, "Ecology, Socialism and The Mastery of Nature: A Reply to Reiner Grundmann", *New Left Review*, Vol. 194, 1992, p. 66.

制的观念、控制所有自然和社会过程的可能性简直是不可想象的。格伦德曼引用本雅明的论述加以论证：技术不是对自然的支配而是对人与自然之间关系的支配，正是这种能力使得技术自身、人类社会关系与自然机制之间的调节处于共同控制之下，它构成了社会主义生态优势的特殊希望。这一陈述的立场实际上和本顿的观点是一致的。所以，本顿重申他没有混淆什么是可行的和什么是可欲的。只是由于他和格伦德曼的价值立场存在差别，才导致观点的分歧。①

在此基础上，本顿将技术分为"适应性技术"和"改造性技术"两种："适应性技术"没有超越自然对生产力发展设定的限制，强调了不可操控的自然条件和因素对于劳动过程的适应性；"改造性技术"超越自然对生产力发展设定的限制，忽视了不可操控的自然条件和因素对于劳动过程的适应性。根据本顿对马克思劳动过程概念的二分，"适应性技术"对应着生态调节型劳动过程，"改造性技术"对应着生产改造型劳动过程。生产改造型劳动过程体现出人类改造自然的目的性，它遵循着内在的目的结构，通过劳动工具的使用，实现劳动对象的变形，凝结在具有实用价值的产品中来体现人们的目的需求。这种变形是改造自然的一种体现，为了实现劳动对象变形，必须要突破和超越自然对劳动过程的限制和制约，运用改造性技术。生态调节型劳动过程以自然的既定条件为界限，试图在自然允许的范围内实现其内在的意图结构，这种生态的调节是一种适应自然条件的表现。由此本顿提出，以对自然的适应代替对自然的改造，与此相对应，由适应性技术代替改造性技术。

由于马克思把劳动过程看作一个超越历史的抽象概念，过分强调生产改造型劳动过程和"改造性技术"，突出人的改造能力，从而使得其理论缺乏生态学的维度。为了构建真正生态意义上的绿色唯物主义，本顿把理论重点放在生态调节型劳动过程和"适应性技术"，并且以"适应性技术"代替"改造性技术"。尤其是一些难以人工介入的自然因素（地理、地质和气候等），它们是不受人有意识操控的自然条件，对于这样一些背景条件，人类只能适应，这种技术的应用就是适应性技术，它不仅具有一定的持续性，而

---

① Ted Benton, "Ecology, Socialism and The Mastery of Nature: A Reply to Reiner Grundmann", *New Left Review*, Vol. 194, 1992, p. 67.

且也反映了人类生态学的基本特征。正如他指出的，"通过对劳动过程中相对的或绝对的非操控性条件或要素给予明确的理论确认，使人们认识到能够超越自然施加的限制的技术与面对自然条件对意向行为的专横而提高适应性的技术之间的区分。……聚焦于提高适应性技术的策略也是一种解放，它比在文明中占主导地位的改造型技术更具有持续性。"[1]

本顿的这种观点体现了技术革新的生态维度。技术是人与自然发生关系的中介，也是人类对自然进行改造的工具。科学技术的进步与革新会带来生产力的极大发展，也会带来人们精神生活质量的提高，但是与此同时，科学技术的不恰当使用会带来严重的环境问题和生态危机。资本主义社会的生态危机现状就是科学技术不当使用的一个例证。本顿充分认识到技术的两面性，提出具有生态维度的技术革新观，十分重视各种不可操控的自然条件对于劳动过程的制约作用和劳动过程对这些条件的依赖性，提醒人们不要对技术革新带来的经济效益沾沾自喜，而忽视它所造成的毁灭性的生态效应。对于技术要明确区分出可欲的技术与可行的技术。可欲的技术充分考虑到了技术革新和使用的各种可能性，既包括可以预测和控制的后果，也包括不可预测和不可控制的后果，在各种可能性中进行利弊权衡，最终付诸实践达到相对最为理性的效果。可行的技术是一种无视技术后果的技术，它只考虑技术的可行性，而不考虑这一技术的实施所带来的各种后果，只考虑做与不做的问题，而不考虑应该与不应该的问题，这种可行性技术的使用有可能会演变成为人类的一种自我毁灭的恶果。

总之，在本顿看来，无论人类如何向自然展现自己强大的改造能力，自然界中总有一个不可逾越的界限对人类的改造活动产生制约，我们无法借助于先进的技术滞后或者取消这个限制，在技术的使用中既要看到它所带来的巨大经济利益，又要考虑到它所造成的生态环境问题，技术的可行性并不等于实际的可行性，技术只能适应自然，而不是超越自然的限制。

---

[1]　Ted Benton, "Marxism and Natural Limits: An Ecological Critique and Reconstruction", *New Left Review*, Vol. 178, 1989, pp. 79-80.

第六章 本顿生态学马克思主义思想的理论评析

　　本顿的生态学马克思主义思想具有重要的理论价值，它提供了认识和解决生态问题的新视角，确证了马克思生态自然观的当代价值，拓展了马克思历史唯物主义的视域，呈现了强烈的时代感和现实性。但他在科学技术认识上的片面性、生态社会主义理想的乌托邦色彩和"人类中心主义"意识的弱化也使得其思想具有一定的局限性。其思想对我国生态文明建设具有积极的启示意义，我们可以通过树立和谐的生态文明价值观、加强自然生态系统和环境的保护力度、发展循环经济的生产方式、实现科学技术发展的生态化来不断大力推进我国的生态文明建设。

第一节 本顿生态学马克思主义思想的理论价值

　　生态学马克思主义是西方马克思主义的新兴流派，代表了西方马克思主义的最新理论动向和发展趋势。本顿作为马克思主义的信奉者，积极致力于探求红绿政治联盟的理论基础，以生态中心主义价值论作为哲学理论基础，实现社会主义的绿色化，从而形成了独具特色的生态学马克思主义思想，开启了英国生态中心主义马克思主义的理论先河。他对马克思历史唯物主义的绿色批判与绿色建构拓展了马克思历史唯物主义的生态学视域，对自然极限的解读和不可操控的自然条件的强调再次确证了马克思生态自然观的当代价值，其生态学马克思主义思想的生态中心主义倾向开启了当代认识和解决生态问题的新视角。

一、拓展了马克思历史唯物主义的生态视域

生态学马克思主义的问题域是实现西方绿色运动与马克思主义理论的结合，通过探寻生态危机的根源，将绿色运动引向激进的生态政治变革，建构绿色社会主义的生态政治目标。因此，马克思的历史唯物主义理论是其实现变革的思想基础，历史唯物主义与生态学之间是否具有一致性或相关性是其解决问题的出发点和立足点。在本顿之前的生态学马克思主义学者通过各种不同的路径开启了历史唯物主义的生态学视域：以福斯特和佩珀为代表的理论家肯定马克思历史唯物主义与生态学的相关性，承认生态学的思维方式内含于历史唯物主义之中，强调历史唯物主义观点、立场和方法对于当代生态危机的分析和解决仍然发挥着重要作用，在历史唯物主义的基本框架内就能够充分解决生态问题，因为它本质上是一种生态的唯物主义哲学。以阿格尔和奥康纳为代表的理论家否认了马克思历史唯物主义与生态学的直接相关性，认为生态学的思维方式并不内含在历史唯物主义之中，但是两者之间并非是相互矛盾和相互冲突的，可以采取不同的路径对历史唯物主义进行生态学的构建，重新恢复它分析和解决当代环境问题应发挥的作用。后者的做法实现了马克思历史唯物主义生态学视域的开启。

本顿遵循了生态学马克思主义的理论传统，也是以历史唯物主义为理论指导来阐述其生态学马克思主义思想的，并在前人的基础上进一步拓展了马克思历史唯物主义的生态学视域。他充分肯定了马克思主义的理论价值，将之视为实现红绿政治联盟的希望之源，但是通过仔细阅读《政治经济学批判导言》《哥达纲领批判》《德意志意识形态》《资本论》（第 1 卷）《1844年经济学哲学手稿》等一系列著作，本顿敏锐地发现了其中所包含的模棱两可、含糊不清和前后不一致的地方即"资本主义经济理论的某些关键概念包含这一系列相关的合并、不精确和空隙，这些合并、不精确和空隙使得这一理论不能充分概念化人类满足需要与自然相互作用的生态条件和限制"，[①] 它严重地影响了历史唯物主义作为一种生态政治学资源具有的潜在理论价值。为了充分发挥马克思历史唯物主义对绿色生态运动积极作用，缓

---

① Ted Benton, "Marxism and Natural Limits: An Ecological Critique and Reconstruction", *New Left Review*, Vol. 178, 1989, p. 63.

解马克思主义与生态运动之间的尴尬关系，本顿指出，必须从生态学的视角对历史唯物主义进行批判。在他看来，马克思的历史唯物主义是一种"生产主义"和"普罗米修斯式"的历史观，它对自然持有一种人类中心主义和工具主义的态度，对资本主义生产的历史作用和科学技术持一种乐观态度；马克思生产理论把参与价值生产的自然条件排除在外，过分关注生产理性，完全无视环境理性；马克思片面强调了生产改造型劳动过程，过高地估计了人类改造自然能力。

本顿的生态批判是一种解构，在解构的基础上还要进行积极地建构，他的解构是手段，建构才是真正的目的。因此，在生态批判的基础上，他根据马克思和恩格斯原有的生态思想，着手从生态学维度对其进行建构，倡导建立一种具有生态可持续性的历史唯物主义的可能性与必要性。马克思和恩格斯著作中所体现的生态思想为这种建构提供了可能性。本顿以马克思恩格斯著作中的一些生态观点为原材料对历史唯物主义进行生态维度的建构；主张重新评估"自然条件"的概念，把它整合到生产理论中，成为生产力的一个组成部分，实现生产过程和生态过程的结合，建构生产理性与环境理性并重的绿色生产理论；倡导生态维度的技术革新，既要看到技术的经济效应，也要看到技术的生态效应；提出对自然进行多层次多维度的理解，看到表层次的自然和深层次的自然，通过详细分析马克思的劳动过程的概念，根据意图结构区分了生产改造型劳动过程和生态调节型劳动过程，并提出以"适应自然"代替"支配自然"的基本立场。最终，本顿通过一系列概念的修正来解决问题，经过修正之后的经济理论的基本概念实现了向历史唯物主义的重新回归，可以更好地发挥历史唯物主义对资本主义生态危机进行分析和解决的工具价值，实现对资本主义生产的全面和彻底批判。

基于本顿上述对历史唯物主义批判与重建的过程，可以看出，他的重建既不同于他之前的阿格尔从生产领域的经济危机理论到消费领域的生态危机理论的路径实现对历史唯物主义的重建。不同于奥康纳通过文化维度和自然维度的引入，强调文化、自然与劳动三者之间的密切关系，形成文化唯物主义哲学，实现对马克思历史唯物主义的重建。不同于戴维·佩珀通过比较马克思主义与生态中心主义两者之间的差异，揭示马克思历史唯物主义的生态意蕴。不同于福斯特通过阅读马克思的经典文本对历史唯物主义进行理论定性——马克思主义是生态的唯物主义哲学。也不同于他之后的格伦德曼将马克思主义界定为一种人类中心主义，通过区分"生产力增长"的经济含义和哲学含义，实现对历史唯物主义的重建。不同于乔纳森·休斯从环境伦理学中存在的人类中心主义和非人类中心主义的环境评价框架出发，将马克思主义定性为一种宽泛的或者扩展的人类中心主义，从而阐发马克思历史唯物主义与生态学的相关性。本顿独辟蹊径，以实事求是的态度分析了历史唯物主义与生态学之间存在的"裂缝"，"普罗米修思主义"的历史观和"唯生产力论"使得其不能与生态学兼容，而历史唯物主义中的人与自然的辩证关系理论与生态学又具有一致性，这就使得将二者结合起来既有必要性，又有可能性。本顿从人类中心主义的价值观出发，通过对马克思劳动过程概念的修正、对"适应自然"和"适应性技术"的重申、对"自然条件"概念的重估、对生态理性的强调、对生产过程中不可操控的自然条件的重视，走向一种绿色的历史唯物主义，重新恢复了马克思历史唯物主义分析和解决当代环境问题的有效性，更好地发挥了历史唯物主义对资本主义进行生态批判的工具价值，从而在原有的基础上进一步拓展了历史唯物主义的生态学视域。

二、确证了马克思生态自然观的当代价值

马克思的自然观本质上是一种生态自然观，其突出表现就是强调人与自然之间的辩证关系，肯定人与自然的和谐统一与共生、共存。一方面，他肯定了自然的优先性与被动性。从历史发展的进程来看，自然史的进程在时间上要先于人类史的进程，自然的存在对于人类的存在具有优先性，它是人类产生的外部条件。虽然自然的存在对于人类来说是不可或缺的，但它并不能孤立地存在着，完全脱离人类存在的自然是没有任何意义的。在人与自然进行物质交换的过程中，自然界作为一个客观存在物，是引起人们需要的对象，是确证和表现人的本质力量的对象，是人们认识、利用、改造、甚至掠夺的对象，自然的价值只有通过人类的作用才得以体现。另一方面，它强调了人的依赖性和能动性。人的生存与发展对自然存在着依赖性，自然为人的生存提供了基本物质资料和生活资料，为人的发展提供了丰富的精神食粮。人作为自然的产物，要受到自然界客观规律的约束，必须在自然规则的制约下获得自身的生存与发展，离开自然的供给，人类是无法生存的。同时，人是一种社会的存在物，在理性力量支配下，人在自然面前并非是无能为力

的，而要充分发挥自身的主观能动性，认识自然、改造自然来实现自己的利益，利用自然为自身谋求更多的幸福。自然对于人类具有优先性，人类对于自然具有依赖性；自然对于人类具有被动性，人类对于自然具有能动性，人与自然处于相互作用、相互联系的辩证统一关系中，人与自然是被动性与能动性的统一，最终，实践成为实现人与自然辩证统一关系的中介和基础。

本顿针对从人类中心主义立场出发片面强调人的能动性和自然的被动性的做法予以纠偏，重申了自然的优先性和人对自然的依赖性。在生态危机根源的探寻过程中，以本顿为代表的、持生态中心主义倾向的生态学马克思主义者，将几千年以来根深蒂固的人类支配自然的观念看作生态危机的根源。在他看来，自然界是人赖以生存和发展的外部环境，必须具有一种先在性，这是一个先决条件，因此，人首先表现为一个自然存在物，在自然中生活，受到客观自然规律的制约。但人不仅是一个自然存在物，而且是一个社会存在物，具有理性，能够自由选择，当人类面对自然的时候，这种支配和控制的欲望便油然而生，人类仅仅把自然视为一种工具，忽视自然的内在价值，以一种工具主义的态度利用和改造自然。这种无限扩大人的能力、高扬人的内在价值、以一种世界主宰者的态度自居的倾向逐步演化成一种人类中心主义的立场，以是否有利于人的活动来衡量人之外所有事物的价值，以是否对人有用来取舍事物。这种态度伴随着社会理性化进程得以推进，当对自然的工具主义态度和人类中心主义立场被无限放大，成为最高标准时，工业文明社会的灾难便接踵而至。

在重申自然的优先性和人的依赖性的基础上，本顿进一步通过对自然进行多维度的解读，肯定了自然极限的客观存在。在他看来，自然表现为表层自然和深层自然两个层次，表层自然是我们周围可以观察到的世界，我们可以体验到生态系统的特征；深层自然是我们无法直接观察到的，在我们身体内部和我们周围的非人世界之中存在着许多不可见的过程和在这些自然过程中不可见的规则和机制，这些看不到的实体、过程和规则、机制直接决定着我们对自然施加干预的限度和可行性。① 这种划分具有很大的辩证性，既承认人类改造自然能力的客观性，它体现在对表层自然的认知和改造上，又没

① Sandra Moog & Rob Stones, *Nature, Social Relations and Human Needs: Essays in Honor of Ted Benton*, Palgrave Macmillan, 2009, p.164.

有片面夸大人的改造能力，看到了人类改造能力的有限性，它会受到深层自然的限制，受到控制自然过程中不可见的规则和机制的约束。这种划分实际上承认了人们的改造能力会受到劳动生产过程中自然极限的制约。因此本顿指出，实现自然与社会联系的相对化，对社会经济生活的每一种形式必须根据它自身具体的背景条件和限制加以理解。这些条件和限制有真正的因果重要性，它使一系列社会实践和不能以其他方式发生的人类目的成为可能，也为他们的持续性确立界限和限制。①

本顿将生态调节型的劳动过程从劳动过程中独立出来，并纳入到人们的视野之中，凸显出对生态调节型劳动过程的持续关注，使得生产过程的背景条件与生态调节型劳动过程持续性生产的连续相关性得以体现。同时，他还对劳动过程中相对的或绝对的非操控性条件或要素给予明确的理论确认。他指出，生产过程中的自然条件分为两类：一类是受到操控的自然条件，如生物技术、基因技术等；另一类是不可操控的自然条件，如季节条件、气候条件、地理条件、资源的地理分布等。本顿清楚地意识到了自然条件，尤其是那些相对的或者绝对的不可操控的自然条件对生产过程的制约作用，并从理论上明确了这些不可操控的自然条件存在的客观性，以及它们在生产过程发挥的作用。

基于本顿的上述分析，可以看出，他通过重申自然的优先性与人的依赖性，将之与人的能动性和自然的被动性结合起来，将人与自然的关系统一起来，将自然的解放与人类的解放联系起来，以实现自然、经济、社会的协调发展和良性互动为目标，向着人与自然和衷共济、和谐统一的、具有生态可持续性的绿色社会迈进，以实现人的全面自由发展、社会的长足进步和人与自然的和解，这就进一步确证了马克思生态自然观的当代价值。

三、开启了当代认识和解决生态问题的新视角

人们价值观与世界观的差异直接影响着生态问题的理论分析和最终解决。由于在人与自然关系问题上存在针锋相对的人类中心主义和生态中心主义两种立场，这就直接影响着生态学马克思主义学者的理论认知。一般而

---

① Ted Benton, "Marxism and Natural Limits: An Ecological Critique and Reconstruction", *New Left Review*, Vol. 178, 1989, p. 78.

言，以佩珀、格伦德曼、休斯为代表的人类中心主义阵营将马克思主义理论定位为人类中心主义的世界观，并极力为之进行经久不衰地辩护。他们强调资本主义制度是生态危机的根源，而不是人类对自然的控制，正是由于人类对待自然的资本主义特殊方式才导致了环境问题的产生，因此，自然和自然法则不应该成为解决生态问题的基本原则，任何时候都不能放弃人类的尺度和标准，要从人类的利益和需要出发，建立起人与自然的和谐共生关系。以本顿、阿格尔、莱斯对代表的生态中心主义阵营主张从生态整体主义的视角出发考察人与自然之间的关系，承认生物圈内非人存在物与人类的平等共生。其中以本顿的生态中心主义的论调最为突出，这也使得他成为英国生态中心主义的生态学马克思主义的肇始者，掀起了英国生态学马克思主义发展的新高潮。这种突出的生态中心主义倾向开启了当代认识和解决生态问题的新视角。

较之于早期的北美生态学马克思主义者阿格尔和莱斯，本顿的生态中心主义立场更加鲜明。阿格尔和莱斯仅仅结合全球性的生态危机对资本主义制度进行生态批判，用人与自然的矛盾取代资本主义的基本矛盾和主要矛盾，用生态危机取代经济危机，并以生态学的视域，在理论上重建历史唯物主义，在实践上采取分散化和非官僚化的技术，建立稳态经济模式的生态社会主义社会，这属于一种"弱的生态中心主义"，并没有旗帜鲜明地打着生态中心主义的口号，属于犹抱琵琶半遮面的状态。而本顿则态度明确、立场坚定地秉承生态中心主义的价值理念，并以此为基础阐发其生态学马克思主义思想，生态中心主义在其理论体系中是一以贯之的。

本顿在《马克思主义与自然的极限：一种生态批判与重建》中率先提出其生态中心主义的生态学马克思主义思想。他不仅从生态学视域对马克思历史唯物主义进行了批判性地解读：批判马克思的历史唯物主义是一种"生产主义"和"普罗米修斯式"的历史观，这种历史观对自然持有一种人类中心主义和工具主义的态度，对资本主义生产的历史作用和科学技术持一种乐观态度。而且从生态学的维度对历史唯物主义进行了重建，重新恢复马克思的自然主义的见解，提出用适应自然代替支配自然，用适应性技术代替改造性技术，重申了自然极限的客观存在，强调了不可操控的自然条件对生产过程的制约作用。这些都反映了其生态学马克思主义思想的自然主义色彩，凸显了把人性与社会置于自然之中加以理解，生活和社会运行要遵循自然法则的本体论自然主义倾向。

归根到底，本顿的理论任务就是要用生态中心主义来开启历史唯物主义的生态学视域，以反对人类中心主义的狂妄自大，用自然的内在价值来对抗人类的主体价值，用生物圈的平等主义来对抗人类的种族主义，用自然法则对抗人类的能动原则，用生态优先性对抗利益优先性。这种分析和解决生态问题的路径在生态学马克思主义的发展进程中增添了一股清新的绿色，开启了当代认识和解决生态问题的新视角。

第二节　本顿的生态学马克思主义思想的局限性

本顿的生态学马克思主义思想是在全球性生态危机和西方生态运动蓬勃发展的背景下试图分析和解决生态问题而形成的理论成果，他在以生态中心主义价值观为基础对历史唯物主义进行重建的过程中，日渐远行，偏离了马克思主义的轨道，暴露出一系列理论的局限性。他以适应性技术代替改造性技术，强调对不可操控的自然条件的适应性，表现出科学技术认识上的片面性；他的生态自治主义构想通过温和的形象示范法来实现人与自然的和谐共生，具有浓厚的乌托邦色彩；其生态学马克思主义思想的理论基础是一种生态中心主义的价值观，强化了生态优先性、生物圈平等性、生态整体性的基本原则，明显地弱化了人类中心主义的意识。

一、科学技术认识上的片面性

本顿在对马克思历史唯物主义进行绿色重建的过程中，提出要以适应性技术代替改造性技术。在他看来，技术分为"适应性技术"和"改造性技术"两种："适应性技术"没有超越自然对生产力发展设定的限制，强调了不可操控的自然条件和因素对于劳动过程的适应性；"改造性技术"超越自然对生产力发展设定的限制，忽视了不可操控的自然条件和因素对于劳动过程的适应性。"适应性技术"对应着生态调节型劳动过程，"改造性技术"对应着生产改造型劳动过程。生产改造型劳动过程体现出人类改造自然的目的性，它遵循着内在的目的结构，通过劳动工具的使用，实现对劳动对象的变形，凝结在具有实用价值的产品中来体现人们的目的需求。这种变形是改造自然的一种体现，为了实现劳动对象的变形，必须要突破和超越自然对劳动过程的限制和制约，运用改造性技术。生态调节型劳动过程以自然的既定的条件为界限，试图在自然允许的范围内实现其内在的意图结构，这种生态的调节是一种适应自然条件的表现。

本顿认为，马克思把劳动过程看作一个超越历史的抽象概念，过分强调生产改造型劳动过程和"改造性技术"，突出人的改造能力，而没有充分考虑人类活动所依赖的自然条件和动力机制，从而使得其理论缺乏生态学的维度。他只强调人对自然的改造，忽视人对不可操控的自然条件的适应，并且通过科学技术的革新不断地对生产过程依赖的自然条件加以改变，将自然极限滞后甚至取消，严重破坏了生态环境。为了构建真正生态意义上的绿色唯物主义，他把重点放在生态调节型劳动过程和"适应性技术"，并且以"适应性技术"代替"改造性技术"。尤其一些难以人工介入的自然因素，是不受人有意识操控的自然条件，对于这些背景条件，人类只能适应，这种技术的应用就是适应性技术，它不仅具有一定的持续性，而且也反映了人类生态学的基本特征。正如他指出的："通过对劳动过程中相对的或绝对的非操控性条件或要素给予明确的理论确认，使人们认识到能够超越自然施加的限制的技术与面对自然条件对意向行为的专横而提高适应性的技术之间的区分。"①

本顿的技术革新具有生态维度。技术是人与自然发生关系的中介，也是人类对自然进行改造的工具。科学技术的进步与革新会带来生产力的极大发展，也会带来人们精神生活质量的提高；但是与此同时，科学技术的不恰当使用方式会带来严重的环境问题和生态危机。资本主义社会的生态危机现状就是科学技术不当使用的一个例证。本顿十分重视各种不可操控的自然条件对于劳动过程的制约作用和劳动过程对这些条件的依赖性，提醒人们不要为技术革新带来的经济效益沾沾自喜，而忽视它所造成的毁灭性的生态效应。对于技术要明确区分出可行的技术与可欲的技术。可欲的技术充分考虑到了技术革新和使用的各种可能性，既包括可以预测和控制的后果，也包括不可预测和不可控制的后果，在各种可能性中进行利弊权衡，最终付诸实践达到相对最为理性的效果。可行的技术是一种无视技术后果的技术，它只考虑技术的可行性，而不考虑这一技术的实施所带来的各种后果，只考虑做与不做

---

① Ted Benton, "Marxism and Natural Limits: An Ecological Critique and Reconstruction", *New Left Review*, Vol. 178, 1989, pp. 79 – 80.

的问题，而不考虑应该与不应该的问题，这种可行性技术的使用的结果有可能会演变成为人类的一种自我毁灭的恶果。在本顿看来，无论人类如何面对自然展现自己强大的改造能力，自然界中总有一个相对的不可逾越的界限对人类的改造活动产生制约，我们无法借助于先进的技术取消或者滞后这个限制，在技术的使用中既要看到它所带来的巨大经济利益，又要考虑到它所造成的生态环境问题，技术的可行性并不等于实际的可行性，技术只能适应自然，而不是超越自然的限制。

基于以上分析，本顿的技术革新的核心思想是不能去操纵自然条件，而是要尽可能地去适应自然条件。这是一种画地为牢的做法，体现了他对科学技术认识的片面性。技术的革新具有双重后果，既可以带来大量的经济效益，增加社会的物质财富，提高人民生活水平，推动社会的进步与发展，又可能造成许多令人惧怕的社会问题，如污染、能源与资源问题、环境问题等，这体现了科学技术的两面性。技术的革新是一个漫长的过程，在这一过程中，技术的发展会循序渐进地突破自然条件的制约，超越原有的自然极限，我们不能因为惧怕环境问题的产生就为技术革新划定限制，片面强调自然条件对技术革新的制约性，将既定的自然条件视为技术发展不能逾越的界限。在某一社会形态的某一阶段，自然的背景条件和资源机制构成了社会发展的极限，但是不同社会形态的自然条件和自然极限都具有相对性，这一相对性是通过技术的不断革新得以推进的，在生产力发展的基础上，在科学技术进步的前提下，另一社会形态的某一时期或者某一发展阶段就能突破和克服这些背景条件和资源机制设置的界限。虽然在历史发展的进程中，始终伴随着这种相对性的限制，并且表现为对旧的限制的克服与超越，新的限制的产生与发展；但是每一种社会和经济生活形式就是要在克服旧限制、又为新限制所限制的循环中获得持续性的发展，而这种更新式的发展必定极大依赖于科学技术的革新。所以并不是像本顿所言，技术革新要适应自然条件而不能超越自然条件，正确的做法是通过技术革新不断超越不断更新的、具有相对性的自然条件，才能真正发挥科学技术的良性社会功能。

二、生态社会主义理想的乌托邦色彩

本顿的生态社会主义理想是生态中心主义与社会主义的融合物——生态自治主义，它主要依据生态中心主义的价值诉求建立生态社会，是一个原生态的自然范型，它以自然的内在价值与权利为立足点，强调了整个生物圈内自然与非自然存在、人类与非人类存在利益的相关性和一致性。本顿的生态自治主义社会承认自然的内在价值和权利，实现非人自然与人类的共同平等发展。基于生态中心主义的价值尺度，他将人类和非人的自然都视为生物圈系统中具有内在联系的基本要素，在这一整体之中，具有自我更新能力的非人自然与周边环境构成的生态系统，和人类一样被赋予了内在价值和道德价值，既承认人类对于非人自然的价值，又承认非人自然的内在价值，更承认人类与非人自然的共同价值。人类作为生物圈的组成要素，并不具有超越他物的重要位置和优先地位，整个世界是由各种存在物与其生存环境构成的整体，人类只是这一整体中的一个存在环节或者一种生命形式，它和非人自然拥有同样平等的地位。生态自治主义社会涵盖了"生态社会主义的自主性、健康和福利的规范，在一个更宽泛的生态框架中寻求所有生命形式的彼此繁荣，这种视角既没有贬低人类的活动，也没有否认人类对生态进化过程施加的影响，而是寻求一种更高的生活方式，这是一种能够运用我们创造的技术和容许人类和非人类存在持续发展的生活方式"。①

在社会组织模式上，生态自治主义以自然的生态结构为范型，将自然的生态模式加以扩展，扩大到整个人类社会的组织形式，使其成为一种合乎自然规则的社会形式。在社会组织形式上，它实行分散化的、超越国家和民族的地方自治，以生态社区为基本的组织形式，每个社会实行自主管理，根据成员的基本需求合理地发展生产和发展地方经济。在政治制度上，它推行地方自治的基层民主制度，消除权力的高度集中化，保证每一个人对生态社区的经济管理和社会事务有充分的参与权和决策权，保证民众社会利益与生态利益的协调统一，促进人与自然的和谐共生。生态自治主义不相信政党政治，因为政治权力的集中会导致集权与专制，而政党总是某一集团利益的代表，总会掺杂着各种利益的均衡与妥协。也不相信传统的革命变革，因为革命变革总是包含着暴力和压迫的因素，不能真正实现革命所允诺的目标。只有建立在个体基础上的、超越国家和民族的生态自治社区才是最理想的政治组织形式。个体之间通过亲密的人际交往，在共同体成员身份认同的社会关系的基础上，形成一种集体的共同感。在此基础上，建立一些具有不同的地

① Ted Benton, *The Greening of Marxism*, The Guilford Press, 1996, p. 286.

方生态特色的自治生态样板社区，充分发挥其示范作用，逐渐改变个人的不良生活方式，形成一种良性的生态生活方式和生活习惯，不必借助于暴力的革命手段，依靠一种温和的、缓慢的渐进方式，由点到面、由局部到整体、由个人到社会、由观念到制度实现变革。

在实现路径上，它提倡通过示范的作用——"温和的形象预示法"，以点带面、由局部带动整体、循序渐进地实现生态社会的社会理想。在本顿看来，不是制度的原因，而是观念的原因造成了生态危机，这一观念具体体现在历史发展进程中根深蒂固的"支配自然"的观念，以及与之相联系的工业主义的意识形态。观念的原因只能通过观念的变革得以实现，只能通过改变人们的意识形态才能消除生态危机，这些需要变革的观念意识形态包含人们的价值观念、道德标准、思想认识等。在此基础上，逐步形成自觉的生态观念和生态意识，重新定位人与非人自然在生物圈中的地位与关系。不仅承认自然的内在价值与权利，承认人类与非人自然之间的平等关系，更要让人类与非人自然共同演进发展，通过多种途径满足人类的基本需要，并按照一种亲力亲为地、审美地、理性地满足基本需求而不造成环境破坏的方式从事必要的维持生命的工作，使人与自然一荣俱荣，一损俱损。① 人们会在观念的支配下采取相应的行动，行动付诸实践反过来又会深化对观念的理解。在自觉的生态观念的支配下，人们秉承善待自然的理念，就会改变对待自然的粗暴方式，而是以合作性的和非掠夺性的方式对待自然，将自然视为与自身发展息息相关的部分，在实现个人利益的同时充分考虑自然的整体利益，将自身与非人的自然视为利益与共的共同体。同时人类还会自觉地改变一些违背生态要求的、不合理的生活方式和行为习惯，形成以观念指导行动、以行动深化观念的良性循环，通过观念的变革消除生态危机的根源，因为"环境的教育是人们解决生态问题的最好办法。"②

本顿的生态自治主义社会构想给我们描绘了一幅自给自足、自我管理、基层民主、人与自然和谐共生的理想图景，令人十分向往，这一理想付诸实践有赖于人们道德观念的更新，有赖于人们生活习惯的转变，有赖于人们自

---

① Ted Benton, "Humanism vs. Specialism ? Mars on Humans and Animals", *Radical Philosophy*, Autumn, 1988, p. 242.

② 倪瑞华：《英国生态学马克思主义研究》，人民出版社 2011 年版，第 184 页。

觉的生态意识的确立，更有赖于生态样板区的示范作用。这种不需要社会制度的根本变革，只凭借人们观念意识的转变就能走向具有生态可持续性的绿色社会的设想，无异于海市蜃楼和空中楼阁，是可望不可及的美好景愿。本顿的绿色社会只能是绿色的乌托邦社会，具有浓厚的空想主义和浪漫主义色彩。

三、过分强调生态中心主义

本顿以生态中心主义价值观作为理论基础来阐发其生态学马克思主义思想，这就使得他在对历史唯物主义的建构、对自然极限的解读和对生态社会主义的构想方面表现出浓厚的生态中心主义色彩，弱化了其人类中心主义的意识，没有实现人类生态整体利益的中心主义。

在对历史唯物主义的建构方面，本顿对马克思的劳动过程概念加以修正，划分为生产改造型的劳动过程和生态调节型的劳动过程。在他看来，我们需要更加重视具有生态关怀的生态调节型劳动过程，把马克思的劳动过程概念向生态学进一步推进。因为这种劳动过程依赖于自然给定的条件和不受人类有意操控的自然条件的影响，以物质对象为实用价值的原材料基地，由自然规定的组织结构或者物理过程对对象进行改造、变形。它主要是优化有机体生长与发展条件的劳动，主要是一种维持、调节和再生产型的劳动，使变形的条件有效地进行，自身是有机的过程，相对不受意图改变的影响，所以，劳动的时间和空间的分配很大程度上由劳动过程的背景条件和有机发展过程的节奏来确定。① 这就使得生产过程的背景条件与生态调节型劳动过程持续性生产的连续相关性得以体现，生产过程运转产生的一些自然介入的非意向性后果可能会影响生产过程的背景条件和原材料的持续性再生产，从而使马克思的劳动过程呈现出生态持续性。本顿在此基础上提出以适应自然代替支配自然，强调不受人的意识操控的自然条件对劳动过程的制约，建构一种依赖于自然的生态历史唯物主义。显而易见，本顿的这种建构以自然为立足点，关注生态调节型的劳动过程和对自然条件的适应，否定了人的能动性，削弱了人类改造自然的能力，被动地生存于自然界之中，仅仅专注于传

---

① Ted Benton, "Marxism and Natural Limits: An Ecological Critique and Reconstruction", *New Left Review*, Vol. 178, 1989, pp. 67–68.

统的农业生产，实际上一种历史的倒退，并不能充分发挥马克思主义分析和解决生态问题的有效性。

在对自然极限的解读方面，本顿通过反思马克思恩格斯对马尔萨斯人口原理的批判，承认了自然极限的客观性。在他看来，马尔萨斯的理论与确定的社会历史条件相联系，历史发展的每一个阶段有其自身的人口规律，其人口原理的有效性受制于当时的社会历史状况，即人口的数量、经济的增长、自然资源和能源的匮乏以及污染问题对人类的活动存在着不可逾越的限制，肯定了自然极限的存在。马克思恩格斯对马尔萨斯的批判实际上表明了他们对自然极限的态度，他们对马尔萨斯采取了双重策略——否定自然所施加的限制，承认历史和社会所施加的短暂性的限制。由于政治的原因，马克思恩格斯强烈地偏向于反对自然极限的论证，因为他们准确地看出马尔萨斯的人口理论本身就是一种自然极限的观点。[1] 本顿通过强调社会生产过程中的各种规定来凸显自然的极限，来说明这种自然的极限对人类活动的制约作用，从而以自然的极限为边界，实现对自然的改造和利用。因此，他关于自然极限的解读实际上确立了自然极限的客观性，强调了自然的极限是人类生产改造活动的界限，应该从自然的角度出发去改造自然和利用自然，这显然是一种生态中心主义的观点。

在对生态社会主义的构想方面，本顿的生态自治主义直接就是生态中心主义与社会主义的合体，它以生态优先性、生物平等性和生态整体性作为基本原则。[2] 生态自治主义具有一种未雨绸缪的生态理念，它积极倡导人们依据自然的基本规则组织社会生活，建立一种模拟生态系统的社会——生态社群，实现社会生活的自然化与生态化，使人们生活在一种充满生态和谐的绿色社会中。它强调生物圈的平等主义原则，认同包括非人存在物在内的全体成员的价值，人类应该尊重非人存在物的权利，不能以工具主义的态度对待自然，维护生物圈内人与非人存在物、人与人、非人存在物之间的平等与和谐关系，反对任何形式的生态压迫与剥削。在他看来，整个世界是由各种存在物与其生存环境构成的整体，人类和非人的自然都是生物圈系统中具有内

---

① Ted Benton, "Marxism and Natural Limits: An Ecological Critique and Reconstruction", *New Left Review*, Vol. 178, 1989, p. 60.

② 倪瑞华:《英国生态学马克思主义研究》，人民出版社 2011 年版，第 168 页。

在联系的基本要素，人类只是整个生物圈内的普通一员，只是这一整体中的一个存在环节或者一种生命形式，人与自然之间的关系是一种平等的关系，人类和非人自然拥有同样平等的地位。在这一整体之中，具有自我更新能力的非人自然与周边环境构成的生态系统和人类一样被赋予了内在价值和道德价值，既承认人类对于非人自然的价值，又承认非人自然的内在价值，更承认人类与非人自然的共同价值。生态自治主义将整个生物圈和生态系统视为一个整体，人类、自然和其他非人存在是这个有机整体不可或缺的组成部分，它们之间相互联系、相互影响、相互制约，共同维护生物圈的平衡性和稳定性。生物圈的发展既不是由人类的发展决定的，也不是由非人存在物自然的发展决定的，而是二者相互协调、共同发展的结果。当人类的利益与非人的自然的利益发生冲突时，应该充分考虑自然的利益，不能牺牲自然的利益来换取个人利益。同样当人类的利益与生物圈的整体利益发生矛盾时，应该放弃人类的个人利益，服从于生物圈发展的整体利益，因为生态自治主义既赞成人类的繁荣，也赞成非人自然的繁荣，更重视整个生物圈的共同繁荣。

　　基于上述论述可以看出，本顿的生态学马克思主义思想的生态中心主义倾向是一以贯之的，他始终以自然的生态系统作为标准和尺度，以自然规律来约束和规范人类对待自然的各种行为，赋予自然一种独立的地位，这实际上抹杀了人类的社会性，将自然人化或者将人物化，使得自然利益跃居人类利益之上，走向了另外一个极端。本顿始终强调认可自然的内在价值，要实现自然的道德化，重申人与非人存在物的平等，但是这种内在价值的认定何以实现？人类的主体地位也被排除在生态系统之外，人与自然所体现的主体与客体的关系在生态系统中早已被推翻，取而代之的是一种平等的关系。自然不能充当自身价值确证的主体，因为将自然作为评价内在价值属性的评价主体，无论在理论上还是实践上都不能给予客观真实的评价。[①] 退一步说，即使自然能够作为价值判断主体确立其内在价值属性，也无法实现自然的道德化，因为对自然的道德关怀仅仅体现在社会共同体中以及人与人之间的关系中。归根到底，自然内在价值的确立和道德关怀的实现不能依靠单纯的生态中心主义视角，其中蕴含着人类中心主义的立场，必须以承认人的价值主

---

① 姬志闯：《生态中心主义的理论表征遇困境》，《河南大学学报》2013 年第 5 期。

体地位为基础。本顿在以生态中心主义对抗人类中心主义的同时，恰恰缺失了这种人类中心主义的意识，使得其理论的最终结局只能是一种乌托邦的逻辑和浪漫主义的幻想。

第三节　本顿的生态学马克思主义思想对我国生态文明建设的启示

生态文明建设是关系人民福祉和民族未来的大计，也是实现中华民族伟大复兴中国梦的重要内容。2007 年党的十七大在实现全面建设小康社会的新要求中，首次提出生态文明建设的目标，要求"基本形成节约能源资源和保护生态环境的产业结构、增长方式、消费模式。循环经济形成较大规模，可再生能源比重显著上升。主要污染物排放得到有效控制，生态环境质量明显改善。生态文明观念在全社会牢固树立"，① 这标志着我国从根本上确立了生态文明的发展战略。2010 年十七届五中全会的"十二五"规划，要求"加快建设资源节约型、环境友好型社会，提高生态文明水平"，标志着我国开始走上绿色化的发展道路。2012 年，党的十八大对生态文明进行独立阐述，提出"建设生态文明，是关系人民福祉、关乎民族未来的长远大计。面对资源约束趋紧、环境污染严重、生态系统退化的严峻形势，必须树立尊重自然、顺应自然、保护自然的生态文明理念，把生态文明建设放在突出地位，融入经济建设、政治建设、文化建设、社会建设各方面和全过程，努力建设美丽中国，实现中华民族永续发展"，② 并第一次把"美丽中国"作为未来生态文明建设的宏伟目标，从中国特色社会主义总体布局的高度来论述生态文明，表现了政府大力推进生态文明建设的鲜明立场和坚定决心。2013 年，党的十八届三中全会提出加快生态文明制度建设的目标，要求"建立系统完整的生态文明制度体系，实行最严格的源头保护制度、损害赔偿制度、责任追究制度，完善环境治理和生态修复制度，用制度保护生态环境。健全自然资源资产产权制度和用途管制制度，划定生态保护红

---

① 胡锦涛：《高举中国特色社会主义伟大旗帜，为夺取全面建设小康社会新胜利而奋斗——中国共产党第十七次全国代表大会上的报告》人民出版社 2007 年版。
② 胡锦涛：《坚定不移沿着中国特色社会主义道路前进，为全面建成小康社会而奋斗——在中国共产党第十八次全国代表大会上的报告》，人民出版社 2012 年版。

线，实行资源有偿使用制度和生态补偿制度，改革生态环境保护管理体制。"①

　　本顿从生态学的维度，对马克思历史唯物主义进行建构，主张重新评估"自然条件"的概念，实现生产过程和生态过程的结合，建构生产理性与环境理性并重的绿色生产理论，倡导生态维度的技术革新，对自然进行多层次多维度的理解，根据意图结构区分了生产改造型的劳动过程和生态调节型的劳动过程，并提出以"适应自然"代替"支配自然"的基本立场。他通过自然与社会的联系相对化、技术革新与自然给定的条件之间的联合，对马克思主义政治经济学的基本概念进行生态维度的再概念化，凸显劳动过程的生态关怀和生态考量，实现了人类解放与自然极限的统一。他以生态优先、生态整体性和生物圈的平等主义为基本理论原则，反对理性、科学技术和支配自然的观念，通过建立生态社区、改变生活方式、变革价值观念的温和的形象预示法走向一个实现生态可持续性的自由、平等和民主的社会。这些生态学马克思主义思想对推进我国的生态文明建设具有重要启示。

一、生态文明建设要以正确的自然观为基础

　　在人与自然的关系问题上，本顿强烈地批判了人类传统的主客二元分离的思维模式，反对人类狂妄地对待自然的人类中心主义立场，将根深蒂固的支配自然的观念看作生态危机的深层根源，对自然提出了多维度的理解，对劳动生产过程中的生态调节型劳动过程给予深切关注，承认了自然极限的客观存在，肯定了不可操控的自然条件对于社会生产活动的制约性，提出了以"适应自然"代替"支配自然"的和谐自然观。在本顿的眼中，自然不仅仅是人类可以利用的对象，也是人类可亲的伙伴，它们之间的关系不仅仅是改造与被改造、利用与被利用的关系，也是伙伴关系。因此人类必须转变思想观念和行为方式，从根本上改变对自然的支配、奴役、控制和征服，实现人与自然的和谐，使自然界成为人类美好的家园。我国在建设生态文明的进程中，也应该改变传统的人与自然的对立关系，以友善的方式对待自然，加强自然生态系统与环境的保护力度，使自然真正成为人类的朋友。

---

① 《中共中央关于全面深化改革若干重大问题的决定》，人民出版社 2013 年版。

（一）确立正确的自然观，改变人与自然的对立关系

我国生态文明建设的核心是正确处理人与自然的关系，要求人们在对自然进行改造的过程中，树立积极主动地保护自然的意识，不断优化和改善人与自然的关系，以改变资本主义对自然的掠夺性态度。自然作为一个有限的社会历史存在，自身是具有自然价值的。它对人类表现出来的有用性——工具价值只是自然价值的一方面，除此之外，它还具有文化价值、历史价值和生态价值等，人类不能只重视自然的工具价值，而无视其他价值的存在。在资本主义社会中，自然是被操控和控制的对象，人们只注重其工具价值，对它采取一种掠夺性的态度，造成了严重的环境问题和社会问题。虽然表面上人类征服自然的能力增强了，但是人类的异化生存状况与人类征服自然的能力是正相关的，人化自然的扩大必然伴随着人类异化的加剧，人类生存环境的缩小。资本主义的前车之鉴，社会主义国家必须引以为戒，确立一种正确的自然观，改变传统的人与自然的对立关系。德国学者汉斯·萨克塞将人与自然的关系描述为一种"从敌人到榜样，从榜样到对象，从对象到伙伴"[①]的历史动态关系。这种动态关系反映了不同历史发展时期人与自然关系的变迁：在资本主义社会，人与自然的关系主要是一种敌对和对象关系，人与自然势不两立，人类仅仅以自然对自身的有用性来获得其工具价值，自然是人类占有、攫取、改造和利用的直接对象；在未来的共产主义社会中，人与自然的关系主要是一种榜样与伙伴的关系，人与自然相互作用、相互依存，处于一种协调、融洽、和谐的关系中。我国生态文明建设最终就是要实现人与自然的这种榜样与伙伴的关系，是人与自然保持一种平衡与协调的关系，以生态性的原则来规范人们的思想观念和行为方式，把生态问题与经济法律和社会进步紧密地结合起来。

（二）确立正确的自然观，要尊重自然、顺应自然和保护自然

习近平总书记在党的十九大报告中提出：人与自然是生命共同体，人类必须尊重自然、顺应自然、保护自然。我们要建设的现代化是人与自然和谐共生的现代化。尊重自然体现了人与自然相处时人对自然的首要态度。它要求人们面对自然时，尊重自然的存在，对自然保有一颗敬畏、感恩和报恩之

---

① ［德］汉斯·萨克塞：《生态哲学》，文韬、佩云译，东方出版社1991年版，第33页。

心，避免走向两个极端：或者将自然看作神圣不可侵犯的神秘之物，将自然神化，对自然感到畏惧；或者极力贬低自然，轻视自然，将自然视为人类改造、利用和占有的对象，对自然采取一种掠夺性的态度，遭到自然的报复，直接威胁到人类自身的生存与发展。这种极端的态度都是不可取的，只有尊重自然、正视自然，肯定自然的内在价值，平等地对待自然，才能与自然共生、共荣。顺应自然体现了人与自然相处时遵循的基本原则，这与本顿适应自然的思想是完全一致的。自然界是一个完整的生态系统，是一个具有独立实在性的实体，它具有不以人的意志为转移的、反映自身运动变化发展的基本客观规律。顺应自然要求人们在改造和利用自然的过程中，应该遵循自然规律，按照客观规律办事，不能违背自然规律的要求，更不能改变或者破坏自然规律。人类的行为应该符合自然规律的要求，以客观的规律来约束和制约人类破坏自然环境的不合理行为，只有这样，才能实现与自然和谐相处。保护自然体现了人与自然相处时应该采取的行动，表达了人对自然的一种责任感。人类在发挥主观能动性的过程中，在利用自然为人类谋取利益时，一定不要使自己的行动危及自然的利益，保护自然生态系统的观念要牢记心间，并且是落实到行动上，使大自然持续保持生机与活力，成为人类休养生息之地。①

二、生态文明建设要实现科学技术的生态化

本顿在与格伦德曼的论战中阐述了自己的技术观。他赞成格伦德曼坚持技术革新的重要性，认为可以通过革新技术、提高技术水平、运用先进技术对抗自然的限制，这延迟了自然极限对劳动过程的制约，从而获得更大的经济收益。但是不能仅仅局限于技术革新对历史进程发挥的作用，不能只从社会关系的角度来考察，还要考虑到这一技术革新的生态意蕴。即在技术的使用中既要看到它所带来的巨大经济利益，又要考虑到它所造成的生态环境问题，要明确区分出可行的技术与可欲的技术。可欲的技术充分考虑到了技术革新和使用的各种可能性，既包括可以预测和控制的后果，也包括不可预测和不可控制的后果，在各种可能性中进行利弊权衡，最终付诸实践达到相对

① 李松林等：《毛泽东思想和中国特色社会主义理论体系概论》，高等教育出版社 2014 年版，第174—175 页。

最为理性的效果。可行的技术是一种无视技术后果的技术，它只考虑技术的可行性，而不考虑这一技术的实施所带来的各种后果，只考虑做与不做的问题，而不考虑应该与不应该的问题，这种可行性技术的使用结果有可能会演变成人类的一种自我毁灭的恶果，技术的可行性并不等于实际的可行性。我国在建设生态文明的过程中也要处理好技术使用的合理性问题，实现科学技术革新的生态化。

（一）正确认识科学技术的两面性

科学技术具有价值的多重性——工具价值、文化价值、道德价值、生态价值等，人们往往只看重科学技术的工具价值，将其视为认识和改造世界的基本工具，视为人与自然发生关系的中介。事实上，科学技术是一把双刃剑，这不仅表现在科学技术自身的两面性，还表现在科学技术运用于单一事物与运用于多重事物时所表现的两面性。一方面，科学技术成为推动经济发展和社会进步的巨大动力，促进生产力的提高，增加社会的物质财富，极大地满足人民日益增长的物质文化需求。正是在这种单向度思维的作用下，不同历史时期的社会形态都千方百计地依靠科学技术来实现经济的高速甚至超速增长，获得最大的经济效益，科学技术当之无愧地成为第一生产力。另一方面，科学技术的发展也会带来负面影响，产生一系列社会问题。晚期资本主义社会的科学技术成为一种新的统治形式和统治力量，发挥着意识形态的异化作用，这使得资本主义的统治是一种技术的统治，是以科学和技术的合法性为基础的。在现实社会主义社会中科学技术的发展导致了资源枯竭、能源危机和环境问题，直接威胁到人们的生存与发展空间。因此，我国在推进生态文明建设的过程中，一定要正确认识科学技术的两面性，既要充分发挥科学技术的积极作用，实现经济的快速发展，不断缩短与发达资本主义国家间的经济差距，又要充分考虑到科学技术带来的不良后果，在保证不对环境构成破坏的前提下进行技术革新，最终走上生产发展、生活富裕、生态良好的文明发展道路。

（二）科学处理技术革新与环境保护的关系

技术革新与环境保护之间是相互作用、相互影响的辩证统一关系。一方面，科学技术具有无限的发展空间，它能够促进资源环境的开发、利用和保护。自然生态系统的资源储量是有限的，自然资源并非是取之不尽、用之不竭的，这是一个不争的事实，但是自然界中也存在着大量可以不断再生的资源与能源，科学技术的革新使这些再生资源具有了开发、利用的可能性，这种可能性的实现会有效地缓解当前资源能源短缺不能满足人们需求的矛盾。同时，科学技术的发展会大大缩短解决环境问题的时效，运用一些先进、高效的技术会大大提高处理环境问题的效率，摆脱传统方法的弊端，更好地实现对环境的保护。另一方面，自然极限也为科学技术革新设置了相对性的界限，科学技术的发展过程就是不断突破原有社会历史时期的相对性界限的过程，因此，生态系统的更新、发展反过来又有赖于科学技术的进步。我国在依靠科学技术推动社会经济发展的同时，坚决不能忽视它对生态环境产生的影响，实现技术的生态转换，把技术作为改善生态环境的基本手段。为此，应该改变我国能源开发技术与环境保护技术落后的局面，不断推进技术革新的生态化，大力发展绿色科技，促进绿色科技的推广和应用。"通过大力发展和应用节能技术、洁净技术、环境无害化技术、能源综合利用技术、资源重复利用与替代技术等，提高生态系统自身的生产能力、自净能力、自组织能力、稳态反应能力以及自我修复能力，推动社会生产方式由资源攫取型向深层次的资源再生型转移，实现生态系统物质能量的高效循环利用，走一条以提高效益和质量为中心的资源节约型的发展道路。"①

三、生态文明建设要坚持和谐的生态文明价值观

本顿提出，通过价值观念的变革、生活习惯的改变和生态样板区的示范作用来实现未来绿色社会的构想。我国生态文明建设的伟大工程并非一蹴而就，它需要在价值观念方面实现根本变革，即实现生态价值观、发展价值观的革新，明确树立和谐的生态文明价值观和生态文明的发展观念。

（一）树立自觉的生态意识，开展生态道德教育

要树立自觉的生态意识，开展生态道德教育，正确处理人与自然之间关系，在人与自然的和谐共生中获得发展。生态意识是人对生态环境和人与环境之间关系的一种自觉反省。苏联学者基鲁索夫最早提出"生态意识"的定义，在他看来，生态意识是"从根据社会和自然的具体可能性，最优解

---

① 任皅：《科技视阈下的绿色之维：西方生态学马克思主义的技术观》，《江汉论坛》2007 年第 7 期。

决社会和自然的关系问题方面反映社会和自然相互关系问题的诸观点、理论和情感的综合。它是在人们对环境的整体性规律的认识，以及人类为保持对生命有益的自然界状态在活动过程中必须考虑到的其他规律的认识的基础上形成的。"① 根据马克思主义社会存在决定社会意识，社会意识反作用于社会存在基本原理，可以推出：生态存在决定生态意识，生态意识是生态存在的反映，并反作用于生态存在。人们的生态意识是对生态系统的正常运转、基本的生态规律、生态平衡的维护以及各种生态理论与常识的一种正确认识，这种认识包含着自觉地约束自己的思想和行为来促进生态系统的平衡。工业时代的各种危机和社会主义社会面临的生态问题使人们的生态意识日益觉醒，并使之成为每个人头脑中的一种生态文明观念，融入人们的思想之中，外化在人们的实际行动之中，切实为生态文明建设贡献自己的力量。我国的现代化进程包括生态的现代化，而要实现生态现代化，树立自觉的现代生态意识是必不可缺的前提条件。因为我国实现生态现代化的关键在于普及生态知识，提升全国人民的现代生态意识。现代生态意识以现代科学、环境科学、经济科学和生态现代化理论为基础，提倡高效低能、高品低密、无毒无害、清洁安全、循环节约、公平双赢、绿色消费、预防创新和健康环保，努力实现社会进步与环境进步的良性耦合，经济发展与环境退化的完全脱钩，人类与自然的互利共生。②

（二）坚持绿色发展观，实现人与自然和谐共生的良性循环

以党的发展理念为指导，在新时代社会发展中，我们要坚决摒弃传统发展模式，坚决抵制以牺牲经济环境为代价来推动经济增长的做法。这就要求我们创新传统发展方式，不能以牺牲环境为代价换取经济的短期快速发展。发展方式在很大程度上影响和决定着生态环境的良性循环，创新传统发展方式是构建人与自然和谐共生的基础。随着新时代的发展和人们生活需求的变化，人们重新审视和反思传统的发展方式，以促进经济发展与生态保护的双向满足，实现人与自然的共生共荣。

首先，推进资源分配和生态环保相协调。以市场为导向，推动生产技术的绿色创新转变，发展绿色金融和多种多样的节能环保产业、清洁能源产

---

① ［苏］基鲁索夫：《生态意识是社会和自然最优相互作用的条件》，《哲学译丛》1986年第4期。
② 《提高全民现代生态意识是实现生态现代化的关键》，《光明日报》2007年1月29日第6版。

业。在资源分配上，降低对高能耗、高物耗产业的投入，增加对低能耗、无污染产业的投入，总体上减少自然资源的消耗量，实现资源利用的最优化。通过市场的调节和导向作用，加大对清洁能源产业和节能环保产业的支持力度，弱化我国的重工业化趋势，解决经济上工业产能过剩的问题。推进资源分配与生态环保相协调，一方面，能够保证经济持续稳步发展；另一方面，能够缓和人与自然之间的尖锐冲突，在满足人们物质生活需求的同时，为人们提供更美好的生态环境。人是自然界的一部分，良好的生态环境是人类实现自我完善与发展不可或缺的外部条件，只有经济的稳步持续发展与生态环境的良性循环相得益彰，才能实现人与自然的和谐共生。

其次，建立创新驱动型的经济发展新方式。传统工业化的发展方式具有片面性，一味地侧重于经济的快速发展，不仅忽视了人的生产实践活动对自然的生态影响，而且也忽视了人对自然的生态依赖，从而在实现社会物质财富急剧增长的同时，不可避免地加剧了人与自然之间的矛盾，引发了严重的社会生态问题。因此，必须创新传统发展方式，从依靠物质资源消耗、产能投入来增加社会财富转变为依靠科学技术的进步与创新来增加财富，通过科技创新、生产创新、管理创新、社会创新，调整经济结构、转变生产方式、推进传统产业的技术改造，切实转变为主要依靠创新驱动的经济发展方式。依靠创新驱动经济发展，降低自然资源的消耗，实现能源资源利用最优化，以更少的能源投入获得更大的产品产出，最终实现自然资源的节约。以更和谐的方式促进经济增长和自然循环的永续发展，逐步缓和人与自然之间的尖锐对立，最终实现人与自然的共生共进。

坚持以人为本，树立全面、协调、可持续的发展观，促进经济社会和人的全面发展。具体来说，坚持以人为本就是要以实现人的全面发展为目标，从人民群众的根本利益出发谋发展、促发展，切实保障人民群众的政治、经济和文化权益，让发展的成果惠及全体人民。全面发展就是以经济建设为中心，全面推进经济、政治、文化建设，实现经济发展的社会全面进步。协调发展就是要统筹城乡发展、区域发展、经济社会发展、人与自然的和谐发展、国内发展和对外开放，推进生产力和生产关系、经济基础和上层建筑相协调，推进经济、政治、文化建设的各个环节、各个方面协调发展。可持续发展是要促进人与自然的和谐，实现经济发展和人口、资源、环境相协调，坚持走生产发展、生活富裕、生态良好的文明发展道路。科学发展观始终围绕人与人、人与自然的关系这条主线，力求实现人与人、人与自然之间的协调、平衡、和谐发展。①

　　环境问题和生态危机是在建设中国特色社会主义伟大事业进程中始终要直面的问题，生态指数也是衡量社会发展的一个重要指数，生态可持续发展成为我国的必然选择。这就要正确处理好经济发展与生态文明建设的关系，改变资本主义社会追求剩余价值和超额利润的生产目的，使生产真正建立在满足人民群众日益增长的物质和文化需求上。要破除单纯的经济发展观，改变原有的经济发展理念与经济发展模式，避免走先发展后治理的工业化老路，用合乎生态理性的、合乎人性的、合乎生态学的经济发展模式取代原有的注重经济理性、注重经济利益的经济发展旧模式，用绿色的 GDP 代替黑色的 GDP，从根本上遏制以破坏生态环境的代价来追求经济片面增长的不良做法。生态文明建设并不是要制约经济的增长或者实现经济的零增长，生态文明建设的成功有赖于经济的发展，根本不可能在经济无发展的情况下推进生态文明建设。当经济的发展与环境的保护发生矛盾时，必须毫不犹豫地以生态标准来选择经济发展道路，尽最大可能把由经济发展造成的环境破坏减少到最小，实现社会和自然的和谐共生，因为生态文明建设要求实现人与自然、人与社会、人与人之间的和谐发展，实现政治、经济、社会、文化和生态的和谐发展。

---

① 郑湘萍：《生态学马克思主义的生态批判理论研究》，中国书籍出版社 2013 年版。

参考文献

一、学术专著

[1]［英］泰德·本顿:《生态马克思主义》,曹荣湘、李继龙译,社会科学文献出版社 2013 年版。

[2]《马克思恩格斯全集》(第 1、2、3、16、42、46、47 卷),人民出版社 1995、2005、2002、2007、1985、2003、2004 年版。

[3]《马克思恩格斯选集》(第 1—4 卷),人民出版社 2012 年版。

[4]《马克思恩格斯文集》(第 1—10 卷),人民出版社 2009 年版。

[5]［德］马克思:《1844 年经济学哲学手稿》,人民出版社 2000 年版。

[6]《中国共产党第十七次全国代表大会文件汇编》,人民出版社 2007 年版。

[7]《中国共产党第十八次全国代表大会文件汇编》,人民出版社 2012 年版。

[8]《中共中央关于全面深化改革若干重大问题的决定》,人民出版社 2013 年版。

[9]《习近平总书记系列重要讲话读本》,人民出版社 2014 年版。

[10] 胡锦涛:《坚定不移沿着中国特色社会主义道路前进,为全面建成小康社会而奋斗——在中国共产党第十八次全国代表大会上的报告》,人民出版社 2012 年版。

[11] 俞吾金主编:《国外马克思主义研究报告》(2006 年、2007 年、2008 年、2009 年、2010 年、2011 年、2012 年、2014 年、2016 年),人民出版社 2007、2008、2009、2010、2011、2012、2013 年版。

[12] 俞吾金主编:《国外马克思主义研究论丛》(第 1、2 辑)人民出版社

2009、2010 年版。

　　[13] 俞吾金、吴晓明、杨耕:《当代哲学经典:马克思主义哲学卷》(上、下卷),北京师范大学出版社 2014 年版。

　　[14] 俞吾金:《传统重估与思想移位》,黑龙江大学出版社 2007 年版。

　　[15] 俞吾金、陈学明:《国外马克思主义哲学流派新编:西方马克思主义卷》(上、下卷),复旦大学出版社 2002 年版。

　　[16] 陈学明:《20 世纪西方马克思主义哲学历程》(第 1—4 卷),天津人民出版社 2013 年版。

　　[17] 陈学明:《20 世纪西方马克思主义哲学》,人民出版社 2012 年版。

　　[18] 陈学明:《谁是罪魁祸首——追寻生态危机的根源》,人民出版社 2012 年版。

　　[19] 陈学明、王凤才:《西方马克思主义前沿问题二十讲》,复旦大学出版社 2008 年版。

　　[20] 陈学明:《时代的困境与不屈的探索》,黑龙江大学出版社 2007 年版。

　　[21] 陈学明:《生态社会主义》,(台湾)扬智文化事业股份有限公司 2003 年版。

　　[22] 张一兵:《当代国外马克思主义哲学思潮》(上、中、下卷),江苏人民出版社 2012 年版。

　　[23] 张一兵:《西方马克思主义哲学原著选读》,北京师范大学出版社 2010 年版。

　　[24] 张一兵:《启蒙的自反与幽灵式的在场》,黑龙江大学出版社 2007 年版。

　　[25] 赵剑英、张一兵:《国外马克思主义的基本问题》(第三卷),社会科学文献出版社 2006 年版。

　　[26] 张一兵:《文本的深度耕犁:西方马克思主义经典文本解读》,中国人民大学出版社 2004 年版

　　[27] 张一兵:《问题式、症候阅读与意识形态》,中央编译出版社 2003 年版。

　　[28] 徐崇温:《怎样认识"西方马克思主义"》,重庆出版社 2012 年版。

　　[29] 段忠桥:《理性的反思与正义的追求》,黑龙江大学出版社 2007 年版。

　　[30] 王雨辰:《伦理批判与道德乌托邦——西方马克思主义伦理思想研究》,人民出版社 2014 年版。

［31］王雨辰：《中国语境下西方马克思主义哲学研究》，湖北人民出版社2010年版。

［32］王雨辰：《生态批判与绿色乌托邦——生态学马克思主义理论研究》，人民出版社2009年版。

［33］王雨辰：《哲学的批判与解放乌托邦》，黑龙江大学出版社2007年版。

［34］王雨辰：《哲学与文化价值批判：解读当代西方马克思主义》，湖北人民出版社2006年版。

［35］曾枝盛：《国外学者对马克思主义若干问题的最新研究》，中国人民大学出版社2006年版。

［36］曾枝盛：《20世纪末国外马克思主义纲要》，人民出版社1998年版。

［37］孔明安：《当代国外马克思主义新思潮研究：从西方马克思主义到后马克思主义》，中央编译出版社2012年版。

［38］衣俊卿：《西方马克思主义概论》，北京大学出版社2008年版。

［39］衣俊卿：《现代性焦虑与文化批判》，黑龙江大学出版社2007年版。

［40］衣俊卿：《20世纪的新马克思主义》，中央编译出版社2001年版。

［41］周穗明：《20世纪西方新马克思主义发展史》，学习出版社2004年版。

［42］周穗明：《20世纪末西方新马克思主义》，学习出版社2008年版。

［43］郇庆治：《重建现代文明的根基——生态社会主义研究》，北京大学出版社2010年版。

［44］李忠尚：《"新马克思主义"论》，中国人民大学出版社2011年版。

［45］何萍：《20世纪马克思主义哲学：东方与西方》，人民出版社2012年版。

［46］赵海月：《当代国外马克思主义研究》，吉林大学出版社2007年版。

［47］刘仁胜：《生态学马克思主义概论》，中央编译出版社2007年版。

［48］胡大平：《西方马克思主义哲学概论》，北京师范大学出版社2010年版。

［49］铁省林：《国外马克思主义概论》，山东人民出版社2012年版。

［50］黄小寒：《西方马克思主义经典著作导读》，北京大学出版社2012年版。

［51］曾文婷：《"生态学马克思主义"研究》，重庆出版社2008年版。

［52］康瑞华：《批判构建启思——福斯特生态学马克思主义思想研究》，中国社会科学出版社2011年版。

［53］许艳梅：《生态学马克思主义》，社会科学文献出版社 2007 年版。

［54］倪瑞华：《英国生态学马克思主义研究》，人民出版社 2011 年版。

［55］郭剑仁：《生态地批判——福斯特的生态学马克思主义思想研究》，人民出版社 2008 年版。

［56］李世书：《生态学马克思主义的自然观研究》，中央编译出版社 2010 年版。

［57］李惠斌：《生态文明与马克思主义》，中央编译出版社 2008 年版。

［58］韩立新：《环境价值论》，云南出版社 2005 年版。

［59］刘增惠：《马克思主义生态思想及实践研究》，北京师范大学出版社 2010 年版。

［60］张剑：《生态文明与社会主义》，中央民族大学出版社 2010 年版。

［61］解保军：《马克思自然观的生态哲学意蕴》，黑龙江人民出版社 2002 年版。

［62］雷毅：《深生态学思想研究》，清华大学出版社 2001 年版。

［63］杜秀娟：《马克思主义生态哲学思想历史发展研究》，北京师范大学出版社 2011 年版。

［64］时青昊：《20 世纪 90 年代以后的生态社会主义》，上海人民出版社 2009 年版。

［65］马兆俐：《罗尔斯顿生态哲学思想研究》，东北大学出版社 2009 年版。

［66］王明初：《杨英姿：社会主义生态文明建设的理论与实践》，人民出版社 2011 年版。

［67］陈士部：《法兰克福学派批判理论的历史演进》，安徽大学出版社 2010 年版。

［68］程伟礼：《中国一号问题：当代中国生态文明问题研究》，学林出版社 2012 年版。

［69］邓道喜：《马克思的人化自然观及其当代意义》，武汉理工大学出版社 2009 年版。

［70］金瑶梅：《阿尔都塞及其学派研究》，重庆出版社 2010 年版。

［71］庞晓明：《结构与认识——阿尔都塞认识论思想研究》，中国社会科学出版社 2006 年版。

［72］付文忠：《新社会运动与国外马克思主义思潮：后马克思主义思潮》，山东大学出版社 2011 年版。

［73］钱俊生、余谋昌：《生态哲学》，中共中央党校出版社 2004 年版。

［74］沈国民：《21 世纪生态文明：环境保护》，上海人民出版社 2005年版。

［75］臧立：《马克思恩格斯论环境》，中国环境科学出版社 2003 年版。

［76］高中华：《环境问题抉择论——生态文明时代的理性思考》，社会科学文献出版社 2004 年版。

［77］廖福霖：《生态文明建设理论与实践》，中国林业出版社 2001 年版。

［78］刘经纬：《马克思主义生态文明观》，东北林业大学出版社 2007年版。

［79］郑慧子：《走向自然的伦理》，人民出版社 2006 年版。

［80］姚燕：《生态马克思主义和历史唯物主义》，光明日报出版社 2002年版。

［81］贾卫列：《生态文明建设概论》，中央编译出版社 2013 年版。

［82］复旦大学当代国外马克思主义研究中心编：《当代国外马克思主义评论》（第 4、5、6、7、8、9、10、11 期），人民出版社 2004、2005、2006、2007、2010、2011、2012、2013 年版。

［83］郑湘萍：《生态学马克思主义的生态批判理论研究》，中国书籍出版社 2013 年版。

［84］解保军：《生态学马克思主义名著导读》，哈尔滨工业大学出版社 2014 年版。

［85］《毛泽东思想和中国特色社会主义理论体系概论》，高等教育出版社 2014 年版。

［86］［加］本·阿格尔：《西方马克思主义概论》，慎之等译，中国人民大学出版社 1991 年版。

［87］［英］佩里·安德森：《西方马克思主义探讨》，高铦、文贯中、魏章玲译，人民出版社 1981 年版。

［88］［英］戴维·麦克莱伦：《马克思以后的马克思主义》，李智译，中国人民学出版社 2004 年版。

［89］［美］雷切尔·卡逊：《寂静的春天》，吕瑞兰、李长生译，吉林人民出版社 1997 年版。

［90］［德］鲁道夫·巴罗：《抉择——对现实存在的社会主义的批判》，严涛译，人民出版社 1983 年版。

［91］［德］霍克海默、阿多诺：《否定的辩证法》，渠敬东、曹卫东译，上海人民出版社 2003 年版。

［92］［英］科亨：《卡尔·马克思的历史理论》，段忠桥译，高等教育出版

社 2008 年版。

［93］［加］威廉·莱易斯：《自然的控制》，岳长玲、李建华译，重庆出版社 2007 年版。

［94］［美］詹姆斯·奥康纳：《自然的理由：生态学马克思主义研究》，唐正东、威佩洪译，南京大学出版社 2003 年版。

［95］［美］翰·贝拉米·福斯特：《马克思的生态学—唯物主义与自然》，刘仁胜、肖峰译，高等教育出版社 2006 年版。

［96］［美］约翰·贝拉米·福斯特：《生态危机与资本主义》，耿建新、宋兴无译，上海译文出版社 2006 年版。

［97］［英］戴维·佩珀：《生态社会主义：从深生态学到社会正义》，刘颖译，山东大学出版社 2005 年版。

［98］［英］乔纳森·休斯：《生态与历史唯物主义》，张晓琼、侯晓滨译，江苏人民出版社 2011 年版。

［99］［印］萨拉·萨卡：《生态社会主义还是生态资本主义》，张淑兰译，山东大学出版社 2008 年版。

［100］［美］霍尔姆斯·罗尔斯顿：《环境伦理学》，杨通进译，中国社会科学出版社 2000 年版。

［101］［美］霍尔姆斯·罗尔斯顿：《哲学走向荒野》刘耳、叶平译，吉林人民出版社 2001 年版。

［102］［德］霍克海默·阿多诺：《启蒙辩证法：哲学片断》，渠敬东、曹卫东译，上海人民出版社 2006 年版。

［103］［德］霍克海默：《批判理论》，李小兵等译，重庆出版社 1989 年版。

［104］［德］哈贝马斯：《作为"意识形态"的技术与科学》，郭官义、李黎译，学林出版社 1999 年版。

［105］［德］哈贝马斯：《晚期资本主义的合法性问题》，刘北成、曹卫东译，上海人民出版社 2000 年版。

［106］［德］哈贝马斯：《重建历史唯物主义》，郭官义译，社会科学文献出版社 2000 年版。

［107］［德］施密特：《马克思的自然概念》，欧力同译，商务印书馆 1988 年版。

［108］［德］马尔库塞：《爱欲与文明》，黄勇、薛民译，上海译文出版社 2005 年版。

［109］［德］马尔库塞：《单向度的人》，刘继译，上海译文出版社 2008

年版。

[110] [美] 米都斯：《增长的极限》，李涛、王智勇译，机械工业出版社
2014 年版。

[111] [匈] 卢卡奇：《历史与阶级意识》，杜章智、任立、燕宏远译，商
务印书馆 1996 年版。

[112] [日] 岩佐茂：《环境的思想——环境保护与马克思主义的结合处》，
韩立新译，中央编译出版社 1997 年版。

[113] [德] 汉斯·萨克赛：《生态哲学》，文韬、佩云译，东方出版社
1991 年版。

[114] [苏] 李比希：《化学在农业和生理学上的应用》，刘更另译，农业
出版社 1982 年版。

[115] [美] 罗德里克·弗雷泽·纳什：《大自然的权利——环境伦理学
史》，杨通进译，青岛出版社 2005 年版。

[116] [美] 丹尼尔·科尔曼：《生态政治：建设一个绿色社会》，梅俊楼
译，上海译文出版社 2002 年版。

[117] [美] 唐纳德·沃斯特：《自然的经济体系——生态思想史》，侯文
蕙译，商务印书馆 1999 年版。

[118] [英] 安德鲁·多布森：《绿色政治思想》，郇庆治译，山东大学出
版社 2005 年版。

[119] [美] 利奥波德：《沙乡年鉴》，郭丹妮译，北方妇女儿童出版社
2011 年版。

二、学术论文

[1] 倪瑞华：《英国生态学马克思主义关于马克思的"自然极限"理论的
阐释》，《马克思主义与生态文明论文集》，2010 年。

[2] 倪瑞华：《"支配自然"还是"适应自然"：格伦德曼和本顿围绕马克
思的"支配自然"思想之争》，《思想战线》2010 年第 2 期。

[3] 倪瑞华：《为马克思的人类中心主义辩护》，《国外社会科学》2010 年
第 11 期。

[4] 张剑：《本顿的"生态历史唯物主义"是否可能?》，《国外社会科学》
2010 年第 9 期。

[5] 郑丽颖：《以"适应自然"取代"支配自然"：本顿的技术革新生态理
念》，《湖北科技学院学报》2013 年第 10 期。

［6］崔永杰：《戴维·佩珀对马克思恩格斯生态思想的诠释与重构》，《理论学刊》2012 年第 11 期。

［7］崔永杰：《福斯特对马克思"生态可持续性"思想的诠释》，《东岳论丛》2014 年第 8 期。

［8］王青：《泰德·本顿对历史唯物主义的生态批判与建构》，《东岳论丛》2014 年第 10 期。

［9］王青：《孔子与泰德·本顿的生态观之比较》，《管子学刊》2013 年第 10 期。

［10］熊敏：《格伦德曼对马克思生态观的阐释：简论马克思主义和生态学》，《武汉大学学报》（人文科学版）2009 年第 11 期。

［11］蔡华杰、林美萍：《控制自然与历史唯物主义的重构》，《武汉科技大学学报》2010 年第 6 期。

［11］孙晓艳、李爱华：《马克思的两类环境危机思想：保罗·柏克特对历史唯物主义内在生态逻辑之揭示》，《湖南师范大学社会科学学报》2013 年第 1 期。

［12］孙晓艳、李爱华：《柏克特对马克思劳动价值论生态批判逻辑之揭示》，《河北师范大学》（哲学社会科学学报）2012 年第 7 期。

［13］孙晓艳、李爱华：《马克思劳动价值论的生态批判意蕴：保罗·柏克特对历史唯物主义"生态批"判思想之揭示》，《学术论坛》2012 年第 6 期。

［14］孙晓艳、李爱华：《保罗·柏克特对奥康纳"环境工业批判"思想的批判与超越》，《天府新论》2012 年第 7 期。

［15］孙晓艳：《马克思的环境危机思想与中国当代生态文化之自觉：柏克特对历史唯物主义内在生态逻辑揭示及其当代启示》，《道德与文明》2013 年第 5 期。

［16］万冬冬：《资本主义的双重环境危机：伯克特对马克思生态思想的政治经济学解读》，《当代经济研究》2014 年第 3 期。

［17］穆艳杰、罗莹：《唯物史观视野中的"生态问题"：乔纳森·休斯对西方生态主义的批判》，《吉林大学社会科学学报》2014 年第 1 期。

［18］蔡华杰：《乔纳森·休斯对马克思"发展生产力"理论的辩护》，《中国矿业大学学报》（社会科学版）2011 年第 6 期。

［19］李霞：《乔纳森·休斯生态马克思主义思想探析》，《人民论坛》2013 年第 1 期。

［20］铁省林：《人是依赖自然的：乔纳森·休斯对马克思恩格斯生态思想的捍卫与建构》，《东岳论丛》2014 年第 8 期。

［21］卜祥记：《福斯特生态学语境下的马克思哲学——《马克思的生态学》的旧唯物主义定向》，《哲学动态》2008 年第 5 期。

［22］陈学明：《在马克思主义指导下进行生态文明建设》，《江苏社会科学》2010 年第 5 期。

［23］陈学明：《马克思主义与生态文明建设》，《新华文摘》2010 年第 10 期。

［24］余维海：《当代马克思主义的生态学转向及其意蕴》，《北方论丛》2011 年第 1 期。

［25］郇庆治：《绿色乌托邦：生态自治主义述评》，《政治学研究》1997 年第 4 期。

［26］李佃来：《外国马克思主义的流派及其理论进展》（上），《学术月刊》2010 年第 4 期。

［27］刘艳：《生态自治主义与生态社会主义辨析》，《社会主义研究》2004 年第 2 期。

［28］王春荣：《生态自治主义及其哲学基础》，《吉林省行政学院学报》2006 年第 1 期。

［29］邹诗鹏：《何以要回到历史唯物主义研究范式?》，《哲学研究》2010 年第 1 期。

［30］康文龙：《生态学马克思主义的基本观点及其怠义》，《嘉兴学院学报》2011 年第 4 期。

［31］陈志尚：《论生态文明、全球化与人的发展》，《新华文摘》2010 年第 10 期。

［32］唐正东：《生产条件的批判之维与当代资本主义的超越之路》，《南京社会科学》2007 年第 6 期。

［33］唐正东：《基于生态维度的社会改造理论—利比兹、奥康纳、福斯特的比较研究》，《马克思主义研究》2006 年第 1 期。

［34］王雨辰：《文化、自然与生态政治哲学概论》，《国外社会科学》2005 年第 6 期。

［35］王雨辰：《福斯特的生态学马克思主义理论评析：生态唯物主义哲学的重建与生态政治哲学》，《马克思主义研究》2006 年第 12 期。

［36］王雨辰、郭剑仁：《北美生态学马克思主义对历史唯物主义的重构》，《学术月刊》2006 年第 4 期。

［37］郭剑仁：《探寻生态危机的社会根源：美国生态学马克思主义及其内部争论析评》，《马克思主义研究》2007 年第 10 期。

［38］何萍：《20 世纪马克思主义哲学中的两种传统》，《哲学研究》2003 年第 8 期。

［39］何萍：《自然唯物主义的复兴：美国生态学的马克思主义哲学评析》，《厦门大学学报》2004 年第 2 期。

［40］王雨辰：《福斯特的生态学马克思主义理论评析—生态唯物主义哲学的重建与生态政治哲学》，《马克思主义研究》2006 年第 12 期。

［41］何怀远：《寻求"自然"的历史唯物主义理论空间：奥康纳对传统历史唯物主义的生态学批评》，《南京社会科学》2004 年第 12 期。

［42］韩欲立：《自然资本主义还是生态社会主义：评福斯特与奥康纳之间的生态学马克思主义论战》，《学术月刊》2010 年第 2 期。

［43］陈食霖：《人与自然的矛盾及其化解：评福斯特的生态危机论》，《国外社会科学》2007 年第 2 期。

［44］陈食霖：《生态批判与历史唯物主义的重构—评詹姆斯　奥康纳生态学马克思主义思想》，《武汉大学学报》2006 年第 2 期。

［45］任暟：《马克思"自然人化"论的生态学阐释》，《马克思主义研究》2006 年第 6 期。

［46］任暟：《科技视域下的绿色之维：西方生态学马克思主义的技术观》，《江汉论坛》2007 年第 7 期。

［47］任暟：《差异与互补：马克思恩格斯自然观之比较》，《安徽大学学报》2010 年第 1 期。

［48］刘巍、扬紫桂：《福斯特的生态学理论初探》，《哲学百家》2008 年第 3 期。

［49］徐水华：《论马克思人到的支配自然思想的深层意蕴》，《学术论坛》2007 年第 8 期。

［50］李本洲：《福斯特生态学马克思主义的生态批判及其存在论视域》，《东南学术》2009 年第 3 期。

［51］［美］约翰·贝拉米·福斯特：《失败的制度：资本主义全球化的世界危机及其对中国的影响》，《马克思土义与现实》2009 年第 3 期。

［52］［美］约翰·贝拉米·福斯特：《社会主义的复兴》，《当代世界与社会主义》2006 年第 1 期。

［53］马继东：《福斯特的生态学马克思主义理论对我国建设社会主义生态文明的启示》，《社会主义研究》200 年第 3 期。

［54］康瑞华：《生态问题与资本主义的冲突》，《经济社会》2004 年第 2 期。

［55］曾文婷：《"生态学马克思主义"与马克思主义的关系探析》，《中州学刊》2006 年第 1 期。

［56］刘仁胜：《约翰·福斯特对马克思生态学的阐释》，《石油大学学报》2004 年第 2 期。

［57］刘仁胜：《生态马克思主义发展概况》，《当代世界与社会主义》2006 年第 3 期。

［58］王军：《詹姆逊·奥康纳生态学马克思理论评析》，《哈尔滨工业大学学报》2005 年第 4 期。

［59］王世涛、燕宏远：《"生态学马克思主义"论析》，《哲学动态》2000 年第 2 期。

［60］王雨辰：《略论西方马克思主义的生态伦理价值观》，《哲学动态》2004 年第 2 期。

［61］彭学农：《生产条件与第二重矛盾》，《自然辩证法研究》2007 年第 2 期。

［62］和谐社会研究课题组：《和谐经济的价值与发展思路》，《国家行政学院学报》2005 年第 5 期。

［63］闫新丽：《生态社会主义的生态观对中国特色社会主义的启示》，《社会主义研究》2004 年第 3 期。

［64］方世南：《生态价值与构建社会主义和谐社会的价值取向》，《福建师范大学学报》2005 年第 6 期。

［65］王继强：《走生态文明之路构建和谐社会》，《长春工业大学学报》2005 年第 9 期。

［66］黄建华：《论生态社会主义的绿色政治学说》，《当代世界社会主义问题》1999 年第 3 期。

［67］李明华：《和谐社会中的人与自然》，《学术研究》2004 年第 11 期。

［68］徐民华、王增芬：《生态社会主义的生态发展观对构建和谐社会的启示》，《当代世界与社会主义》2005 年第 4 期。

［69］曹淑芹：《生态主义、生态社会主义，生态学马克思主义》，《赤峰学院学报》2004 年第 5 期。

［70］岳世平：《当代西方环境运动述评》，《河南大学学报》2006 年第 11 期。

［71］任玲：《西方环境运动的历史嬗变》，《理论月刊》2013 年第 8 期。

［72］马兆俐：《罗尔斯顿的自然价值论述评》，《泰山学院学报》2004 年第 5 期。

[73] 雷毅：《阿伦·奈斯的深层生态学思想》，《世界哲学》2010 年第 4 期。

[74] 雷毅：《奈斯与深层生态学》，《自然辩证法通讯》2001 年第 3 期。

[75] 黄炎平：《阿伦·奈斯论深层生态学》，《现代哲学》2002 年第 2 期。

[76] 孟现丽、冯颜利：《奈斯深层生态学探析》，《国外社会科学》2011 年第 1 期。

[77] [英] 约翰·巴里：《马克思主义和生态学：从政治经济学到政治生态学》，杨志华译，《马克思主义与现实》2009 年第 2 期。

[78] 金振蓉：《提高全民现代生态意识是实现生态现代化的关键》，《光明日报》2007 年 1 月 29 日。

[79] 任皑：《科技视阈下的绿色之维：西方生态学马克思主义的技术观》，《江汉论坛》2007 年第 7 期。

[80] 郑湘萍：《生态学马克思主义视域下技术与生态批判》，《湖北社会科学》2009 年第 8 期。

[81] 李功网、万小龙：《“双刃剑”与科学技术的两面性》，《华南师范大学学报》2011 年第 5 期。

[82] 姬志闯：《生态中心主义的理论表征遇困境》，《河南大学学报》2013 年第 5 期。

[83] [苏] 基鲁索夫：《生态意识是社会和自然最优相互作用的条件》，《哲学译丛》1986 年第 4 期。

[84] 韩建：《生态学马克思主义若干问题研究》，东北师范大学 2009 年。

[85] 张书平：《约翰·福斯特的生态学马克思主义理论研究》，首都师范大学 2008 年。

[86] 王新萍：《北美生态学马克思主义研究》，华东师范大学 2014 年。

三、英文文献与论文

[1] Ted Benton, *The Rise and Fall of Structural Marxism: Althusser and His Influence*, Macmillan Publishers, 1984.

[2] Ted Benton, "*Marxism and Natural Limits: An Ecological Critique and Reconstruction*", *New Left Review*, Vol. 178, 1989.

[3] Ted Benton, "*Ecology, Socialism and the Mastery of Nature: A Reply to Reiner Grundmann*", New Left Review, Vol. 194, 1992.

[4] Ted Benton, *Nature Relations: Ecology, Animal Rights and Social Justice*,

Palgrave Macmillan, 1993.

[5] Ted Benton, *The Greening of Marxism*, The Guilford Press, 1996.

[6] Sandra Moog & Rob Stones, *Nature, Social Relations and Human Needs: Essays in Honor of Ted Benton*, Palgrave Macmillan, 2009.

[7] Ted Benton, *An Ecological Historical Materialism*, . Cheltenham and Northampton, 2000.

[8] Ted Benton, *"Marx Malthus and the Greens: A Reply to Paul Burkett"*, *Historical Materialism*, Vol. 8. No. 1, 2001.

[9] Ted Benton, *Philosophical Foundations of the Three Sociologies*, Routledge and Kegan Paul, 1977.

[10] David Pepper, *Modern Environmentalism: An Introduction*, London & New York: Routledge, 1996.

[11] Reiner Grundmann, *Marxism and Ecology*, Clarendon Press, 1991.

[12] ReinerGrundmann, *"The Ecological Challenge to Marxism"*, *New Left Review*, Vol. 187, 1991.

[13] Jonathan Hughes, *Ecology and Historical Materialism*, Cambridge University Press, 2000.

[14] Paul Burkett, *Marx and Nature: A Red and Green Perspective*, Macmillan Press, 1999.

[15] Paul Burkett, *Marx and Ecological Economics: Toward A red and green Political Economic*, Leiden & Boston, Brill Press, 2006.

[16] Agger Ben, *Western Marxism: An Introduction*, California: Good rear, 1979.

[17] WilliamLeiss, *The Limits to Satisfaction*, Macmillan – Queen's University Press, 1988.

[18] Gorz. A, *Critique of Economic Reason*, Verso, 2011.

[19] Gorz. A, *Capitalism, Socialism, Ecology*, Verso, 1994.

[20] Gorz. A, *Ecology as Politics*, Pluto Press, 1983.

[21] John Bellamy Foster, *Marx's Ecology*, Monthly Review Press, 2000.

[22] John Bellamy Foster, *Marx and the Environment*, Monthly Review Press, 1995.

[23] John Bellamy Foster, *Ecology Against Capitalism*, Monthly Review Press, 2002.

[24] James O' Connor, *Natural Causes*, The Guilford Press, 1998.

[25] JoelKovel, *The Enemy of Nature*, Zed Books Ltd. 2002.

[26] David W. Sckwartzman, "*Marxism and Ecology*", *Science & Society*, Vol. 60, No. 3, Fall, 1996.

[27] Jozef Keulartz, *Struggle of Nature: A Critique of Radical Ecology*, London & New York: Routledge, 1994.

[28] Peter Dickens, *Reconstructing Nature: Alienation, Emancipation and the Division of Labou*, London & New York: Routledge, 1996.

[29] Sean Sayers, *Marxism and Human Nature*, London & New York: Routledge, 1998.

[30] ArneNaess, *Life's Philosophy Reason&Feeling in a Deeper World*, Athens: University of Georgia Press, 2002.

[31] ArneNaess, *Ecology, Community and Lifestyle: Outline of an Ecosophy*, Cambridge: Cambridge University Press, 1989.

[32] HolmesRolston, *Value in Nature and the Nature of Value*, Cambridge University Press, 1994.

[33] HolmesRolston, "*Valuing Wildlands*", *Environmental Ethics*, 1985 (1).

[34] HolmesRolston, *Environmental Ethics: Duties to and Values in the Natural World*, Temple University Press, 1987.

[35] HolmesRolston, *Philosophy Gone Wild*, Prometheus Books, 1986.

[36] Douglas R. Weiner, *Models of Nature: Ecology Conservation, and Cultural Revolution in Soviet Russia*, Indiana University Press, 1988.

[37] BillDevall and George Sessions, *Deep Ecology: Living as if Nature Mattered*, Salt Lake City: Peregrine Smith Books, 1985.

[38] ArneNaess, *The Selected Works of Arne Naess*, Springer – Verlag New York Inc. Vol. 1 – 10, 2005.

后 记

    本书是在我博士论文的基础上修改而成的。四年的博士学习生涯已经结束，回首走过的无数个日日夜夜，点点滴滴，曾经的执着与期盼，曾经的艰辛与疲惫，曾经的感恩与思念，不仅思绪万千，感慨万分。感恩恩师的悉心教导，感谢老师的深深教诲，感动同窗的深厚情谊，感激家人的浓浓亲情。

    感恩恩师崔永杰教授的悉心教导。忆往昔，崔老师将我收入门下，引领我踏入西方哲学的史海中徜徉，使我领略了西方哲学博大精深的科学体系。三年的硕士学习伴随着恩师无私的帮助、全面的指导和睿智的点拨，使我进入学术研究的神圣殿堂，开启了新的人生之路。看今朝，承蒙恩师不弃我之愚钝，有幸再度成为恩师的弟子，心中百感交集。四年的博士学习，恩师深邃渊博的学识、严谨求真的治学态度、锲而不舍的学习精神、高尚典雅的人格魅力时刻影响着我，激励着我。从硕士的外国哲学专业到博士的马克思主义基本原理专业的转变，对我而言是巨大的挑战。恩师及时帮我疏导心理压力，并在担负着繁重的教学任务、科研任务和日常行政工作的情况下，从凝练我将来的学术研究方向出发，仍然认真考虑为我推荐了论文方向。从论文的选题、构思、拟定提纲、撰写初稿、修改文稿和成稿付梓各个环节给予精心指教，论文的谋篇布局和字里行间都凝聚着恩师严格的指导和独到的点拨，都镌刻着恩师一丝不苟的指正和深邃思想的启迪，都体现着恩师言传身教的为人示范。师母谦和慈爱，从我硕士学习阶段起就一直在生活上给予无微不至的关怀和照顾，让离家在外求学的我倍感温暖与贴心。恩师严父般的指导，在学术上催我奋进，恩师的学术造诣是激励我前进的标杆，师母慈母般的关爱，让我找到家的感觉，成为我艰辛求学之路上的温馨港湾。让我感到愧疚的是，由于自己在掌握资料、理解深度、文字表达、哲学视野等方面局限，论文中不免存在很多问题，需要进一步的研究和探讨，因而不能完全达到恩师的要求，学生只能在以后用更加努力的工作和更加勤奋的学习来报答恩师对我的悉心教育和培养。

感谢老师的谆谆教诲。博士求学期间，有幸再度聆听各位老师的言传身教倍感荣幸，课堂传授的知识为我的论文写作提供了大量的启示。感谢导师组的李爱华教授、商志晓教授、万光侠教授、马永庆教授、高继文教授、张福记教授、董振平教授在论文的选题、结构和内容等方面提出了许多中肯的意见和宝贵的建议，使我受益匪浅，让我能够对论文进行不断的修改，日臻完善。感谢北京大学郇庆治教授、中南财经政法大学倪瑞华教授给予的帮助和指导。在论文的写作过程中，还参考和引用了许多学者的研究成果，在此向他们表示由衷的感谢！

感动同窗的深厚情谊。在四年的学习生活中，我与同窗共读的学友韩云忠、夏锋、刘灿国、钟晓雅、孙红霞结下了深厚的感情，收获了珍贵的友谊，他们既是我的同窗挚友，又是我学习与生活的榜样。

感激家人的浓浓亲情。博士求学期间，家人给予了我全力的支持和无私的奉献，成为我求学之路的强大动力。"羊有跪乳之情，鸦有反哺之义"，莫等到欲尽孝而亲不在。父亲在我求学期间突然离世，没有等到我学业完成的最后时刻，没有享受到晚年安度的天伦之乐，这成为我终身的遗憾。母亲孤身一人生活在故里，令我寝食难安、忧心忡忡、思念绵绵。感谢母亲的坚强和对我的宽容；感谢姨妈、姨夫和舅舅给予我学业上的支持，他们经常拖着年迈的身体不辞辛苦地探望母亲；感谢姐姐王玉娟、姐夫刘颖民、哥哥王学军不顾工作的繁忙，代我在母亲面前尽孝。感谢我的丈夫在繁忙的工作之余，给予我巨大的精神鼓励，帮我分担家务，悉心安排生活上的一切。感谢儿子的陪伴，我和他同一年开始了各自的学习生涯，在学业与工作的重压下，对他缺乏耐心的教育和精心的照顾，乐观懂事的他让我始终心怀歉意。

王国维在《人间词话》里用三句古诗词来形容人们学习的三种境界：第一种境界"昨夜西风凋碧树，独上高楼，望尽天涯路"；第二种境界"衣带渐宽终不悔，为伊消得人憔悴"；第三种境界"众里寻他千百度，蓦然回首，那人却在灯火阑珊处"。四年的博士学习使我对这三种境界有了更为深刻和真切的感悟：学术钻研既要有"独上高楼，望尽天涯路"的宽广视野，又要有"衣带渐宽终不悔，为伊消得人憔悴"的坚韧与毅力，才有可能最终实现自己的目标，"蓦然回首，那人却在灯火阑珊处"。

　　限于本人学术水平，书中存在许多不足和有待完善的地方，恳请专家同行批评指正，在以后的学术研究中我将不断努力充实和完善，"路漫漫其修远兮，吾将上下而求索"！

王青

2017 年 12 月

责任编辑:张双子

封面设计:徐　晖

图书在版编目(CIP)数据

泰德·本顿的生态学马克思主义思想研究 / 王青著. —北京:人民出版社,
　2018.6(2021.4 重印)

ISBN 978-7-01-019326-7

Ⅰ.①泰⋯　Ⅱ.①王⋯　Ⅲ.①马克思主义—生态学—研究　Ⅳ.①A811.693

中国版本图书馆 CIP 数据核字(2018)第 090714 号

泰德·本顿的生态学马克思主义思想研究
TAIDE BENDUN DE SHENGTAIXUE MAKESIZHUYI SIXIANG YANJIU

王青　著

人民出版社出版发行

(100706 北京市东城区隆福寺街 99 号)

北京一鑫印务有限责任公司印刷　新华书店经销

2018 年 6 月第 1 版　2021 年 4 月第 3 次印刷

开本:710 毫米×1000 毫米 1/16　印张:15.25　字数:252 千字

ISBN 978-7-01-019326-7　定价:42.00 元

邮购地址:100706　北京市东城区隆福寺街 99 号

人民东方图书销售中心　电话(010)65250042　65289539